생활속 ICT의 발견

이재호 저

생활속 ICT의 발견

이재호 저

머리말

우리는 지금 ICT 생활밀착형ICT Embedded Lifestyle 사회에 살고 있다. 공기가 없으면 우리가 살 수 없듯이, ICT가 없이는 살아갈 수 없는 시대가 된 것이다. ICT의 도움을 받지 않고 우리가 할 수 있는 일이 얼마나 되겠는가? ICT 없이 생활이 가능하겠는가? ICT 생활밀착형 사회를 살아가고 있는 우리 주변 사람들의 생활 이야기를 살펴보자.

[이대리의 하루]

중소기업에 다니는 이대리는 오피스텔 원룸에서 자취를 하고 있다. 아침 6시 지난밤 설정해 놓은 스마트폰 알람 소리에 잠에서 깬다. 스마트폰, 이어폰, 스마트워치 등을 챙겨서 아침운동을 하러 밖으로 나간다. 40여 분간 스마트폰에 저장된 MP3 음원을 감상하면서 조깅을 하고 돌아온 이대리는 자신의 운동 소모 칼로리를 스마트워치를 통하여 확인하고는 만족스러운 표정으로 샤워를 시작한다. 출근은 자가용을 이용한다. 출근시간 때 밀리는 길을 피하기 위하여 스마트폰으로 실시간 길 안내 서비스를 이용한다. 오늘은 이대리가 중요한 PTpresentation를 하는 날이다. 지난 몇 주간 오늘의 PT를 준비하느라 관련 정보의 검색, 분석 데이터의 통계 처리, PT 자료 제작 등에 엄청난 노력을 기울였다. 드디어 PT 시간! 자신 있게 발표를 하였으나, 팀장님과 부장님의 반응은 싸늘하다. 부장님께서는 "ICT 기반의 창의적 문제해결 방안이 아쉽다."고 하신다. 다음번 PT에서는 ICT 기반의 창의적 문제해결능력을 보여줘야지……

[강부장의 취미]

이대리의 직장 상사 강부장의 취미는 골프다. 그래서 동료들과의 회식 후에는 실내 스크린 골프를 즐기고, 주말에는 골프장에서 라운딩하는 것이 최고의 즐거움이다. 오늘은 새벽에 라운딩이 있는 날이다. 얼마 전 거금을 주고 구입한 GPS 거리 측정기를 챙겼다. 그러나 실전에서 성적은 별로였다. 무엇이 문제였을까? 심각하게 고민하면서 자신의 스윙에 문제가 있었다고 판단한 강부장은 컴퓨터 스윙분석기가 설치된 연습장으로 향한다. 다음번 라운딩에는 멋진 스윙을 보여줘야지……

[지성이의 장래희망]

강부장의 아들 지성이는 교육부 지정 스마트교육 시범학교에 다니는 초등학교 6학년 학생이다. 학교에서는 스마트패드에 탑재된 디지털교과서를 이용하여 수업에 참여한다. 방과후 수업시간에는 SW 코딩교육에 참여하여 프로그래밍 교육도 받는다. 지성이의 꿈은 세상을 바꿀 수 있는 혁신적인 SW를 개발하여 Google과 같은 ICT 기업을 창업하는 것이다. 나도 빌게이츠처럼 유명한 사람이 되어야지……

[엄마의 고민]

지성이 엄마는 SW가 세상을 지배하고 있다는 것을 알고 있기 때문에 지성이에게 SW 코딩교육을 시킬 수 있는 방법을 찾고 있다. 지성이의 경우 다른 학생들과는 달리 학교에서 어느 정도 SW 코딩교육을 받고 있지만, 그것으로는 부족하다고 생각한다. 지성이의 꿈을 실현시켜줘야지……

[김선생님의 고민]

지성이 담임선생님인 김선생님은 SW 코딩교육을 통하여 ICT 기반 창의적 문제해결능력을 배양하는 것에 관심이 있다. 가능한 학교 수업시간에 SW 코딩교육을 실시하고자 하지만 수업 시간이 부족하고, 컴퓨터실 사용 여건도 좋지 않아 상황은 여의치 않다. 또한 컴퓨터실을 이용하여 SW 코딩교육을 실시해야 한다는 강박관념 때문에 본인이 생각하는 교육을 충분히 시행하지 못한다. 교실에서도 ICT 기반의 창의적 문제해결능력을 배양할 수 있는 교육을 시행할 수 있는 방법을 고민한다. 생활 속에서 경험할 수 있는 내용들을 발굴하여 SW 코딩교육에 활용해야지……

〔주부의 희망사항〕
김선생님의 부인은 전업주부이다. 요사이 ICT 기기의 도움으로 집안 살림살이가 많이 편해졌다. 청소는 로봇 청소기를 이용하고, 맛있는 밥짓기는 스마트 밥솥을 이용한다. 그래도 집안 살림살이를 하는 것은 힘든 일이다. 가족들의 건강을 챙기기 위한 건강식 요리하기, 알뜰한 장보기, 은퇴 후 생활 계획하기, 경쟁력 있는 아이들로 키우기 등 ICT에게 더 많이 도움을 받아야지……

ICT 생활밀착형 사회를 살아가고 있는 우리 주변 사람들의 주요 관심은 ICT이다. 이와 같은 시대적인 변화에 우리는 어떻게 대처해야 하는가? 무엇을 준비해야 하는가? 효과적으로 준비할 방법은 무엇인가? 저자는 컴퓨터교육과 관련된 일을 시작하면서부터 이와 같은 의문점에 대한 답을 찾기 위하여 고민해 왔으며, 20년 가까운 시간에 걸친 연구와 강연 과정의 결과물을 책으로 엮어 출간하게 되었다.

저자는 본서가 ICT의 원리와 프로그래밍 교육의 기초적인 교양도서로 사용되기를 희망한다. ICT와 관련된 교육용 서적이 많지 않은 상황을 고려해보면 본서에서 제시한 주제는 다양한 독자층에서 공유할 수 있을 것으로 예상한다. 초중고학생부터 대학생은 물론 교사와 학부모를 포함한 일반인까지를 대상으로 한다. ICT의 원리와 프로그래밍 원리를 포함하는 ICT적 사고 Information and Communication Technological Thinking가 가능하도록 지원함으로써 ICT 기반의 창의적 문제해결능력을 배양할 수 있을 것이다.

　본서를 집필하면서 이와 같은 목표를 달성하기 위하여 고심한 사항은 '생활 속 실감나는 사례'의 발굴과 '독자들 자신에게 던지는 질문'이었다. 본서의 중간 중간에 '더 생각해 보기'와 '생각을 정리해 봅시다!' 코너를 제공함으로써 독자 자신이 본서를 읽고 스스로 생각해보고 해결해 나가는 시간을 가져보기를 희망하였다.

　본서를 집필하면서 저자는 최선을 다하여 완벽한 내용을 수록하고자 노력하였으나, 탈고하려는 현 시점에 이르러서 보니 아쉬움이 많이 남는다. 부족한 사항은 지속적인 보완과 개정 작업을 통하여 개선할 것을 약속한다. 부디 본서가 ICT 기반의 창의적 문제해결능력을 배양하고자 노력하는 독자들에게 좋은 지침서가 되기를 희망한다. 끝으로 본서가 출간될 수 있도록 아낌없는 지원을 해 주신 도서출판 정일의 이병덕 사장님과 편집부 직원들에게 감사의 말씀을 전한다.

2014년 9월
이재호

본서의 활용에 대한 안내

독자들의 이해를 돕고자 본서의 각 장을 집필하면서 강조하고 싶었던 저자의 생각을 정리하면 다음과 같다.

제1장 왜 ICT 기반 창의적 문제해결능력이 필요한가?

　미래사회 인재인 학습자들에 대한 이야기부터 하고자 한다. 미래사회 인재인 21세기 학습자들은 기성세대들이 경험했던 것과는 차원이 다른 세상에서 살아갈 것이다. 전통적인 사고방식에 따른 교육의 시행으로는 빠르게 변화하고 진화하는 환경에 능동적으로 적응하면서 살아가기 어려울 것이다. 이러한 이유로 인하여 21세기 학습자는 지금까지 존재하지 않았던 문제들을 해결해 나갈 수 있는 역량을 필요로 하며, 이를 21세기 스킬이라 할 수 있다. 21세기 스킬에 무엇이 포함되어야 하는가에 대한 여러 가지 논의들이 있어왔다. 전통적인 학습자의 스킬, 즉 전통적인 학습자들이 지녀야할 기본 역량은 읽기Reading, 쓰기Writing, 셈하기Arithmetic 등을 가리키는 3R이었다. 여기에 새로운 R인 프로그래밍하기progRamming가 추가되어 4R이 21세기 학습자의 기본역량으로 인식되고 있다.

　얼마 전 까지만 해도 프로그래밍 역량은 정보과학을 전공하는 학생들이나, ICT 분야의 전문가가 되고자 하는 사람들에게만 필요한 것으로 인식되었다. 그런데 왜 프로그래밍하기가 21세기 학습자의 기본 역량으로 인식되기 시작하였는가? 그것은 프로그래밍하기 과정을 통하여 필수적인 역량을 습득할 수 있기 때문이다. 그렇다면 프로그래밍 과정을 통하여 습득 가능한 추가적인 역량은 무엇인가? 프로그래밍이란 주어진 문제에 대한 최적의 해결책optimal solution을 찾아 표현하는 것이다. 문제해결을 위하여 다양한 각도의 해결책을 강구하게 되며, 최종적으로는 잘 정리된 표현방법으로 완성된다. 프로그램이 완성되기까지는 시행착오를 거치게 되며, 이 과정에서 오류도 발견하고 수정해감으로써 고도의 과제집착력과 집중력을 발휘하게 된다. 프로그래밍 과정을 통하여 찾는 해결책은 기존에 존재하는 방법일 수도 있고, 세상에 존재하지 않는 새롭고 창의적인 방법일 수도 있다. 프로그래밍하기를 통하여 과제집착력과 집중력을 발휘함으로써 문제해결능력을 배양할 수 있는 것이다. 여기에 창의적인 문제해결능력을 발휘할 수 있으면 금상첨화일 것이다.

이와 같은 이유로 인하여 미국, 영국, 핀란드, 일본, 중국 등 주요 국가들은 21세기 학습자를 대상으로 한 프로그래밍 교육과 관련된 정책들을 경쟁적으로 발표하고 있으며, 영국과 같은 일부 국가에서는 이미 초중등학생들을 대상으로 하는 정규교육과정에서 프로그래밍과 관련된 교육을 필수과목으로 지정하여 운영하는 중이다. 우리나라도 미래창조과학부와 교육부를 중심으로 프로그래밍 교육의 중요성을 인식하고 초중등학교에서 관련 교육을 시행할 수 있는 제도적인 방안을 마련하기 위하여 노력중이다. 사안의 중요성과 시급성에 따라 삼성과 네이버와 같은 주요 ICT 관련 기업을 중심으로 사회공헌사업의 일환으로 초중등학생들을 대상으로 한 방과후 ICT 교육이 시행중이다. 정규교육시스템에서 ICT 관련 교육을 본격적으로 시행할 때까지 기다릴 수 있는 시간적인 여유가 없는 것이다.

ICT 생활밀착형 사회를 살아가고 있는 우리들은 ICT의 원리를 이해하고 프로그래밍 과정을 이해함으로써 ICT 기반의 창의적 문제해결능력을 배양할 수 있고 발휘할 수 있다. 결과적으로 ICT 중심 사회의 21세기 문맹인 ICT 맹ICT illiteracy으로 살아가는 것이 아니라, ICT를 기반으로 창의적 문제해결능력을 발휘하는 인재로 거듭날 수 있을 것이다.

제2장 ICT 기반 창의인재 양성

ICT 생활밀착형 사회에서 ICT 기반의 창의적인 인재는 어떤 특성을 가지고 있는가? 어떤 역량을 가져야 하는가? 이러한 질문에 대한 내용을 이해해야 ICT 기반의 창의적인 인재를 양성할 수 있다. 정보과학 및 발명영재교육 분야에서 10여 년간 관심을 갖고 연구한 결과물을 정리하여 '제2장 ICT 기반 창의인재 양성'을 집필하였다. 영재교육 분야의 세계적인 석학들이 논의한 내용들과 시대적인 변화상을 반영한 ICT 기반의 창의인재상을 제안하였으며, 이를 기반으로 한 ICT 창의인재 양성 모델 Creative Optimization of Resourceful Environment & Edutainment : $CORE^2$을 제안하였다.

제3장 ICT 창의성

지금은 융합적 사고와 번뜻이는 아이디어가 세상을 주도하는 창조의 시대이다. 창의성의 중요성에 대한 인식이 지금처럼 강조되었던 시기는 없었다. ICT 분야도 예외는 아니다. 창의적인 ICT만이 세계 시장에서 통하고 지속가능함을 우리는 잘 알고 있다. 창의적인 ICT의 구현을 위하여 ICT적인 창의성이 발현되어야 하는 이유이다. 창의성이라는 주제가 특정 영역과 관련이 있다는 논지에 근거하여 ICT 창의성과 관련된 내용은 무엇인가를 '제3장 ICT 창의성'으로 정리하였다. 이 또한 ICT 분야의 창의성에 내용을 정리한 최초의 사례로서, ICT의 원리와 프로그래밍 교육을 시행할 때 창의적인 문제해결능력을 배양하는 지침서 역할을 할 수 있을 것이다. 본서의 부제가 "ICT 기반의 창의적 문제해결능력을 키우자!"인 이유이다.

제4장 컴퓨팅 환경의 변화

제5장 우리는 왜 컴퓨터는 어렵다고 생각하는가?

ICT의 원리를 이해하고 빠르게 변화하는 환경을 이해하는 것은 새롭게 등장할 것으로 예상되나, 그 내용을 알 수 없는 문제들을 창의적으로 해결해나가는데 도움이 될 것이다. ICT의 원리는 방대하다. 일반인들과 어린학생들까지 알아야 할 또는 이해하면 좋은 내용은 무엇인가? 저자는 지속적으로 고민해 왔다. 큰 그림을 그리고 그것을 이해할 수 있으면 좋겠다는 생각을 하였다. 그러한 측면에서 컴퓨팅 모델 측면의 패러다임 변화와 그 안에 숨어있는 원리를 찾아 소개하고자 하였다.

제6장 생활 속 프로그램
제7장 생활 속 프로그래밍
제8장 생활 속 스케줄링
제9장 생활 속 자료구조

프로그램에 대한 인식은 어떠한가? 프로그래밍 교육하면 무엇이 연상되는가? 대부분의 사람들은 컴퓨터를 활용한 교육을 생각할 것이다. 프로그램은 컴퓨터 프로그램이고, 프로그래밍은 컴퓨터를 활용한 교육을 이용한 교육이어야 한다고 생각하는 것이다. 그러나 이는 사실과 다르다. 프로그램은 컴퓨터 프로그램만이 존재하는 것이 아니다. 세상에는 다양한 유형의 프로그램이 존재한다. 프로그래밍 작업은 고도의 집중력과 사고력을 요구하며, 이는 컴퓨터를 활용한 작업으로 완성된다. 프로그래밍 작업은 기나긴 사고의 과정을 요구하며, 이 기간 동안 컴퓨터의 사용은 필수적인 사항은 아닐 수 있다. ICT의 원리와 프로그래밍 교육의 시작이 컴퓨터의 활용 없이 가능한 이유이다. 이를 언플러그드unplugged 교육이라 한다.

우리는 컴퓨터를 활용하지 않고 ICT의 원리와 프로그래밍 교육을 실시할 준비가 되었는가? 그렇다면 어떤 내용을 교육할 것인가? 이와 같은 질문에 자신 있게 그렇다고 대답할 수 있는 상황이 아니다. ICT의 원리와 프로그래밍 교육에 대한 필요성은 인식하고 이를 위한 교육방법으로 언플러그드 방식이 효과적임을 알고는 있으나, 콘텐츠가 없기에 시행하지 못하고 있다. 이러한 콘텐츠의 부족 현상은 우리나라만의 상황은 아니다. 전 세계적으로도 필요성은 인식하고 있으나, 구체적이고 현실감 있는 콘텐츠의 개발 사례는 찾아보기 힘들다.

그렇다면 ICT의 원리와 프로그래밍 교육을 위한 콘텐츠를 개발할 때 무엇이 중요한가? 핵심은 주제이다. 콘텐츠의 주제가 핵심인 것이다. ICT 교육의 주제를 일상생활의 사례 속에서 찾는 것은 교육의 효과성을 극대화시키는 측면에서 매우 중요하다. 이와 같은 이유에서 본서의 제목을 '생활 속 ICT의 발견'이라고 명명하였으며, 주요 장들의 제목 역시 '제6장 생활 속 프로그램', '제7장 생활 속 프로그래밍', '제8장 생활 속 스케줄링', '제9장 생활 속 자료구조'와 같이 명명하였다. 본서는 ICT의 원리와 프로그래밍 교육을 실시하기 위한 소재를 생활 속에서 발굴하고 정리한 최초의 교재라고 생각된다.

Contents

제1장 왜 ICT 기반 창의적 문제해결능력인가?

1. ICT 생활밀착형 사회 _20
2. 이대리의 하루 _22
3. 문제는 SW다! _24
4. SW의 분류! _27
5. ICT 융합기술 시대의 도래 _31
6. 지금은 SW 중심 사회 _35

제2장 ICT 기반 창의인재 양성

1. 융합형 창의인재의 양성 _44
2. SW 개발과 발명 _46
3. 인재상은 변화하는가? _51
4. ICT 기반 창의인재상은? _59
5. ICT 기반 창의인재 양성은? _65

제3장 ICT 창의성

1. 왜 ICT 창의성인가? _ 84
2. ICT 창의성이란? _ 88
3. ICT 창의성 발현 모델 _ 105
4. ICT 창의성의 핵심 역량 _ 111
5. Investment & Collaboration Talent : ICT _ 120

제4장 컴퓨팅 환경의 변화

1. 컴퓨팅 방식도 패션이다! _ 124
2. 중앙 집중 컴퓨팅 Centralized Computing의 시대 _ 126
3. 분산 컴퓨팅 Distributed Computing의 시대 _ 130
4. 클라이언트-서버 컴퓨팅 Client-server Computing의 시대 _ 134
5. 가벼운 클라이언트 컴퓨팅 Thin Client Computing의 시대 _ 138
6. 클라우드 컴퓨팅 Cloud Computing의 시대 _ 143

제5장 왜 컴퓨터는 어렵다고 생각하는가?

1. 정보기기란 무엇인가? _ 152
2. IPOS 관점의 정보기기 활용 시나리오! _ 156
3. 컴퓨터 사용이 어렵다고 생각하는 이유는 무엇인가? _ 159
4. 작명이 중요하다! _ 162

제6장 생활 속 프로그램

1. 프로그램이란 무엇인가? _170
2. 세상에는 어떤 종류의 프로그램이 있는가? _171
3. 알고리즘이란 무엇인가? _177
4. 알고리즘은 어려운가? _178
5. 알고리즘 작성은 어렵지 않다! _179
6. 예외 상황을 처리하자! _183
7. 프로그래머는 기획자! _186
8. 규칙이 존재하면 프로그램이 될 수 있다! _187
9. 프로그래밍이란 무엇인가? _189
10. ICT 기반의 생활 속 프로그램을 찾아보자! _190
11. 프로그램을 표현해 보자! _195
12. 프로그래밍 언어는 무엇인가? _200
13. 프로그램의 구조는? _203

제7장 생활 속 프로그래밍

1. 왜 생활 속 프로그래밍인가? _210
2. 생활 속 프로그래밍 사례 1 : 신호등이 설치된 횡단보도 건너기! _212
3. 생활 속 프로그래밍 사례 2 : 자동차 운전하기! _219
4. 생활 속 프로그래밍 사례 3 : 전화 통화하기! _223
5. 생활 속 프로그래밍 사례 4 : 자동판매기 이용하기! _230
6. 생활 속 프로그래밍 사례 5 : 커피 자동판매기 문제점 확인하기! _238
7. 생활 속 프로그래밍 사례 6 : 커피 자동판매기 문제점 개선하기! 세정규칙 정하기_244
8. 생활 속 프로그래밍 사례 7 : 커피 자동판매기 문제점

개선하기! 나만의 커피 서비스하기!_248
9. 생활 속 프로그래밍 사례 8 : 키오스크 Kiosk_252
10. 생활 속 프로그래밍 사례 9 : 로봇 청소기_258
11. 생활 속 프로그래밍 사례 10 : 횡단보도 신호등 시스템_269

제8장 생활 속 스케줄링!

1. 왜 생활 속 스케줄링인가?_282
2. 자원 할당 프로그램 사례 : 줄 서기!_285
3. 세상은 공평하지 않다! 약수터 우선순위_297
4. 우선순위 정책 사례!_300
5. 우선순위 정책의 변화 사례!_304
6. 몸은 하나인데, 할 일은 여러 가지! 여러 가지 일들을 조금씩 나누어 하자! : 시분할 time sharing_305
7. 일처리를 위한 시간 단위의 길이는 어느 정도가 적절한가?_311
8. 쇼핑에도 전략적 사고가 필요하다!_314

제9장 생활 속 자료구조

1. 자료구조는 왜 필요한 것인가?_322
2. 스택_324
3. 큐_329
4. 트리_332
5. 연결 리스트_338
6. 이중 연결 리스트_342
7. 환형 연결 리스트_345
8. 네트워크_354

1 ICT 생활밀착형 사회

현재 우리가 살아가고 있는 세상은 창의적이고 번뜩이는 아이디어가 세상을 바꾸는 창조의 시대이다.

아이디어가 창조의 과정으로 연결되는 사례는 다양한 분야에서 발견할 수 있다. 교육, 과학, 예술, 경제, 경영, 금융, 무역, 의료, 관광, 환경, 국방, 교통, 농업 등 현재 우리가 생활하면서 관련이 있는 전 분야에서 발굴되는 창의적인 아이디어는 창조의 과정으로 연결된다.

창의적인 아이디어가 창의적인 산출물로 거듭나는 과정에서 정보통신기술 Information and Communication Technology : ICT은 결정적인 역할을 하게 된다. 어떤 경우에는 ICT가 창의적인 아이디어의 주제일 수 있으며, 어떤 경우에는 ICT가 창의적인 산출물일 수도 있다. 이와 같은 두 가지 경우가 아니더라도 ICT는 창의적인 산출물 제작과정에서 지원도구로서의 역할을 톡톡히 한다. SW 코딩 SW coding, Programming 과정을 통한 디자인, 통계처리, 모의실험 등 지원도구로서의 역할은 이루 헤아릴 수 없을 정도로 방대하다.

> **더 생각해 보기**
>
> ICT의 결정적인 역할로 인하여 창의적인 아이디어가 창의적인 산출물로 거듭나는 다양한 사례들을 찾아봅시다.

지금은 ICT의 시대인 것이다!

ICT의 시대, ICT가 우리 생활 전반에 깊숙이 파고들어 영향을 미치는 사회, 우리는 ICT 생활밀착형 사회ICT Embedded Lifestyle에 살고 있다. 사람이 살아가는데 공기가 없으면 숨을 쉴 수 없듯이, ICT가 없으면 기본적인 생활을 영위하기 어려운 ICT 생활밀착형 사회가 도래한 것이다.

이러한 현상은 시간이 지날수록 그 정도가 심해질 것이다. 생활과 ICT의 관계는 시간이 지날수록 더욱 견고해 질 것이다.

미래사회의 주역인 어린 학생들에게는 기성세대가 배워왔던 교육내용이나 학습 스타일을 그대로 적용하기 어려울 것이다. 어린 학생들에게 ICT는 생활 그 자체가 될 것이기 때문이다.

> **더 생각해 보기**
>
> 여러분들이 생각하는 'ICT 생활밀착형 사회'는 무엇인가요? 주변에서 확인할 수 있는 다양한 사례를 찾아봅시다.

> **더 생각해 보기**
>
> 여러분들이 생각하는 창의적 문제해결능력이란 무엇인가요? 창의적으로 생각해 봅시다.

2 이대리의 하루

지금은 ICT 기반사회 또는 ICT 중심사회라고들 한다. 과연 어떤 이유에서 ICT 기반사회라고 하는가? 정보통신기술을 의미하는 ICT가 우리가 살아가고 있는 사회에 지대한 영향을 미치기 때문에 붙여진 이름일 것이다. 일반 시민의 입장에서 공감할 수 있는 ICT 기반사회의 의미와 산업의 입장에서 ICT 기반사회의 의미를 살펴보면 다음과 같다.[1]

우리나라는 본격적으로 스마트 사회Smart Society로 진입하였다고 할 수 있다. 스마트 사회는 ICT가 일상생활에 깊숙이 접목되는 사회로 'ICT 생활밀착형 사회'라고 말할 수 있다.

[그림 1]에서 표현한 'ICT 생활밀착형 사회'의 사례이대리의 하루를 들어보면 다음과 같다. 잠들기 전에 스마트폰으로 아침에 일어나야 하는 시간을 알람alarm으로 설정한다더 이상 알람시계는 필요 없어 졌다. 새벽 6시 스마트폰에서 알람이 울린다. 저녁에 아침밥 조리를 미리 설정해 놓은 스마트 밥솥은 밥 짓기를 시작한다. 출근길에 버스 도착시간을 알려주는 스마트폰 앱을 이용하고, 버스 안에서는 스마트기기로 다운로드 받은 e-북 콘텐츠를 읽는다. 만약 자가 운전을 하여 출퇴근을 한다면, 차가 막히지 않는 경로를 실시간으로 찾아주는 '길 찾기' 서비스를 이용할 수 있다. 업무와 관련된 미팅 스케줄은 스마트폰 일정관리프로그램을 이용하여 조정한다. 친구들과의 퇴근 후 만남 약속은 SNS 그룹 채팅 도구를 이용하여 결정하고, 퇴근 후에는 친구들과 ICT 기술이 접목된 실내 스크린 골프장에서 신나게 게임을 즐기면서 땀을 흘리거나, 3D 또는 4D 영화관에서 최신 영화를 실감 나게 감상한다. 피

---

[1] 이재호(2013e). ICT 기반 창의적 인재양성을 위한 교육 모델 : CORE[2]. 정보문화포럼 정책세미나. 3-23. 2013. 11. 25.

그림 1 ICT 생활밀착형 사회(이대리의 하루)[2, 3]

곤한 몸을 이끌고 집으로 향하면서 자신이 즐겨보는 TV 프로그램을 스마트폰의 DMB Digital Multimedia Broadcasting 기능으로 시청한다. 지하철을 타고가면서 TV 시청 중 내려야할 지하철 정거장을 지나치지 않도록 스마트폰 앱을 이용하여 내려야할 정거장을 설정해 놓으면, 내려야할 정거장에 도착하기 이전에 스마트폰 앱이 알려준다. 집에 도착해서는 일과시간 중에 처리하지 못한 은행 일을 스마트뱅킹으로 처리한 후, 자신이 좋아하는 온라인 고스톱을 한 판 두고 잠자리에 든다. 현재 우리가 살아가고 있는 생활 중에 ICT의 도움을 받지 않고 처리할 수 있는 일들은 과연 얼마나 될 것인가? ICT의 활용은 이제 선택사항이 아닌 필수사항이 되었다. 우리는 ICT 생활밀착형 사회에 살고 있는 것이다.

---

[2] 이재호(2013e). ICT 기반 창의적 인재양성을 위한 교육 모델 : CORE^2. 정보문화포럼 정책세미나. 3-23. 2013. 11. 25.
[3] 이재호(2013h). 창의적 IT 인재 육성방안 연구. 한국정보화진흥원 보고서(NIA V-RER-13068).

3　문제는 SW다!

ICT 산업에서 SW 시장이 차지하는 비중은 어느 정도일까? 이와 같은 의문점을 해결하기 위하여 전 세계 ICT 산업의 주요 분야별 시장 규모를 살펴보면 2010년을 기준으로 SW가 10,343억 달러로 가장 비중이 크며, 반도체가 3,040억 달러로 2위, 휴대폰이 1,805억 달러로 3위, 평판 TV가 1,132억 달러로 4위로 각각 나타나고 있다. 상대적으로 시장규모가 두 번째로 큰 반도체의 경우에도 SW 규모대비 비중은 29.4%에 불과한 것으로 나타났다. ICT 산업의 핵심은 SW인 것이다.

표 1　2010년 전 세계 주요 ICT 산업 시장규모　　　　　　(단위: 억 달러, %)[4]

구분	LCD패널	평판TV	휴대폰	반도체	SW
시장규모	858	1,132	1,850	3,040	10,343
SW 규모대비 비중	8.3	10.9	17.5	29.4	-

e-나라지표 www.index.go.kr의 조사결과에 따르면 국내 ICT 산업의 분야별 수출 규모는 2010년을 기준으로 반도체가 507억 달러로 1위, LCD 디스플레이가 338억 달러로 2위, 휴대폰 249억 달러로 3위로 나타나고 있으며, SW는 3.03억 달러에 불과한 것으로 나타나고 있다. ICT 강국이라는 우리나라의 SW 수출 실적은 초라하기 그지없다. 과연 실질적인 ICT 강국으로서의 면모를 갖추었다고 할 수 있는가?

전 세계 SW 시장 규모와 관련된 자료(표 1)에서도 확인할 수 있듯이 ICT 산업에서 SW가 차지하는 비중은 실제로 막대한 실정이다. 즉 SW가 ICT의 핵심인 것이다. 반면 국내의 경우 SW 수출 품목별 비중에 대한 자료(표 2)에서도 확인할 수

---

[4] DisplaySearch(2011.2), SA(2011.2), iSuppl(2011), ETRI(2011.6)

표 2 2010년 국내 ICT 산업 수출규모   (단위: 억 달러, %)

구분	TV	휴대폰	LCD디스플레이	반도체	SW
수출규모	75	249	338	507	3.03
SW 규모대비 비중	2,475	8,217		16,732	–

있듯이 그 비중은 매우 미약한 실정이다. 즉, 국내 SW 시장은 전 세계적인 추세를 따라가지 못하고 있는 실정인 것이다. 우리의 문제는 SW인 것이다. SW의 경쟁력을 국제적인 수준으로 끌어올리는 것이 진정한 ICT 기반 창조경제 구현의 길이라 할 수 있을 것이다.

생각을 정리해 봅시다!

여러분들이 생각하는 SW의 중요성에 대한 이유는 무엇인가요? 주변에서 확인할 수 있는 다양한 사례를 찾아보고, 그 내용을 정리해 봅시다.

Memo.

생각을 정리해 봅시다!

우리나라 SW 산업의 경쟁력을 배양할 수 있는 방법은 무엇이 있을까요? 다양한 관점에서 기술해 보고, 그 내용을 정리해 봅시다.

Memo.

4 SW의 분류!

SW 프로그램을 구분하면 주문형 SW, 개선형 SW, 창조형 SW 등으로 분류할 수 있을 것이다.

주문형 SW란 SW 프로그램이 필요한 발주처에 의하여 제공된 기본적인 사양 specification과 사용자의 요구사항을 분석하고 반영하여 구현한 SW를 의미한다.

일반적으로 개선형 SW는 초기에 개발된 SW의 미비점을 보완하고 성능을 개선 upgrade한 것을 일컫는다. 대부분의 SW는 초기에 발표된 버전보다는 개선된 SW 버전이 지속적으로 발표된다.

우리는 기업의 업무 효율화를 위하여 주어진 과제를 해결하는 업무용 SW주문형 SW의 일종 개발은 일정 수준에 도달하였다. 예를 들면, 국내 SI System Integration 분야의 대표적인 기업인 LG CNS의 경우 우편물류 정보 관리 솔루션인 '비바포스트'를 말레이시아 우정공사에 수출하였으며,[5] 콜롬비아 보고타에 서울시의 교통정보시스템인 '스마트 교통'을 수출하는 실적을 올렸다.[6]

그러나 지금까지 세상에 없었던 새롭고 창의적인 SW의 개발 수준은 상대적으로 뒤쳐져 있는 상황이다. 창조형 SW는 세상에 없는 내용을 새롭게 창조한 SW를 의미하는 것이다. Google, Facebook, YouTube 등과 같이 세상에 없었던 새롭고 창의적인 SW창조형 SW만이 세계시장에서 통할 수 있다는 것을 우리는 잘 알고 있다. 이와 같은 이유로 인하여 창조형 SW를 개발할 수 있는 ICT 기반 창의인재의 양성은 미래사회에서 국가 경쟁력을 좌우할 수 있는 결정적인 요인이 될 것이다.[7,8]

---

[5] LG CNS, 말레이시아 우정공사 우편물류 솔루션 수출. http://www.etnews.com/news/
[6] 서울 선진 교통시스템, 콜롬비아 보고타시 수출. http://www.seoulcity.co.kr/news/
[7] 이재호(2013e). ICT 기반 창의적 인재양성을 위한 교육 모델 : CORE^2. 정보문화포럼 정책세미나. 3-23. 2013. 11. 25.

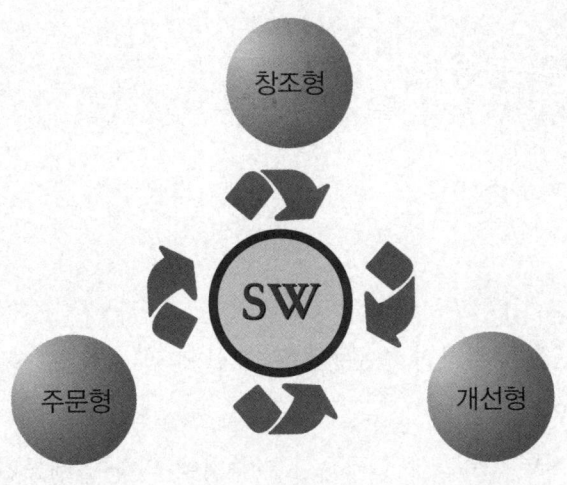

그림 2   SW의 분류

> **더 생각해 보기**
>
> 여러분들이 생각하는 SW 분류 방법은 무엇인가요? 창의적으로 생각해 봅시다.

    이러한 패러다임 변화에 따라 세계의 선진 각국은 발 빠르게 대응해 나가고 있다. 예를 들어 영국은 2014년부터 컴퓨터 교육을 한층 더 강화하였다. 기존의 ICT 과목이 컴퓨팅Computing 과목으로 바뀌고 초·중등 전 학년의 필수과목으로 지정되었다. 컴퓨터 교육과정에는 컴퓨터 작동원리알고리즘 이해와 응용 프로그램 활용은 물론이고 문제 해결을 위해 직접 SW를 프로그래밍하는 것까지 포함된다. 영국 정부는 일반 교과에도 '컴퓨터 활용 사고' 개념을 적용해 수업시간에 컴퓨터를 적극 활용하도록 권하고 있다. 현지 언론은 이런 정책 변화를 "영국이 미래 국제사회의 디지털 리더로 자리 잡기 위한 조용한 혁명Quiet Revolution"이라고 평가하고 있다.[9]

    미국도 SW 교육, 특히 코딩coding 교육의 중요성을 강조하고 있다. 미국의 Barack Obama 대통령은 "비디오 게임을 사지만 말고 직접 만드세요. 새로 나온 애플리케

---

[8] 이재호.(2013f). ICT 기반사회에서 발명영재교육. (사)한국영재학회 추계학술대회 논문집. 43-55.
[9] 영국은 내년부터 컴퓨터 전학년 필수 … 한국 "수능에 안 나오니 …" 8%만 선택. 중앙일보. 2013. 11. 12.

이션을 다운로드만 받지 말고 함께 디자인하세요. 휴대폰을 갖고 놀지만 말고 프로그램을 만드세요."라고 역설하였다. 이와 같은 분위기에 따라 미국 내에서는 '코딩의 시간 갖기hour of code' 운동이 펼쳐지고 있으며, 이 운동에는 영화배우, 운동선수, 가수 등 코딩과는 거리가 멀어 보이는 다양한 유명 인사들이 코딩 교육의 중요성을 강조하고 있는 실정이다.

출처: http://csedweek.org/resource_kit/posters

그림 3 미국 Barack Obama 대통령이 SW 교육의 중요성을 강조하는 포스터

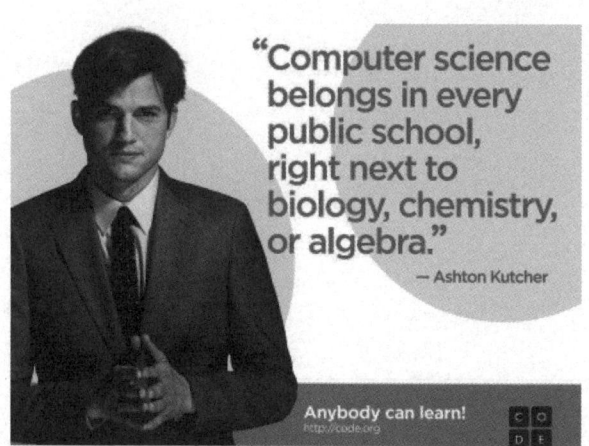

출처: http://csedweek.org/resource_kit/posters

그림 4 미국 영화배우인 Ashton Kutcher가 SW 교육의 중요성을 강조하는 포스터

생각을 정리해 봅시다!

우리나라가 창조형 SW 개발 강국이 되기 위해서는 무엇을 준비해야 할까요? 다양한 관점에서 생각해 보고, 그 내용을 정리해 봅시다.

Memo.

5 ICT 융합기술 시대의 도래

ICT는 융합의 핵심이다. ICT가 융합될 경우 융합된 산업은 꽃을 피우게 된다. ICT 융합의 단계를 개념적으로 표현한 것이 [그림 5]이며, 이에 대한 내용을 요약하면 다음과 같다.

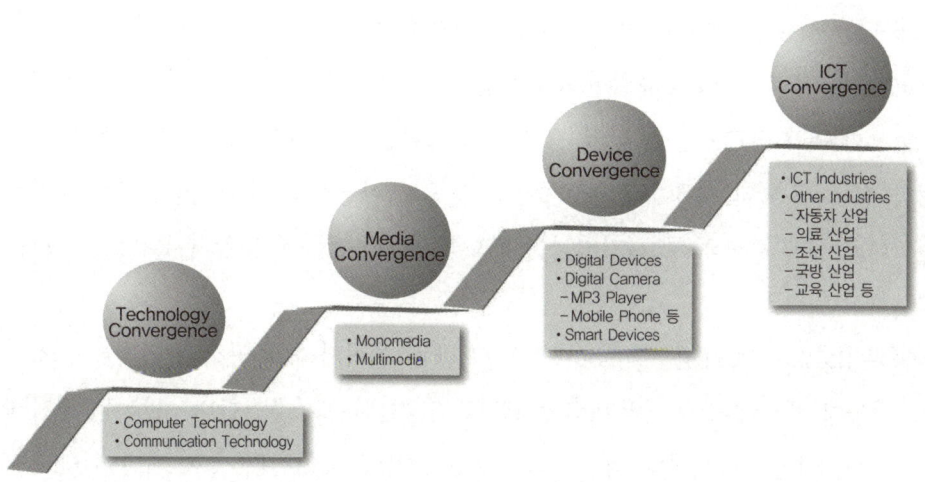

그림 5 ICT 융합의 단계[10]

계산 기능을 주로 담당하던 컴퓨터와 전화로 대표되던 통신 기능이 융합된 것이 첫 번째 단계의 융합이다. 지금은 통신 기능이 배제된 컴퓨터를 상상할 수 있겠는가? 80년대만 하더라도 컴퓨터의 주요 용도는 계산 기능이었으며, 인터넷으로 대표되는 통신과 연결된 것은 그리 멀지 않은 시대에 이루어졌다.

컴퓨터의 성능이 빠른 속도로 발전하고 통신 인프라의 대역폭bandwidth이 발전함

---

[10] 이재호(2013f). ICT 기반사회에서 발명영재교육. (사)한국영재학회 추계학술대회 논문집. 43-55.

에 따라 텍스트 데이터를 주로 처리하던 모노미디어mono-media 데이터 시대에서 다양한 미디어 데이터를 동시에 처리할 수 있는 멀티미디어multi-media 데이터 시대로 전환된 것이 두 번째 단계의 융합이다.

멀티미디어 데이터의 출현 이후 이를 처리할 수 있는 디지털 장비digital device들이 융합된 것이 세 번째 융합이다. 디지털 음원을 재생할 수 있는 MP3 플레이어, 디지털 영상을 촬영할 수 있는 디지털 캠코더, 디지털 사진을 촬영할 수 있는 디지털 카메라 등의 기능들을 하나의 디지털 장비에서 처리할 수 있게 되었으며, 여기에 컴퓨터의 기능까지 더한 스마트폰의 등장은 디지털 장비들이 융합되는 최고 정점을 이루게 하였다.

지금은 이상과 같은 ICT의 융합이 기술 간의 융합을 뛰어넘어 ICT가 산업과 융합이 되는 시대가 되었다. 이것이 ICT 융합의 네 번째 단계인 것이다.[11]

ICT 기술을 각 산업과 융합한 ICT 융합기술은 이제 일반적으로 통용되는 용어가 되었으며, ICT 융합기술은 산업 간 시너지 효과를 발생시켜 생산성과 효율성을 극대화함으로써 국가 경쟁력을 높여주는 요인으로 작용하고 있다. 이와 같은 상황을 인식하고 세계 각국의 주요 기업들은 ICT를 자사의 제품에 융합시켜나가는 노력을 경주하고 있다.

독일 BMW는 2001년부터 'BMW 카 IT'라는 자회사를 운영하고 있다. 이 회사는 "자동차 제조에서 혁신의 90%는 SW가 결정한다."고 공언한다. '달리는 전자제품'인 자동차는 여러 대의 컴퓨터와 SW가 곳곳에 들어간다. SW 개발이 늦어지거나 오류가 발생하면 자동차 출시 자체가 지연된다. 최고급 자동차의 대명사인 Mercedes-Benz를 이끌어가는 최고경영자CEO Dieter Zetche는 "자동차는 이제 가솔린이 아니라 SW로 달린다."고 이야기 한다. Mercedes-Benz와 BMW는 이제 자동차 제조업체에서 SW 기업으로 변신 중이다.

이와 같은 움직임은 이제 일반인들도 알 수 있는 상황이다. 얼마전 TV나 신문 등의 광고에서 쉽게 볼 수 있었던 광고 중 하나가 현대자동차 그룹의 이미지 광고이다. 광고의 주제는 "당신은 융합을 어떻게 생각하시나요?"이다. 결론은 자동차

---

[11] 이재호(2013e). ICT 기반사회에서 발명영재교육. (사)한국영재학회 추계학술대회 논문집. 43-55.

란 단순히 기계장치가 아닌 ICT가 핵심으로 동작하는 융합의 산물이라는 것이다. 일반인들도 자동차에 ICT가 접목됨으로써 더 좋은, 더 스마트한 자동차가 만들어진다는 것을 알게 되었다.[12] 이와같은 이유로 인하여 ICT 기업의 절대 강자인 Google은 Google Car 개발에 총력을 기울이고 있다.

출처: http://www.bmw-carit.com/

그림 6 BMW Car IT사의 홈페이지
        (SW가 자동차 혁신의 핵심이라는 것을 강조하고 있다!)

출처: http://autotimes.hankyung.com/apps/news?mode=sub_view&popup=0&nid=02&c1=02&c2=00&c3=&nkey=201310201146101

그림 7 현대자동차의 이미지 광고(융합이란?)
        (융합의 산물인 자동차에서 핵심적인 역할을 담당하는 기술 중 하나가 IT이다!)

---

[12] 이재호(2013f). ICT 기반사회에서 발명영재교육. (사)한국영재학회 추계학술대회 논문집. 43-55.

더 생각해 보기

ICT가 융합되어 꽃을 피게 된 산업들은 무엇이 있는지 찾아봅시다.

생각을 정리해 봅시다!

여러분들은 'ICT 융합기술의 시대'가 도래하였다고 실감나게 느끼는 때는 언제인가요? 주변에서 확인할 수 있는 다양한 사례를 찾아보고, 그 내용을 기술해 봅시다.

Memo.

6 지금은 SW 중심 사회

지금은 SW가 세상의 변화를 주도하는 SW 중심 사회이다. 모자이크Mosaic 웹 브라우저를 공동으로 개발한 Marc Andreessen은 2011년 월스트리트 저널에 "왜 SW가 세상을 먹어치우고 있는가?Why Software is Eating the World?"라는 제목의 에세이를 기고하였다. 여기에서 Marc Andreessen은 현재 SW가 세상을 바꾸고 있으며, SW로 인하여 수없이 많은 업종이 사라지고 탄생하는 시기에 있음을 이야기 한다.

얼마 전까지 우리 동네 골목에서 쉽게 책방을 찾아볼 수 있었다. 그러나 이제는 인터넷 서점에 밀려 동네 서점은 더 이상 설자리를 잃어버리고 말았다. 또한 회사를 퇴직한 사람들이 손쉽게 창업할 수 있었던 업종 중 하나가 비디오 대여점이었으나, 인터넷에서 제공하는 동영상 서비스로 인하여 더 이상 오프라인 비디오 대여점은 찾아볼 수가 없다. 미국에 이민 간 우리 동포들은 한국 드라마를 녹화한 비디오를 대여하여 보는 것이 낙樂이었다. 그러나 미국에서 조차도 한국 드라마 비디오 대여점은 찾아보기 힘들다. 필자가 2014년 봄에 미국 LA 한인 타운을 방문하였을 때 어렵게 백화점 내 비디오 대여점을 찾을 수가 있었다. 그러나 손님은 예전에 비하여 형편없이 줄었다는 것이 주인의 말이었다. 명맥을 유지하고 있는 비결은 LA 한인 타운에 거주하는 교포 중 인터넷 활용이 미숙한 노인들을 위한 장소이기 때문인 것이다. 이마저도 언제 문을 닫을지 모르는 상황이다.

미국인들의 영화사랑은 대단하다. 얼마 전까지만 해도 미국의 도시 어디에서나 Blockbuster와 같은 대형 비디오 대여점들을 쉽게 찾아볼 수 있었다. 그러나 온라인 비디오 스트리밍 기반의 서비스를 시행하는 Netflix의 등장으로 Blockbuster는 역사 속으로 사라졌다. 필자가 2014년 봄 차량을 타고 미국 LA 다운타운의 슬럼가를 이동하다가 우연히 비디오 대여점 간판을 발견하였으나, 내부에 손님을 찾아볼 수는 없었다. 미국 내에서 비디오 대여점이 명맥을 유지하고 있는 곳은 하층계급의 주민이 거주하는 지역뿐이다. SW가 세상에 존재하는 업종을 먹어치우고 있는 것이다.

출처: http://online.wsj.com/news/articles/SB10001424053111903480904576512250915629460

그림 8 Marc Andreessen의 월스트리트 저널 기고문

그림 9 LA 한인 타운 내 백화점에 위치한 비디오 대여점(2014년 봄)

그림 10 LA 다운타운 내 슬럼가에 위치한 비디오 대여점(2014년 봄)

출처: http://ko.gofreedownload.net

그림 11 Blockbuster의 로고

생각을 정리해 봅시다!

우리 생활 주변에서 SW가 세상을 먹어치우고 있는 다양한 사례들을 찾아보고, 그 내용을 정리해 봅시다.

Memo.

우리는 알고 있었다. 사람들이 단순 노동을 통하여 처리하던 많은 일들은 로봇robot이 대신할 것이라는 것을 알고 있었다. 산업용 로봇, 군사용 로봇, 청소용 로봇 등이 대중화되어 사용 중이다. 세계 최대 온라인 서점인 Amazon.com이 최고의 경쟁력을 유지하는 비결 중 하나는 엄청난 양의 책이 보관된 대형 창고의 물류 처리를 로봇Kiva이 담당하고 있기 때문이다. Kiva 로봇은 사람이 처리하는 것보다 효율적으로 일 처리를 수행하며, 파업을 하지도 않는다! 관리자들은 인간보다 Kiva 로봇을 선호할 수밖에 없다.

출처: http://teachthe4ps.com/?s=kiva

그림 12 Kiva 로봇

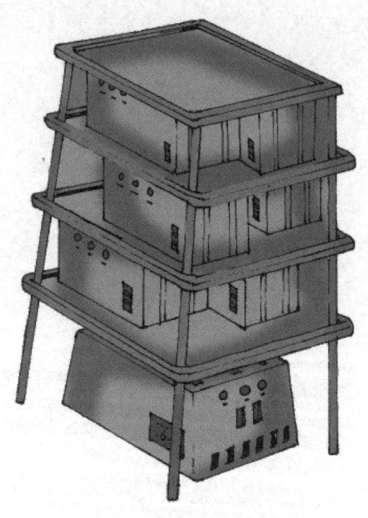

그림 13 Kiva 로봇의 물류 처리 개념 (Kiva 로봇은 자신보다 거대한 선반에 여러 권의 책들을 보관하고 있으며, 주문이 들어올 경우 빠른 속도로 배송 관리자에게 달려가서 책을 전달한다.)

로봇의 작업 영역은 확장되고 있다. 블루칼라 직종인 단순 노동 업무 처리에서 화이트칼라 직종이 처리하던 업무 영역까지 침범하고 있다. 대표적인 것이 '기자봇'의 등장이다. 예전에는 중요한 스포츠 경기에 스포츠 전문기자가 경기를 참관한 후에 경기 내용을 요약하여 기사를 작성하였다. 그러나 이제는 '기자봇'이 대신 기사를 작성한다. 경기를 참관한 사람아르바이트 학생도 가능하다이 주요 경기 내용통계자료을 '기자봇'에게 전송하면 '기자봇'이 알아서 해당 경기의 기사를 작성하는 것이다. 기자는 대표적인 화이트칼라 직종이다. 그 영역을 로봇이 넘보고 있는 것이다. 또 다른 예 중 하나는 Dramatica라는 시나리오 저작 SW의 등장이다. 시나리오 작가의 영역까지 SW가 침범하고 있는 것이다.

Beckett and Dodgers Look for Win Over Nolasco and Twins

Filed under Game Preview on April 30th, 2014

Thu, May 01 2014, 12:10 PM CDT — Target Field

Dodgers 9 (17-12) Twins 4 (12-14)

	1	2	3	4	5	6	7	8	9	R	H	E
LAD	0	3	2	0	0	0	3	0	1	9	15	3
MIN	2	0	0	0	2	0	0	0	0	4	7	0

W: D. Haren (4-0)
L: M. Pelfrey (0-3)
S: C. Perez (1)

Recap | Boxscore | Play-by-Play

Share this preview
Tweet or

Josh Beckett (0-0, 2.45 ERA) battles Ricky Nolasco (2-2, 6.67 ERA) when the Dodgers (14-12) take on the Twins (12-11) on Thursday afternoon at Target Field. This is the first game of a double header and will be broadcast on SportsNet LA and FSN-N with first pitch set for 12:10pm CDT.

Beckett is 4-1 with a 3.00 ERA against the Twins in his career and should have the advantage in the pitching matchup against Nolasco. Nolasco holds a 1-2 record with a 6.66 ERA in his career vs. the Dodgers. The Dodgers fell 6-1 to the Rockies in their last game, while the Twins defeated the Tigers 5-3.

Standings
The Dodgers lost to the Rockies 6-1 on Sunday and are in third place in the NL West, 1.5 games behind the Giants in first place, 1.0 game behind the Rockies in second place and 2.0 games ahead of the Padres in fourth place.
Los Angeles is 14-12 (.538) and has been in third place in the division for 3 consecutive days.
The Dodgers have been in first place for 20 days, second place for 10 days, and third place for three days this season.
Los Angeles has held a season high 2.5-game lead two times this season, most recently on April 17, 2014 (10-6).
Los Angeles trails by 1.5 games in the NL West, which ties their season high. They've trailed by 1.5 games four times this season.
Wins and Losses
This 3-game series against the Twins (0-0) is the start of a 9-game road trip that also includes three games against the Marlins and three against the Nationals.
The overall record for Los Angeles sits two games above .500 (14-12), three games below their season high-water mark of 12-7 on April 20, 2014.

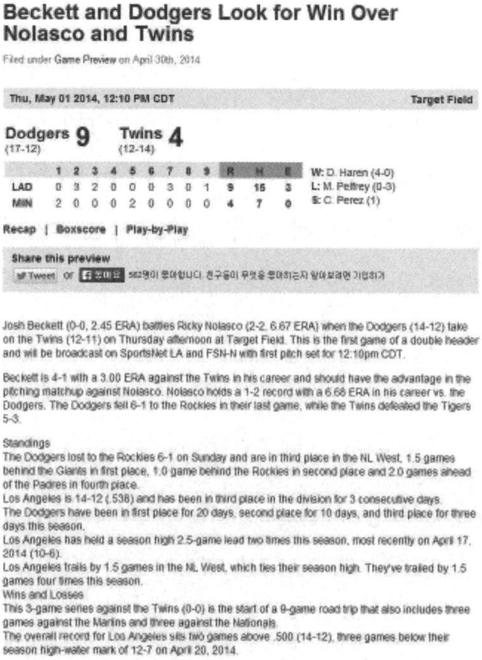

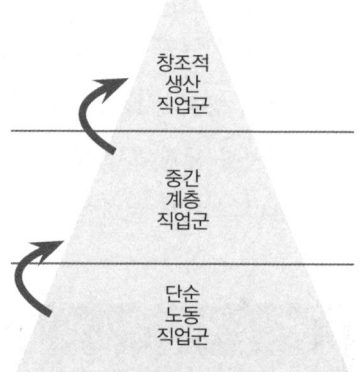

출처: http://statsheet.com/statblogs_mlb/

그림 14 '기자봇'이 작성한 LA Dodgers 경기 결과

그림 15 로봇의 등장으로 인한 직업군의 이동
(로봇의 업무 영역이 단순 노동 뿐만 아니라 화이트 칼라 영역까지 확장됨으로써, 미래 인재들은 창조적 생산 직업군에서 활동할 수 있는 역량을 갖추어야 한다.)

더 생각해 보기

'기자봇'을 이용하면 효과적일 것으로 생각되는 분야를 창의적으로 생각해 봅시다.

몇몇 미래학자와 예언가들은 'SW 중심 사회'의 등장을 예언하였다. 그러나 우리도 모르는 사이에 SW가 세상을 지배하는 'SW 중심 사회'가 도래한 것이다. 세계를 선도하고자 하는 국가들은 이에 대한 대비를 위하여 뛰기 시작하였다. SW 코딩의 중요성을 실감한 것이며, 이를 위한 교육을 시작하고 있는 것이다. 우리도 현재의 자리에서 안주하고 있을 수만은 없는 실정이다.

지식의 유효기간은 짧아지고 있다.

대부분의 데이터와 정보는 인터넷 공간에 넘쳐난다. 원리와 개념 위주의 문제해결능력 배양이 필요한 시기이며, 'SW 중심 사회'의 도래에 따른 'ICT 기반의 창의적 문제해결 능력'을 키울 수 있는 교육이 필요한 시기이다. 이는 '컴퓨터 과학자'나 '컴퓨터 공학자'를 양성하기 위한 교육이 아니라, 미래 사회 인재에게 21세기 새롭게 펼쳐질 세상에서 예상하지 못한 문제를 창의적으로 해결해나갈 수 있는 능력을 교육하는 가장 효과적인 방법이 될 것이다.

생각을 정리해 봅시다!

SW 중심 사회에서 발생할 수 있는 다양한 사건들에 대하여 창의적으로 예견하여 보고, 그 내용을 정리해 봅시다.

Memo.

생각을 정리해 봅시다!

여러분들이 생각하는 ICT 기반 창의적 문제해결 능력이 필요한 이유는 무엇인가요?
ICT 기반 창의적 문제해결 능력을 키울 수 있는 방법들을 생각해 보고, 그 내용을 정리해 봅시다.

Memo.

1 융합형 창의인재의 양성

21세기는 융합convergence과 창의성creativity이 중심이 되는 창조사회creativity society이다. 융합과 창의성이 강조되는 미래사회의 인재 양성이 국가경쟁력 마련의 초석임을 인식하고 세계 각국은 미래형 인재 양성에 박차를 가하고 있는 실정이다.

창조사회에서 교육의 지향점 또한 변화하고 있다. 즉, 인지 능력 중심의 교육에서 비인지적 능력도 중요시 하는 교육으로 변화하고 있으며, 단일 학문 영역 중심 교육에서 다학문 영역을 아우르는 능력을 배양하고자 하는 추세이다. 많은 학자들은 우리가 살고 있는 현 시대의 최근 변화를 지식기반사회를 지나 모든 분야 간에 서로 융합이 일어나는 지식융합사회로 전환되어 가고 있는 것으로 설명하고 있다.

> **더 생각해 보기**
>
> 창조사회에서 교육의 지향점이 비인지적인 인성 역량과 다학문적인 융합 역량을 강조하는 이유는 무엇일까요? 창의적으로 생각해 봅시다.

이러한 시대적 변화에 따라 21세기가 요구하는 인재상 역시 과거와 많은 차이를 보이며 변화하고 있다. 미래사회를 주도하기 위해 필요한 인재는 "글로벌 시대를 주도할 수 있는 바른 인성과 융합 역량을 갖춘 창의인재"라고 할 수 있을 것이다. 국가교육과학기술 자문 회의에서는 21세기 지식융합사회를 주도해 나갈 미래형 인재를 "글로벌 시대의 변화를 수용하고 예측하여, 미래를 개척하며, 지속적인 성장이 가능하고 고전적인 틀을 뛰어넘어 새로운 대안을 제시할 수 있는 인재"라고 정

의하고 있다.[1]

  오늘날 세계 각국에서는 각 분야의 우수한 인재들을 길러내기 위하여 심혈을 기울이며 이론적, 정책적 연구를 수행하고 있으며, 집중적인 교육투자를 아끼지 않고 있다. 이러한 현상은, 우수한 능력을 갖춘 인적 자원을 발굴 육성하는 일이 자국의 발전 및 국제 사회의 치열한 경쟁에서 뒤처지지 않는 중요한 수단임을 인식하고 인재교육에 관심을 기울이고 있기 때문이다.

> **생각을 정리해 봅시다!**
>
> 세계 각국에서 융합형 창의인재 양성을 위하여 추진하고 있는 다양한 사례들을 찾아보고, 그 내용을 정리해 봅시다.

Memo.

---
[1] 이재호(2012c). 융복합 중심의 창조사회에서 발명영재교육의 의미. (사)한국영재학회 추계학술대회 논문집. 29-70.

2   SW 개발과 발명

ICT의 핵심은 SW이며, SW 개발의 주역은 사람이다. 그러나 세계적으로 SW 인력은 턱없이 부족한 현실이기 때문에 대부분의 주요 국가들에서는 SW 인력 양성에 국가적 역량을 집중하고 있다. 우리나라의 미래창조과학부에서도 전주기적 SW 인력 양성 체계를 정비하도록 계획하고 있으며, 민간에서도 SW 산업 육성을 위한 인력 양성 계획을 발표한 후 실행하고 있다.

SW는 주어진 과제를 최적화optimization시켜나가는 과정의 산출물이고, 여기에 창조성이 결합된 SW만이 치열한 경쟁 사회에서 살아남을 수 있으며, 세계 시장에서 뛰어난 성과를 낼 수 있다는 것을 우리 모두 알고 있는 사실이다. 이런 측면에서 SW 개발은 발명의 과정이다. SW 개발자가 단순히 주어진 과제만을 해결하는 것이 아니라, 세상에 없는 창조적 SW를 발명할 수 있는 역량을 갖춘 인력으로 양성되어야 창조사회의 주인이 될 수 있다.[2]

발명Invention의 어원은 라틴어 inventio로서 "생각이 떠오르다"이다. 창조 활동을 증진하고 지식재산Intellectual Property : IP권을 전 세계적으로 보장하자는 취지에서 국제연합의 특별기구로 출범한 세계지식재산권기구World Intellectual Property Organization : WIPO에서는 발명을 "새로운 물건을 만들거나 그 과정에서 특정 분야의 기술적 문제를 해결하는 일"이라고 정의하고 있다. 결과적으로 SW 개발은 고도의 창조성이 요구되는 발명의 과정이며, 창조적 SW 개발 인력은 ICT 기반의 창조적 발명가인 것이다.[3,4]

---

[2] 이재호(2013d). ICT 기반 창의적 인재양성을 위하여… 과학기술출판. 통권40호. 4-5.
[3] 이재호(2013b). 〈월요논단〉 ICT 기반 창조적 발명인재 양성해야. 한국교육신문. 2013. 7. 22.
[4] 이재호(2013f). ICT 기반사회에서 발명영재교육. (사)한국영재학회 추계학술대회 논문집. 43-55.

우리들이 기억하는 대표적인 발명가들은 누가 있는가? 아마도 Leonardo Da Vinci 와 Thomas Edison이라고 답하는 이들이 대다수 일 것이다. 그렇다면 얼마 전 까지 창조적인 융합형 인재의 전형으로 각광을 받던 Steve Jobs는 발명가로 분류할 수 있을까? 고전적인 정의에 따르면 발명가로 정의하기는 어려울 수도 있을 것이다. 그러나 시대적인 패러다임의 변화와 사회적인 요구 등을 반영한다면 Steve Jobs도 발명가의 한 유형으로 정의할 수도 있을 것이다. 그러면 성공한 또는 모든 사람들이 기억하는 발명가만이 있는가? 우리 주변에는 훌륭한 발명품을 최초로 발명한 위대한 발명가들이 많이 있으나, 그들을 기억하지 못 하는 경우가 있다. 이러한 유형의 발명가들을 분류하여 발명가의 유형으로 정의 한 것이 〈표 1〉이다.

표 1 발명가의 유형 정의[5, 6]

유 형	특 징
다빈치형 시대초월형 구상가	레오나르도 다빈치(Leonardo Da Vinci, 1452~1519)는 그가 살던 시대 사람들이 이해하기 어려운 수많은 발명 아이디어들을 스케치 등을 통해 고안하였으나, 이들 중 그가 발명품으로 현실화해 낸 것은 거의 없다. 오히려 후대 사람들이 그가 남긴 아이디어들을 보고 시대를 한참 앞서 있었던 그의 창의성에 감탄할 뿐이다. 이처럼 자신이 가진 뛰어난 창의성을 통해 놀라운 아이디어들을 내놓곤 하지만, 각각의 아이디어들을 실제의 발명품으로 완성해 내고 다른 사람들에게 자신의 아이디어 가치를 설득해 내는 등의 방면에는 별 관심이 없는 발명영재들이 존재한다. 다빈치형 발명영재들을 위해서는 자신의 아이디어들을 다른 사람들이 이해할 수 있는 방식으로 표현해 내는 능력의 계발, 가치를 검증받은 아이디어를 현실화하는데 필요한 성격적인 특성 등의 함양을 도와주어야 한다.

---

[5] 이재호(2011a). 발명영재 교육 체계화 방안: 발명영재교육의 현 주소 및 발명영재에 대한 다원적 지원 방안. 제1회 지식재산기반 차세대영재기업인 콜로키움. 107-126.
[6] 이재호(2012e). 차세대 영재교육 및 발명영재교육 체계화 방안. 영재교육의 새로운 패러다임: 초교과형 발명영재육성. 특허청, 한국발명진흥회. 105-121.

에디슨형 팔방미인형 발명가 	토마스 에디슨(Thomas Edison, 1847~1931)은 자신이 가진 뛰어난 발명가로서의 능력과 함께 사업가적 능력을 발휘하여 GE General Electric라는 세계적인 기업을 세우는 등 그의 발명품을 통해 세상 사람들을 삶을 혁명적으로 뒤바꾸어 놓은 성공적인 발명가의 전형이다. 그가 동시대에 존재하였던 많은 발명가들 중 가장 큰 명성을 얻고, 자신의 발명품들이 세상 사람들의 삶에 큰 영향을 끼칠 수 있었던 것은 자신의 발명가적 능력이 그만큼 뛰어났던 것은 물론이고, 발명품들이 실생활에 활용될 수 있는 단계까지 발전되고, 기업에 이익을 가져다주는 산업화의 단계에 이를 때까지 필요한 사업가적 수완도 뛰어났기 때문이라고 할 수 있다. 이처럼 발명가로서의 능력과 사업가적 마인드도 함께 갖춘 이는 발명영재교육이 지향하는 발명영재의 이상이라고 할 수 있다.
테슬라형 외골수형 발명가  출처: 나폴레옹 사로니 Napolean Sarony 촬영	니콜라스 테슬라(Nikola Tesla, 1856~1943)는 에디슨과 동시대에 활약한 뛰어난 발명가로서 실제 그의 발명품들은 에디슨에 필적할 만큼 광범위한 분야에 걸쳐 혁신적인 것들이 많이 있었다. 그러나 그의 발명품들은 에디슨의 그늘에 가려 산업화되지 못하고, 그가 살아있는 동안에는 발명가로서 명성과 부를 얻지 못하였다. 오로지 스스로 새로운 분야의 혁신적인 발명품을 만들어내는 것으로만 스스로 보상을 받았다고 하겠다. 이처럼 자신의 뛰어난 발명가적 능력에도 불구하고 대인관계 능력이나 사업가적 마인드가 부족하여 자신의 발명품의 가치를 인정받지 못하고 마는 발명영재들이 존재한다. 테슬라형 발명영재들을 위해서는 성공적인 사회인으로서의 역량, 즉 효과적인 의사소통능력과 대인관계 능력을 중심으로 한 사회성 함양을 도모하는 것이 중요한 교육적 활동이 될 수 있다.
잡스형 시대선도형 기업가  출처: http://www.itworld.co.kr/ print/75635	스티브 잡스(Steve Jobs, 1955~2011)는 아직 시대가 갖고 있지 않지만, 이 시대에 가장 필요한 것이 무엇인지를 정확히 파악하고 이를 현실화하는데 매우 뛰어났던 인물로서, 그 스스로 발명가라고 할 수도 있지만 여러 발명가들의 리더로서 발명가들의 역량이 어디에 집중되어야 할지를 제시할 수 있었던 사업가이자 혁신가라고 할 수 있다. 이처럼 개인 발명가로서보다는 발명가들의 역량이 필요한 혁신추구 집단에서 발휘될 수 있는 유능한 리더로서의 역량이 뛰어난 발명영재들이 있다.

생각을 정리해 봅시다!

여러분들이 생각하는 최고의 SW 발명은 무엇인가요? 창의적으로 생각해 보고, 선정 이유를 기술해 봅시다.

Memo.

생각을 정리해 봅시다!

여러분들이 생각하는 SW 분야의 발명가 유형을 창의적으로 구분하여 정의한 후, 그 내용을 정리해 봅시다.

Memo.

3 인재상은 변화하는가?

일반적으로 인재는 뛰어난 재주를 가진 사람을 의미하는 '인재人才'와 인적 자원을 의미하는 '인재人材'의 2가지 개념이 혼용되어 있다. 전자는 영재英才, 수재秀才와 같이 뛰어난 능력을 갖춘 사람을 의미하며, 국가, 사회, 조직, 개인의 효율적 목표 달성과 성과 창출을 위하여 필요한 가치와 능력 또는 이를 가진 사람으로, 국가 및 기업의 성공 또는 성과를 발생시키는 데 핵심적 역할을 하는 사람을 의미한다. 즉 이러한 의미에서의 인재는 'best people'로 해석되며, 소수의 한정된 사람을 의미하는 경향이 강하다. 반면 후자는 전자에 비해 넓은 의미의 인적자원을 의미한다.[7]

인재상은 시대적인 상황에 따라 변화한다. 영재교육 분야의 세계적인 석학 3명의 영재정의를 살펴보면서 인재상 변화에 대한 의미를 정리하면 다음과 같다.[8]

Renzulli는 대표적인 영재교육 학자이고, 가장 널리 쓰이고 있는 영재 정의를 연구한 학자이다. 그는 영재란 지능만 높아서는 안되고 인성과 창의력이 함께 있어야만 진정한 성취가 나온다고 강조하였다. 그도 최근에 더 발전된 이론을 발표했다. 여기에서 변화된 부분을 보면 결국 사회, 문화적인 측면을 더욱 세분화하여 강조한 것을 볼 수 있다. Renzulli 또한 한 개인이 능력을 발휘하고 성취하는 시대는 지나가고, 사회에서 상호작용하는 과정이 중요한 것을 그의 진화된 영재의 정의에서 보여주고 있다.

Sternberg는 처음부터 기존의 지능이론과는 차별화된 이론을 발전시켰다. 그의

---

[7] 강경종, 이남철, 전재식, 윤여인, 김환식(2008). 인적자원정책 혁신기반 연구·사업(2008)-핵심인재 양성 인프라 구축을 중심으로-. 한국직업능력개발원(정책연구 2008-8).
[8] 이재호(2012c). 융복합 중심의 창조사회에서 발명영재교육의 의미. (사)한국영재학회 추계학술대회 발표논문집. 29-70.

삼두이론Triarchic Theory이나 성공지능successful intelligence을 보면 지필 검사로 측정되는 지능 이외에 창의적 능력과 실존적 능력을 동등한 비중으로 다루고 있는 것을 볼 수 있다. 그는 이미 초기에 환경을 선택하고, 환경에 적응하는 능력에 대하여 언급하고 있지만, 이 부분도 한 개인이 자신의 능력을 발휘하기 위해서 하는 행동에 국한 되어 있다. Sternberg 역시 최근에는 WICSWisdom, Intelligence, and Creativity Synthesized 모델을 제시하면서 지혜wisdom의 가치를 부각시켰는데, 이 지혜라는 요인에는 사회성, 가치관, 세계관 등이 모두 포함되어 있다. 그 또한 단편적인 지식의 축적이 아닌, 사회와의 상호작용 속에서 우러나오는 다면적인 능력들을 중요하게 보기 시작하였다.

Gardner는 다중지능multiple intelligence 이론으로 널리 알려져 있다. 이 이론은 이전에 성적과 공부에 국한되어 있던 지능의 정의를 음악, 미술, 체육뿐만 아니라 대인관계나 자기성찰의 영역까지 확대하여 특히 현장 교사들의 열렬한 지지를 받았다. 공부를 잘하고 성적이 좋아야만 지능이 높다고 인정하던 인식에 신선한 변화를 불어 넣었던 것이다. 그리하여 우리 사회에서 다양성을 허용하게 했다. 그뿐만 아니라 이 사회에서 가치롭게 생각될 수 있는 여러 가지 다양한 분야들에 대해서 생각하기 시작하는 계기를 만들어 주었다. 그래서 지식적인 영역뿐만 아니라 정신적인, 영적인spiritual 면에도 눈을 돌려보게 했다. 아홉 번째 지능으로 검토되고 있는 영역이 바로 영적인 것이다. 그의 이론은 더욱 진화하여 이제는 미래를 살아가는 데 필요한 능력들을 얘기했다.

Gardner(2008)는 미래사회 인재가 갖추어야 할 역량을 5가지 마음가짐으로 정의하였으며, 이를 '5가지 미래 마인드Future Mind' 개념으로 제안하였다. 그 내용은 다음과 같다.[9, 10]

첫 번째 마음인 훈련된 마음Disciplined Mind은 최소한 한 종류나 영역의 독립적인 사고방식을 통달한 마음을 말한다. 즉, 특정 학문 분야나 기술, 혹은 전문 직업의

---

[9] 이재호(2012d). 2013년 발명영재 선발도구 개발 사업. 한국발명진흥회 연구보고서.
[10] 이재호, 박경빈, 진석언, 류지영, 이상철, 안성훈, 진병욱(2012). 발명영재상 수립을 위한 발명영재의 특성 이해. 영재교육연구. 22(3). 551-573.

특징을 이루는 독특한 인지 양식을 체득한 마음으로, 각종 연구를 통해 확인된 바에 따르면, 하나의 학문 분야에 통달하기까지는 10년 가까운 세월이 걸린다고 한다. 그러므로 훈련된 마음은 기술과 지식을 증진시키려면 오랜 시간에 걸친 꾸준한 노력이 필요하다는 것을 아는 것도 포함한다. Gardner는 미래사회에서 성공하려면 특정 학문분야 및 기술 분야에서의 전문성 체득을 강조하였다.

두 번째 마음인 종합하는 마음 Synthesizing Mind은 다양한 출처로부터 정보를 얻고, 그 정보를 객관적으로 이해하고 평가하며, 그것을 자신과 다른 사람이 이해할 수 있는 유익한 정보로 재구성하는 능력이다. 이 능력은 과거에도 물론 가치가 있었지만, 정보량이 엄청난 속도로 늘어나는 오늘날 한층 중요해진 능력이다. 융합적 사고력을 중요시하는 미래사회의 요구와도 일맥상통하는 능력이다.

세 번째 마음인 창조하는 마음 Creating Mind은 훈련된 마음과 종합하는 마음을 토대로 새로운 아이디어를 내고 독창적으로 문제 제기를 하며 신선한 사고방식을 창출함으로써 예기치 못한 혁신적인 문제 해결에 이르는 능력이 창조하는 마음이다. 창조적 사고력을 중요시하는 미래사회의 요구와도 일맥상통하는 능력이다.

네 번째 마음인 존중하는 마음 Respectful Mind은 인류의 대부분이 긴밀히 상호 연결되는 미래사회에서 각 개인이나 집단이 단지 자신의 영역 내에 생존하는 것만으로는 성공적인 삶을 살 수 없다. 존중하는 마음은 각 개인 및 집단의 차이점에 주목하고 그것을 받아들이며, '타인'을 이해하고 그들과 효율적으로 일하려고 애쓰는 마음이다. Gardner는 모두가 연결된 이 '함께 사는' 세상에서 편협함과 무례함은 이제 통용되지 않는 한편 관용과 존중은 필수 요건이라고 하였다.

다섯 번째 마음인 윤리적인 마음 Ethical Mind은 존중하는 마음에서 한 단계 더 추상적인 차원으로 나아간 것이다. 인간 노동의 본질, 사회의 욕구와 욕망에 대해 깊이 생각할 줄 아는 마음을 말한다. 이 마음은 사람들이 어떻게 하면 개인의 이익을 넘어서 더 큰 목적에 봉사할 수 있는지를 개념화한 것이다.

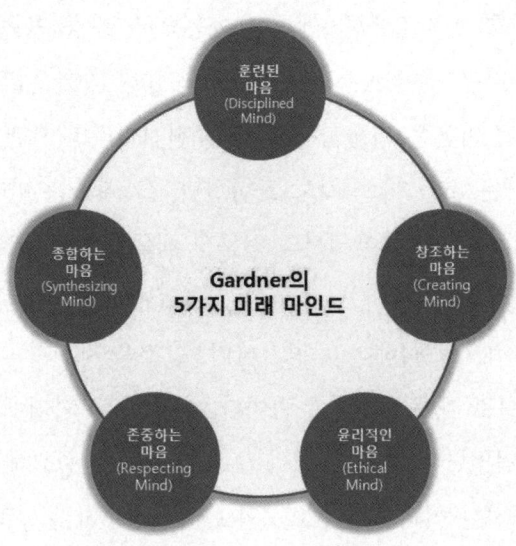

그림 1 Gardner의 5가지 미래 마인드

생각을 정리해 봅시다!

Gardner의 5가지 미래 마인드 중 여러분들이 생각하는 가장 기본적인 마인드는 무엇인가요? 창의적으로 생각해 보고, 선정 이유를 정리해 봅시다.

Memo.

생각을 정리해 봅시다!

Gardner의 5가지 미래 마인드를 갖추기 위한 실천적인 방법들을 창의적으로 생각해 보고, 그 내용을 정리해 봅시다.

Memo.

앞에서 보듯이 영재에 대한 정의가 지적인 측면에 치우쳤던 것이 점차 인성적인 면을 포함하여 사회, 문화적인 면도 포함하게 된 것을 볼 수 있다. 이는 인류, 사회가 성숙해 짐에 따라 지식만으로는 해결되지 않는 현상들이 있다는 것을 인식하기 시작했기 때문이다. 지구가 작아지고 지구촌이 되어감에 따라 서로 영향을 주고받으며, 상호의존적이 될 수밖에 없으며, 더불어 발전해 가거나, 파괴되어 갈 수밖에 없는 운명에 놓이게 된 것이다. 세계적인 석학들이 평생을 연구해온 영역에서의 지향점이 개인에서 사회로 이동할 수밖에 없는 이유가 여기에 있다. 한 곳에서 만들어진 작은 개발품이 온 세상에 영향을 미치는 시대가 도래하였음을 의미하는 것이다.[11]

이와 같은 경향은 기업의 인재상 정립에도 적용되고 있다. 요즘과 같이 변화가 격심한 난세에는 비전과 활력을 지닌 소수 정예 인재가 특히 중요하다. 즉, 현재 기업들은 인재 확보 전쟁War for Talent의 시대에 접어들었다. 치열한 경쟁으로 인해 실수가 용납되지 않는 경영 환경 하에서는 핵심인재의 확보가 필수적이며, 핵심인재는 전문적 과업 능력과 열정을 겸비하고 조직의 혁신을 주도할 수 있는 인물로 정의하고 있다. 이와 같은 이유로 인하여 선진기업들은 미래지향형 핵심인재상을 설정하고 이들을 확보·육성하는데 주력하고 있다. 선진기업들이 설정한 핵심인재상의 주요 내용은 전문성, 지식역량 등과 함께 조직 충성심, 도덕성, 인간적 매력을 중시하며, 주어진 과업의 수행보다는 기존 틀을 넘어서는 전략적 통찰과 추진력을 강조하고 있다.[12]

---

[11] 이재호(2012c). 융복합 중심의 창조사회에서 발명영재교육의 의미. (사)한국영재학회 추계학술대회 논문집. 29-70.
[12] 김은환(2012). 핵심인재 확보·양성전략. CEO Information. 제353호. 2012. 6. 19.

표 2 핵심인재의 요건[13]

	資質 측면(體)	實踐 측면(用)
業務 (Work)	• 專門能力 -제품·기술·시장 관련 전문지식 보유	• 變化주도 -조직의 관성을 타파 -열정·에너지로 신가치 창출
人性 (Personality)	• 道德性 -올바른 가치관 확립 -조직·고객에 대한 사명감	• 人間味 -사람과 '運'이 따르는 인재

생각을 정리해 봅시다!

여러분들이 생각하는 미래 사회 핵심인재의 요건은 무엇인가요? 창의적으로 생각해 보고, 선정 이유를 기술해 봅시다.

Memo.

---

[13] 김은환(2012). 핵심인재 확보·양성전략. CEO Information. 제353호. 2012. 6. 19.

생각을 정리해 봅시다!

미래사회 핵심인재의 여러 가지 요건 중 그 중요성이 나날이 증가하고 있는 것은 무엇인가요? 창의적으로 생각해 보고, 선정 이유를 기술해 봅시다.

Memo.

4 ICT 기반 창의인재상은?

현대사회에서 일반인들에게 중요한 건 "누가 최종 상품을 만들어냈는가?"이다. 대부분 최초로 어떤 상품을 고안한 사람들은 기억하지 못한다. 대체 왜 우리는 특정 상품을 최초로 개발한 사람들을 기억하지 못하는 것일까? 어쩌면 Steve Jobs와 같은 사람 때문일 수 있다. 21세기 현재 산업의 발전에 다양한 방식으로 큰 영향을 끼친 Steve Jobs는 진정한 천재였다. 그러나 분명한 건 그는 고전적인 의미의 발명가 즉, 최초의 상품 개발자는 아니었다. 그가 한 일은 다른 이들의 발명을 보다 완벽하게 만든 것이었다. 그는 다른 이들의 아이디어를 빌리고 다듬어서 안사고는 못 배길 정도로 아름다운 제품으로 만들어냈다. 그는 아이디어맨이라기보다 융합 아티스트였다. 오히려 그의 동료 Steve Wozniak이 발명가였다. 그리고 지금은 후지사에 합병된 제록스사의 여러 기술자들이 발명가였다. 사실 맥킨토시 컴퓨터의 최대 강점이었던 직관적인 사용자 인터페이스user interface는 제록스 시스템의 Look & Feel을 차용한 것이었다. 그런데 사실 우리는 그들의 이름도 모른다. Steve Jobs의 재기를 가져온 iPod은 우리나라에서 처음 개발하여 국제적으로 히트시킨 MP3 플레이어를 보다 세련되게 만든 것일 뿐이다. 그러나 우리조차도 MP3 플레이어를 누가 처음 만들었는지 모른다. 그럼, iPad의 원형인 Tablet PC는 누가 처음 만들었는가? iPhone의 원형인 스마트폰은 누가 처음 만들었는가? 그 사실을 아는 사람은 많지 않다. 아마 그것도 다 Steve Jobs가 만든 것 아니었나 생각하는 사람들이 많을 것이다. 우리는 그저 iPod도, iPad도, iPhone도 Steve Jobs가 청바지에 검은 목폴라 니트를 입고 나와서 우리에게 소개하였다는 것을 기억할 뿐이다.

결과적으로 ICT 기반 창의인재상을 논하기 위한 기본적인 조건 중 하나는 세상에 존재하는 가치 있는 기술, 아이디어, 발명품 등을 알아보고, 세상이 원하는 제품으로 재탄생 시킬 수 있는 능력이 필요한 것이다. 이는 달리 이야기 하자면 기존의 기술, 아이디어, 발명품 등을 최적화optimization시키는 역량을 의미한다. SW 프로그램은 주어진 과제를 최적화시켜나가는 과정의 산출물로서, 프로그램의 개발 과정이야 말로 고도의 창의성을 요구하는 작업인 점을 감안할 때 최적화 역량은 매우 중요하다. 필자는 이와 같은 능력을 가진 자를 창의적으로 최적화시키는 자creative optimizer라 정의한다.

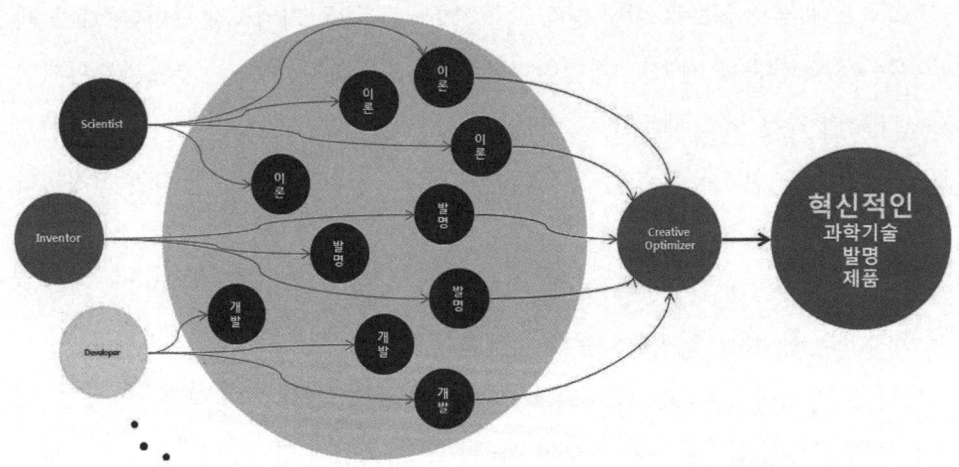

그림 2 Creative Optimizer

기존의 제품이나 현상들에 대한 문제들을 발견하여 사람들이 보다 편리하고 효율적으로 사용할 수 있는 것으로 새로이 창조하여야 하는 미래지향적이고 융합적인 마인드를 가진 ICT 기반 창의인재상의 3대 핵심 역량으로서 '지식기술 역량', '통합창의 역량', '인성 역량' 등을 제안한다.

'지식기술 역량'은 ICT 분야와 관련 분야의 전문적인 지식을 추구하는 역량으로 설계능력과 구현능력을 포함하며, '통합창의 역량'은 융합적 사고와 창의적 사고를 기반으로 문제를 해결해 나가는 능력을 포함하고, '인성 역량'은 21세기 미래사회 인재의 필수 역량으로 인식되고 있는 타인 배려에 대한 마음을 기반으로 동기, 자기주도성, 리더십 역량 등을 포함한다.

〈표 3〉에 요약한 ICT 기반 창의인재상은 인재상 영역, 인재 특성 요인, 인재 특성 요소 등의 3단계 구조로 정의하였다. 인재상 영역은 지식기술 역량, 통합창의 역량, 인성 역량 등의 3가지 영역으로 정의하였으며, 각 영역별 3가지씩의 인재 특성 요인을 정의함으로써 총 9가지의 인재 특성 요인을 정의하였고, 각 인재 특성 요인별 3가지씩의 인재 특성 요소를 정의함으로써 총 27가지의 인재 특성 요소를 정의하였다.

표 3 ICT 기반 창의인재상[14, 15]

인재상 영역 (3개 영역)	인재 특성 요인 (9개 요인)	인재 특성 요소 (27개 요소)
1. 지식기술 역량	(1) 다양한 분야의 지식 추구	① 과학·기술에 대한 흥미와 호기심 ② 과학·기술 개념의 빠른 이해 ③ 수리/논리적 사고능력
	(2) 설계능력	① 알고리즘 개발능력 ② 정확성 ③ 실용성
	(3) 구현능력	① 프로그래밍능력 ② 정밀성 ③ 자원활용능력
2. 통합창의 역량	(1) 융합적 사고능력	① 지식 통합능력 ② 사고의 유연성 ③ 적용능력
	(2) 창의성	① 유창성/융통성 ② 독창성 ③ 정교성/민감성
	(3) 문제해결능력	① 분석적 사고능력 ② 평가능력 ③ 과제관리능력

[14] 이재호(2013e). ICT 기반 창의적 인재 양성을 위한 교육 모델: CORE². 정보문화포럼 정책세미나. 5-23. 2013. 11. 15.
[15] 이재호(2013h). 창의적 IT 인재 육성방안 연구. 한국정보화진흥원 보고서(NIA V-RER-13068).

3. 인성 역량	(1) 자기주도성	① 독립심 ② 계획성 ③ 목표지향성
	(2) 동기	① 집중력 ② 인내심 ③ 과제집착력
	(3) 리더십	① 책임감 ② 긍정적 마인드 ③ 의사소통능력

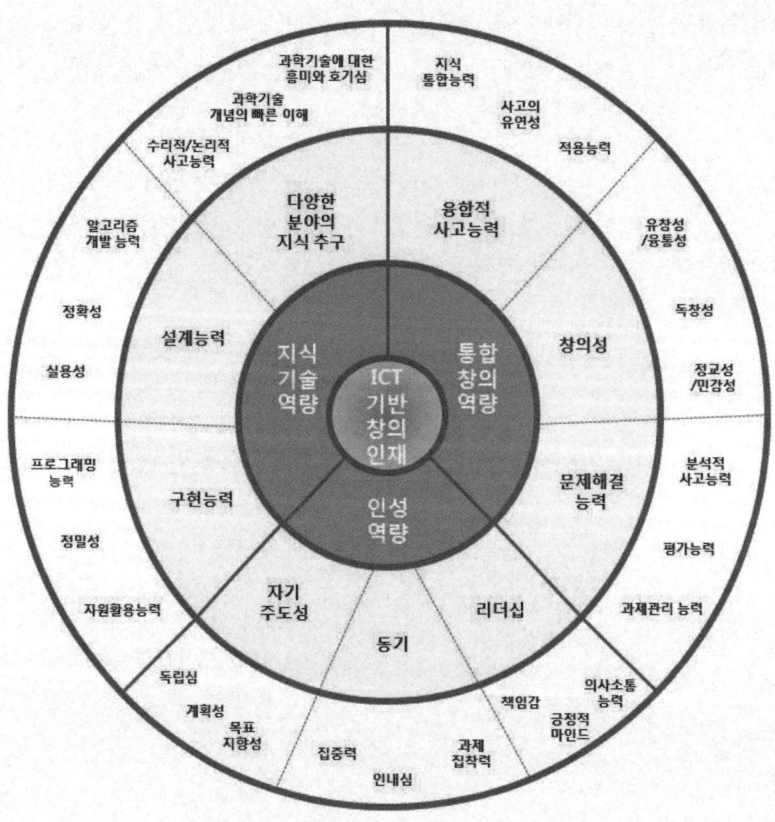

그림 3 ICT 기반 창의인재상

생각을 정리해 봅시다!

여러분들이 생각하는 ICT 기반 창의인재의 요건은 무엇인가요? 창의적으로 생각해 보고, 선정 이유를 기술해 봅시다.

Memo.

생각을 정리해 봅시다!

여러분들이 생각하는 ICT 기반 창의인재는 누구인가요? 자신만의 기준으로 선정해 보고 선정 이유를 기술해 봅시다.

Memo.

5 ICT 기반 창의인재 양성은?

5.1 법적 지원체제 구축

세계적인 추세에 비추어볼 때 SW 산업 육성을 위하여 현재 국내에서 활발히 추진되고 있는 SW 교육의 확대 움직임은 매우 고무적인 일이다. 그러나 우수한 SW 인력을 육성하고자 하는 목표가 쉽게 달성되지 못할 수도 있을 것으로 우려된다. 조기에 SW 교육을 실시하고 민간에서의 SW 교육을 전폭적으로 지원한다고 하더라도 결국에는 학교에서 정규교과로 편성되어 운영되지 못하는 한 대학입시에 모든 것을 목매고 있는 우리 교육에서는 한때의 유행으로 그칠 가능성이 크기 때문이다.

특히 SW 교육을 학교장 자율로만 운영할 수밖에 없는 초등학교교육의 경우가 매우 심각하다고 볼 수 있다. 또한 중학교와 고등학교의 선택교과 운영도 체계적인 연계 교육에 방해가 되는 심각한 요소이다. 초중등교육에서 탄탄한 기초교육이 이루어진다면 대학에 우수한 인재가 유입되어 우수 SW 인력을 양성하는 결실을 갖게 될 것이다. 결코 대학교육의 개선만으로는 구조상 원하는 목표를 달성하기 힘들다는 점을 깊이 인식해야 할 것이다.

현재 교육 분야에서 정보교육에 관한 법령은 『한국교육학술정보원법』이 유일하다. 물론 『교육기본법』에 교육정보화에 대한 내용이 담겨져 있기는 하지만 ICT의 교육적 활용에 대한 내용만 있고 ICT 교육을 통한 인재양성에 대한 내용은 존재하지 않는다. 『과학교육진흥법』, 『환경교육진흥법』, 『영재교육진흥법』 등과 같이 침체된 정보교육을 체계화할 수 있는 『정보교육진흥법』 또는 『SW 교육진흥법』의 제정이 필요하다.

5.2 교육 인프라의 구축

법적 지원체제 구축과 더불어 학교 현장에서 정보교육을 실시할 수 있는 인프라의 구축 또한 중요한 과제 중 하나이다. 교육 인프라는 교육 콘텐츠 측면의 인프라와 교육 시행의 주체인 인적 인프라로 구분할 수 있으며, 그 내용을 살펴보면 다음과 같다.

첫째, 초등학교부터 대학교에 이르기까지 체계적으로 ICT를 교육할 수 있는 교육과정 및 콘텐츠의 개발이 이루어져야 할 것이다. 2014년 현재 초등학교에서는 ICT 교육이 정규교과에는 단 12시간 정도만 배정되어 있어 의미가 무색하고 중고등학교에서는 선택교과로 운영되고 있어 체계적인 계열성을 갖추기 곤란하다. 따라서 초중등교육과 고등교육의 연계가 전혀 이루어질 수 없는 상황이다. 대학에서 우수한 인재를 양성하기 위해서는 초중등교육에서의 기초교육이 튼튼하게 이루어져야 하기 때문에 전 학제를 아우르는 체계적인 ICT 교육과정과 콘텐츠의 개발이 시급하다.

둘째, 초중등학교의 ICT 교사 양성과 기존 교사에 대한 연수 과정 마련이 필요하다. 현재 초등교사를 양성하는 교육대학의 ICT에 관련된 교육시수가 매우 부족한 형편이며, 중등교사 신규 임용에 있어 ICT 관련 담당교사의 임용이 지난 몇 년간 한 명도 이루어지지 않고 있는 실정이다. 또한 교사 신규 임용 시 2000년도 초반까지 유지해 왔던 ICT 활용 능력 평가가 지금은 폐지되었고 연수 과정도 대폭 축소되어 학교 현장에서의 ICT 교육이 더욱 침체되어 가고 있는 실정이다. 따라서 ICT 교사 임용을 확대하고 교원양성 및 연수기관에서 ICT 교육시수를 확대하는 방안이 필요하다.

셋째, 스마트 사회에서의 교육은 유아부터 평생교육까지 아우르는 전주기적인 교육 시스템의 구축이 필요하다. 학교교육만으로는 21세기 창조적인 스마트 사회를 제대로 영위할 수 있는 스마트 시민으로서의 소양을 갖추기 어렵기 때문이다. 스마트 시민을 위한 스마트 리터러시smart literacy와 이에 따른 스마트교육 콘텐츠의 준비도 필요한 상황이다.

5.3 사회적인 공감대 형성

ICT 교육의 필요성과 관련된 지금 우리나라의 사회적인 인식은 역대 최고 수준이라고 할 수 있다. 그러나 그 내용은 정부주도의 정책을 실현해 나가기 위한 도구로서의 필요성이 강한 상황이라고 판단된다. 우리 사회 구성원 전체가 느끼는 공감대 수준은 아직 미비하다고 할 수 있다. 얼마 전까지만 해도 ICT 관련 직종에 종사하는 인력은 3D Dirty, Dangerous, Difficult 업종에 종사하는 인력으로 생각하는 것이 일반적이었다. SW 개발 작업을 위해서는 밤샘 작업이 비일비재한 것에 기인한 것으로 판단된다. 현재 학생들의 경우에 학습이 상대적으로 쉽고 취업 후 업무 난이도가 크지 않다고 생각되는 전공을 선호하는 추세가 일정 기간 지속된 상태이다. 결과적으로 ICT 관련 대학 학과에 진학하는 학생들의 비율이 지난 수년간 지속적으로 감소되어 온 것을 보면 실감할 수 있는 내용이다.

외국 사례의 경우 CNN iReport에서 '미국의 베스트 직종'을 선정한 10개의 직종군에서 1위 SW 개발자, 7위 정보기술 컨설턴트, 8위 데이터베이스 관리자 등으로 선정되었으며, 2011년 Fortune의 내용을 SERI에서 정리한 보고서인 '소프트웨어 우수인재 양성 확보를 위한 제언'에서는 일하기 좋은 직장의 1위부터 4위까지가 모두 SW 개발 회사 1위-Microsoft, 2위-sas, 3위-NetApp, 4위-Google로 선정되었다.

우리 사회 구성원들이 SW 산업이 고도의 창의성을 요구하는 창조산업이며, 이와 같은 산업에 종사하는 인력들은 최상의 환경을 갖춘 직장에 종사하는 우수인력이라는 인식을 갖도록 하여 SW 개발자들을 우대하고 존경하는 풍토가 조성되어야 할 것이다. 이를 통하여 SW 개발자 스스로 국가발전에 기여하는 핵심인력이라는 자부심을 갖도록 하는 것이 중요한 것이다.

5.4 CORE의 구현

ICT 기반의 창의적 인재를 양성할 수 있는 CORE Creative Optimizing of Resourceful Edutainment 시스템의 구현이 필요하다.

SW 교육의 핵심은 프로그래밍 교육이다. 프로그램은 주어진 과제를 최적화 optimization 시켜나가는 과정의 산출물로서, 프로그램의 개발 과정이야 말로 고도의 창의성 creativity 을 요구하는 작업이다. 창의성이 결합된 프로그램만이 치열한 경쟁 사회에서 살아남을 수 있으며, 세계 시장에서 뛰어난 성과를 낼 수 있다는 것을 우리 모두 알고 있는 사실이다. 그러나 지금까지 진행된 프로그래밍 교육은 어떠하였는가? 특정 과제를 최적화시키는 것에 치중한 나머지, 창의성을 발현할 수 있는 동기와 소재의 제공은 등한시하지 않았는가?

지금은 ICT가 일상생활에 깊숙이 접목된 'ICT 생활밀착형 사회'이다. 다시 말하자면 일상생활의 모든 내용 및 자원 resource 이 프로그래밍 교육의 소재가 될 수 있는 것이다. 즉, 자원과 소재는 넘쳐난다. 인터넷 상의 방대한 교육자료, 오픈 소스, 오픈 플랫폼, 오픈 콘텐츠, 온라인 공개강좌 Massive Open Online Cours : MOOC 등이 대표적인 사례이다.

프로그래밍 교육은 문제해결능력을 배양하는 교육이다. 문제해결능력을 배양하기 위하여 생각하는 방법을 교육하게 된다. 생각하는 프로그래밍 교육은 지루하거나 현실감이 떨어질 경우 교육 참여자에게 동기를 부여하기 어렵고 이 경우 대부분은 실패한다.

이제부터는 우리 주변의 넘쳐나는 자원과 소재를 이용하여 주어진 과제를 창의적으로 최적화시켜나갈 수 있도록 재미있는 프로그래밍 교육 education+entertainment : edutainment 으로 연동시키는 작업이 필요한 것이다.

이상과 같은 내용을 CORE 시스템의 구현이라 정의하고자 한다. CORE 시스템의 주인공은 사람이며, '사람이 CORE다!'라는 인식을 가져야 할 것이다.

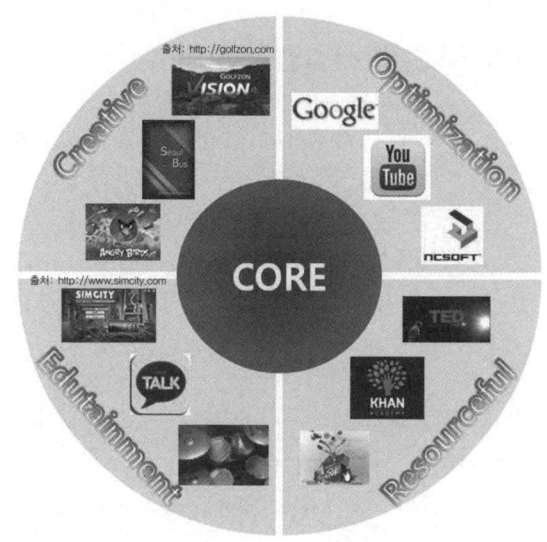

그림 4 CORE 시스템[16, 17]

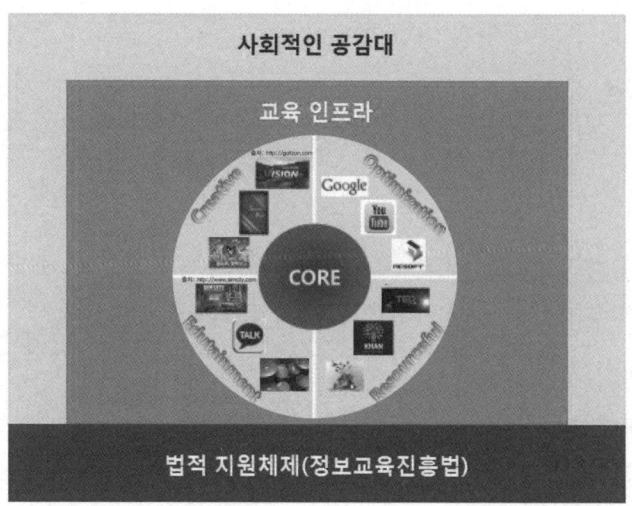

그림 5 ICT 기반 창의인재 양성을 위한 체제[18, 19]

---

[16] 이재호(2013e). ICT 기반 창의적 인재양성을 위한 교육 모델: $CORE^2$. 정보문화포럼 정책세미나. 3-23. 2013. 11. 25.

[17] 이재호(2013h). 창의적 IT 인재 육성방안 연구. 한국정보화진흥원 보고서(NIA V-RER-13068).

[18] 이재호(2013e). ICT 기반 창의적 인재양성을 위한 교육 모델: $CORE^2$. 정보문화포럼 정책세미나. 3-23. 2013. 11. 25.

[19] 이재호(2013h). 창의적 IT 인재 육성방안 연구. 한국정보화진흥원 보고서(NIA V-RER-13068).

5.5 ICT 기반 창의인재 판별 시스템의 구현

ICT 기반 창의인재를 양성하기 위해서는 정규학교교육 시스템에서 체계적으로 교육을 시행하는 것이 중요하나, 소수의 ICT 분야 영재를 대상으로 영재교육을 시행하는 것도 좋은 방법 중 하나가 될 수 있다.

다행스럽게도 우리나라는 전 세계적으로 정보과학 분야의 영재교육을 꾸준히 시행해온 몇 안 되는 국가 중 하나이다. 기존의 정보과학 영재교육 체제에서 ICT 기반 창의인재를 양성하는 교육을 시행할 수 있는 것이다. 이를 위해서는 ICT 기반 창의인재 판별시스템의 구현이 선행되어야 한다.

영재교육 대상 학생들을 선발selection하기 위해서는 정규 학습자 집단평재 속에서 특수한 교육적 배려를 필요로 하는 학생영재들을 구별해 내는 판별identification 과정이 필요하다. 그러나 기존의 우리나라 영재교육 대상자 선발 방법은 여러 가지 현실적인 상황으로 인하여 영재 판별 활동에 대한 노력이 부족한 실정이며, 이와 관련된 문제점들을 살펴보면 다음과 같다. 첫째, 경시대회 형식의 시험문제를 통해 학생들을 서열화하는 것이 주된 영재학생 판별의 방법으로 활용되어 왔다. 둘째, 창의성이나 인성 등의 평가는 명목상으로 최종적인 판별 활동으로 설정되어 있으나, 현실에서는 그다지 실효성 없는 형식적 단계로 운영되어 왔다. 셋째, 영재성을 가진 학생을 찾아 교육을 제공하기보다는 사전에 정해진 인원수에 일치될 때까지 잉여의 학생들을 배제하는 것이 판별의 과정으로 운영되어 왔다. 넷째, 상이한 수준의 영재교육 프로그램들이 각각의 특성을 고려하지 않은 유사한 판별 방식으로 운영되어 왔다. 다섯째, 해당 영재교육 프로그램에 참여할 학생들이 결정된 이후에는 학생들의 영재성에 대한 평가가 체계적으로 이루어지지 않았다.[20, 21, 22]

---

[20] 이재호(2010b). 잠재적 영재선발의 방법(관찰추천제를 중심으로). 제1회 영재교육 열린포럼 자료집(한국과학창의재단). 23-28.
[21] 이재호, 진석언, 류지영(2010). 창의·인성을 갖춘 미래사회 영재 판별 방법 연구. 한국과학창의재단 정책연구보고서.
[22] 이재호, 류지영, 진석언(2011), 미래사회 영재 판별 방법에 관한 연구. (사)한국정보교육학회 논문지, 15(2), 307-317.

이상과 같은 우리나라 영재교육 대상자 선발 방법의 문제점들의 분석을 통해 향후 영재교육 대상자 선발 방법의 개선을 위한 시사점을 도출하면 다음과 같다. 첫째, 경시대회 형식의 일회성 시험에 의한 영재교육 대상자 선발을 지양할 필요가 있다. 둘째, 창의성 및 인성 등과 같은 정의적 영역의 평가가 보다 유의미하게 이루어지는 방안이 요구된다. 셋째, 영재교육 대상자의 범위를 대폭 확대할 필요가 있다. 넷째, 영재교육기관의 특성에 따른 선발 방식의 개발이 필요하다. 다섯째, 각 영재교육기관에서 운영되는 교육 프로그램은 교육과 평가의 기능을 함께 강조할 필요가 있다.[23, 24, 25]

영재학급 등 기초 수준의 영재교육 프로그램에서 미래사회 영재 판별을 위한 전략을 제안하면 다음과 같다. 첫째, 경시대회 형식의 시험 및 검사를 통한 서열화를 지양한다. 둘째, 미래사회 영재의 필수적 자질인 창의성과 인성 등의 영역에 대한 평가를 형식적, 명목적인 요소가 아닌 실효성 있는 주요 요소로 평가에 반영한다. 셋째, 영재성을 갖춘 것으로 추측되고, 영재교육에의 요구를 가진 것으로 판단되는 학생들은 가급적 영재교육의 기회를 제공하도록 한다. 넷째, 기초 단계 영재교육의 대상자 선발에서는 고도로 높은 수준의 영재성의 발견에 초점을 두기 보다는 영재교육 프로그램에의 참여를 통해 해당 학생의 진정한 영재성의 수준이 드러날 수 있는 기회의 제공에 초점을 둔다.[26, 27, 28]

이상과 같은 미래사회 영재판별 전략을 참조하여 ICT 기반의 창의적 인재를 판별할 수 있는 시스템을 개발하는 것이 중요하다. 이에 미래사회 영재판별 전략에

---

[23] 이재호(2010b). 잠재적 영재선발의 방법(관찰추천제를 중심으로). 제1회 영재교육 열린포럼 자료집(한국과학창의재단). 23-28.
[24] 이재호, 진석언, 류지영(2010). 창의·인성을 갖춘 미래사회 영재 판별 방법 연구. 한국과학창의재단 정책연구보고서.
[25] 이재호, 류지영, 진석언(2011), 미래사회 영재 판별 방법에 관한 연구. (사)한국정보교육학회 논문지, 15(2), 307-317.
[26] 이재호(2010b). 잠재적 영재선발의 방법(관찰추천제를 중심으로). 제1회 영재교육 열린포럼 자료집(한국과학창의재단). 23-28.
[27] 이재호, 진석언, 류지영(2010). 창의·인성을 갖춘 미래사회 영재 판별 방법 연구. 한국과학창의재단 정책연구보고서.
[28] 이재호, 류지영, 진석언(2011), 미래사회 영재 판별 방법에 관한 연구. (사)한국정보교육학회 논문지, 15(2), 307-317.

ICT 기반 창의인재의 특성을 반영한 인재판별 전략을 제안하면 다음과 같다. 첫째, 본 장에서 제안한 ICT 기반 창의인재상 정의를 준용한 판별 전략을 개발한다. 둘째, 한 번의 지필시험으로 영재성을 판별하기 보다는 다단계의 평가를 시행하여 ICT 기반 창의인재를 판별한다. 셋째, ICT 기반 창의인재상의 특성 요인을 중심으로 현장 교사들이 ICT 기반 창의인재에 대한 판별을 용이하게 시행할 수 있는 관찰추천 체크리스트를 개발하여 활용한다. 넷째, 관찰추천 체크리스트를 활용하여 추천된 학생들을 중심으로 ICT 기반 창의인재의 역량 검사를 시행할 수 있는 도구를 개발하여 활용한다. 다섯째, 창의성 및 인성 등과 같은 정의적 영역의 평가를 시행할 수 있는 심층 면접 도구를 개발하여 활용한다.

그러나 영재의 판별은 완벽할 수는 없다. 지지적인 마음가짐을 가지고 지속적인 교육을 시행할 수 있는 환경의 구현이 필요하다.

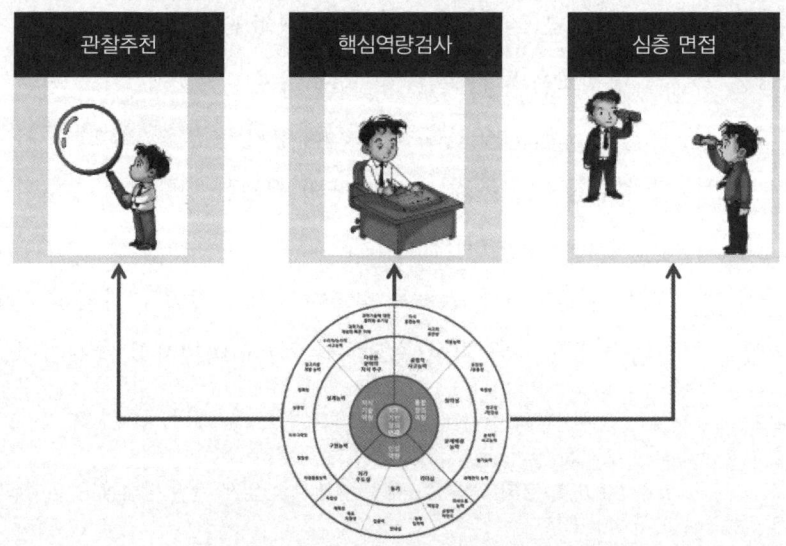

그림 6 ICT 기반 창의인재 판별 단계[29, 30]

---

[29] 이재호(2013c). 창조적 발명인재 판별 전략. 2013 창의발명교육 연합학술대회. 353-364.
[30] 이재호(2013h). 창의적 IT 인재 육성방안 연구. 한국정보화진흥원 보고서(NIA V-RER-13068).

핵심 역량 검사 도구는 ICT 기반 창의인재상의 3가지 핵심 역량 중 '지식기술역량'과 '통합 창의역량'을 중심으로 개발하며, '지식기술역량'은 '지식기술역량 중심 평가 문항 유형'으로, '통합 창의역량'은 '통합 역량 중심 평가 문항 유형'과 '창의역량 중심 평가문항 유형'으로 구분하여 구성한다. 첫 번째 유형인 '지식기술역량 중심 평가문항'은 다음과 같은 특징을 가진다. (1) 지식기술 중심 문항이나, 특정 교과에 한정된 내용보다는 다학문적 내용으로 구성한다. (2) 단순 지식을 측정하는 내용보다는 고차원적인 사고를 할 수 있는 문항으로 구성한다. 두 번째 유형인 '통합 역량 중심 평가문항'은 다음과 같은 특징을 가진다. (1) 통합형 문항 개발에 중점적으로 적용한다. (2) 통합형 문항은 과학기술적인 원리를 이용하여 발명 아이디어의 제안, 설계, 구현 능력 등을 종합적으로 측정할 수 있는 문항으로 구성한다. (3) 이를 위하여 단계적인 세부 문항을 구성한다. 세 번째 유형인 '창의역량 중심 평가문항'은 창의적 문제해결력을 측정할 수 있는 문항으로 구성한다.

심층면접을 시행하는 목적은 지필평가로 진행되는 선발시험에서 측정할 수 없는 다양한 ICT 역량을 구술 및 면담 등을 통해 우수한 ICT 기반 창의인재를 선발함으로써 준비된 영재보다는 잠재적 영재를 선발할 수 있도록 지원하는 것이다.

심층면접 도구는 ICT 기반 창의적 인재상의 3가지 핵심 역량 중 '통합 창의역량'과 '인성역량'의 특성 요인을 중심으로 개발한다. '인성역량'의 '자기주도성'과 '과제집착력' 특성 요인은 '도전정신Challenge 평가문항 유형'으로, '리더십'은 '성취정신Commitment 평가문항 유형'으로, '통합 창의역량'의 '창의성'은 '창의정신Creativity 평가문항 유형'으로 구분하여 개발한다. 첫 번째 유형인 '도전정신 평가문항'은 다음과 같은 특징을 가진다. (1) 자기주도적인 개발을 통해 불가능에 도전하고 미지의 세계를 탐구하려는 마음가짐과 태도에 대한 평가 내용으로 구성한다. (2) 새로운 것에 대한 주저 없이 과감히 수행하려는 의지와 태도에 대한 평가 내용으로 구성한다. 두 번째 유형인 '성취정신 평가문항'은 다음과 같은 특징을 가진다. (1) 자아를 실현하려는 열정적인 마음가짐과 태도에 대한 평가 내용으로 구성한다. (2) 중도에 포기 없이 난관에 부딪혀도 끝까지 수행하려는 의지와 태도에 대한 평가 내용으로 구성한다. 세 번째 유형인 '창의정신 평가문항'은 다음과 같은 특징을 가진다. (1)

독창적인 방법으로 문제를 진단하고 해결하려는 마음가짐과 태도에 대한 평가 내용으로 구성한다. (2) 유창성, 융통성, 정교성, 독창성 등을 종합적으로 평가할 수 있는 내용으로 구성한다.

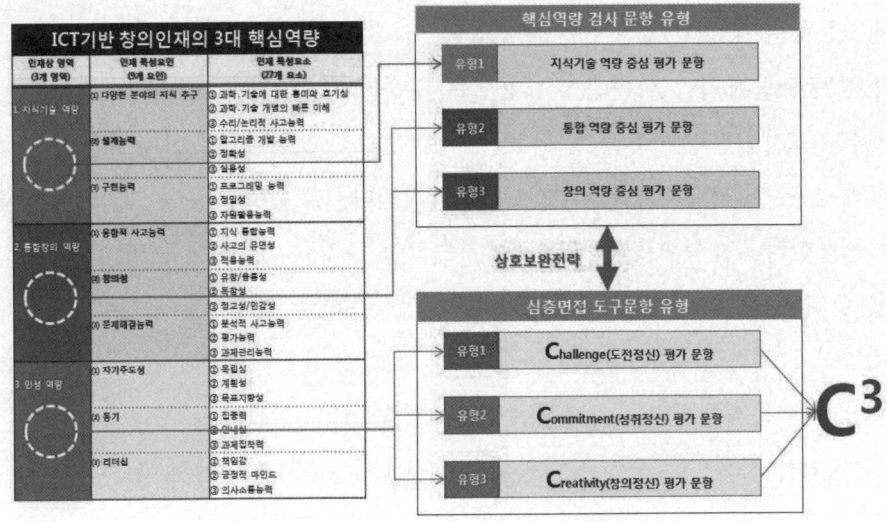

그림 7 ICT 기반 창의인재 판별 전략[31, 32]

5.6 단계적인 ICT 기반 창의인재 교육 시행

ICT 기반 창의인재 판별 시스템이 성공적으로 구축될 경우 ICT 기반 창의인재는 '기초과정', '심화과정', '사사과정' 순으로 단계적인 교육을 받을 수 있다. 현재 우리나라 영재교육 시행 현황을 감안할 때 주의할 사항은 첫 번째 공교육 체제의 영재교육 선발 시험에 탈락할 경우 다음 단계인 '심화과정'이나 '사사과정'의 영재교육 체제로의 진입이 어렵다는 것이다. ICT 기반의 잠재적인 창의인재가 한 번의 실수로 영재교육 체제로 진입하지 못할 경우 고품질의 교육 서비스를 받을 수 없어, ICT 기반의 창의인재로서 성장하는 데 있어 어려움을 겪게된다면 국가적으로 큰 손실이 아닐 수 없다. 이에 대한 보완책 마련이 필요하다.

---

[31] 이재호(2013c). 창조적 발명인재 판별 전략. 2013 창의발명교육 연합학술대회. 353-364.
[32] 이재호(2013h). 창의적 IT 인재 육성방안 연구. 한국정보화진흥원 보고서(NIA V-RER-13068).

이에 대한 보완책을 정리하면 다음과 같다. 첫째, 기초단계의 교육 인원은 100% 선발 도구를 이용하여 시행한다. 둘째, 심화단계의 교육 인원은 기초단계의 교육을 받은 인원 중 80%내외를 교육과 판별을 통하여 선발하고, 나머지 20%내외는 심화단계를 위한 선발 도구를 이용함으로써 첫 번째 단계인 기초단계에 선발시험을 통과하지 못한 학생들도 심화단계의 영재교육 단계로 진입할 수 있는 길을 열어주는 것이다. 셋째, 사사단계의 교육 인원은 심화단계의 교육을 받은 인원 중 90% 내외를 교육과 판별을 통하여 선발하고, 나머지 10% 내외는 사사단계를 위한 선발 도구를 이용함으로써 잠재성을 지닌 ICT 기반 창의인재가 뒤 늦게 영재교육 체제에 진입할 수 있는 길을 열어둘 수 있게 된다.

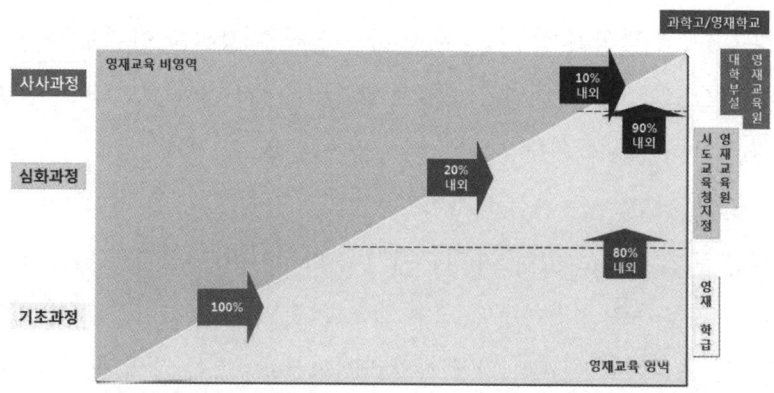

그림 8 ICT 기반 창의인재 판별 및 교육 단계

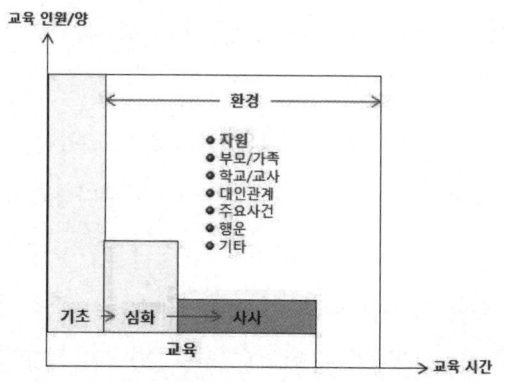

그림 9 ICT 기반 창의인재 판별 및 교육 과정

5.7 CORE^2 시스템의 구현

ICT 기반 창의인재 양성의 핵심은 SW 인력의 양성이고, 창의적인 SW 인력의 양성을 위해서는 프로그래밍 역량을 갖춘 인재를 양성하는 것이 중요하다. 일반적으로 SW 인력의 양성은 대학의 컴퓨터과학computer science 관련 학과의 교육을 중심으로 진행되어야 한다고 생각하는 경향이 있었다. 그러나 최근 국내 언론에 보도된 영국과 핀란드의 사례에서도 알 수 있듯이 세계 각국은 초중등 학생들을 대상으로 프로그래밍 능력을 배양할 수 있는 교육의 시행을 준비하고 있다.

핀란드 정부가 초등학생들에게 소프트웨어 코딩과 프로그래밍 교육을 본격 실시할 것 같다. IT 조기교육으로 스타트업과 기업가 정신entrepreneurship을 육성하겠다는 목표다. 매셔블은 알렉선더 슈투브 핀란드 통상부 장관을 인용해 "필란드 초등학생들이 곧 코딩과 프로그래밍을 숙제로 할 날이 머지 않아 보인다"고 전했다. 슈투브 장관은 매셔블과의 인터뷰에서 "아이들에게 프로그래밍 기초 기술을 가르치는 것에 핀란드 정부는 큰 관심을 가지고 있다"고 말했다. 그는 "요즘 아이들은 '테크 네이티브'로 성장하고 있다"며 "IT 기기 친화적이며 게임과 코딩을 하는 것이 아이들을 IT 전문가로 성장하는데 크게 일조할 것"이라고 IT 조기교육 방침 이유를 설명했다. 초등학교 때부터 당장 애플리케이션이하 앱을 개발해야 한다는 것은 아니다. 어렸을 때부터 테크 능력을 개발할 수 있도록 독려하는 노력이 필요하다는 말이다. 그는 "핀란드는 초중등 분야 모두 세계에서 최고 수준의 교육 시스템을 가지고 있다. 그리고 계속해서 교육 시스템을 혁신할 수 있는 새로운 방법을 찾고 있다"고 말했다.[33]

대한민국 정부도 최근 SW 교육의 중요성을 강조하고 있다. 『창의인재 육성방안』에 이어 『SW 혁신전략』을 발표하며 "어릴 때부터 누구나 SW를 배울 수 있는 환경을 조성하겠다."고 선언했다. 하지만 내용을 들여다보면 온라인·TV를 이용한 교육 프로그램 방영, 방학 중 SW 캠프 실시 등 '교실 밖 교육'이 대부분이다. 정규 초·중등 교육과정 관련 내용 중 구체화된 것은 2015년 개교를 목표로 심사 중인

---

[33] 핀란드, 초등학교 SW 코딩 교육 도입…왜? 2013.11.18. http://www.zdnet.co.kr/news/

SW 마이스터고 설립 정도뿐이다.[34]

창의성이 결합된 프로그램만이 치열한 경쟁 사회에서 살아남을 수 있으며, 세계 시장에서 뛰어난 성과를 낼 수 있다는 것을 우리 모두 알고 있는 사실이다. 그러나 지금까지 진행된 프로그래밍 교육은 특정 과제를 최적화시키는 것에 치중한 나머지, 창의성을 발현할 수 있는 동기와 소재의 제공은 등한시한 경향이 있다. 이것을 개선해야 한다. 학생들의 학교급과 수준을 고려한 소재의 발굴이 필요하다. 초등학생들에게는 일상생활에서 접할 수 있는 생활 속 ICT의 사례를 소재로 제공함으로써 프로그래밍은 우리의 생활을 개선하는 훌륭한 도구임을 인식하게 해야 한다.

프로그래밍 교육은 문제해결능력을 배양하는 교육이다. 문제해결능력을 배양하기 위하여 생각하는 방법을 교육하게 된다. 생각하는 프로그래밍 교육은 지루하거나 현실감이 떨어질 경우 교육 참여자에게 동기를 부여하기 어렵고 이 경우 대부분은 실패한다.

ICT 기반 창의인재 양성을 위한 교육 모델로서 앞에서 제안한 CORE 시스템에 환경environment 을 접목한 $CORE^2$ Creative Optimization of Resourceful Environment & Edutainment 시스템의 구현을 제안한다.

교육은 환경의 일부이다! 환경 안에 교육이 있다는 것이다. 그렇다면 교육에 영향을 미칠 수 있는 환경에는 어떤 요소들이 포함되는가? 가장 대표적인 것이 활용 가능한 주변의 풍부한 자원이며, 가족·부모의 심적이고 물적인 지지, 학교 및 교사의 지지, 교우관계부터 멘토와 멘티까지의 대인관계, 크게 성장할 수 있는 전환점이 되는 주요사건, 다양한 기회 등이 환경에 포함될 수 있을 것이다.

교육과 본 장에서 제시한 환경요소들이 유기적으로 상호작용할 때 ICT 기반의 창의인재는 육성될 수 있다. 결과적으로 판별과 교육의 시행에 따라 ICT 기반 창의인재는 ICT 분야의 전문가예, 이론가, 개발자, 기업가 등로 발현될 수 있을 것이다. 뿐만 아니라 융합의 핵심인 ICT의 특성 상 ICT 기반 창의인재들은 ICT 기반 융합 분야의 전문가예, 예술, 경제, 생명과학분야 등로 발현될 수도 있을 것이다.

---

[34] 영국은 내년부터 컴퓨터 전학년 필수…한국 "수능에 안 나오니…" 8%만 선택. 중앙일보. 2013. 11. 12.

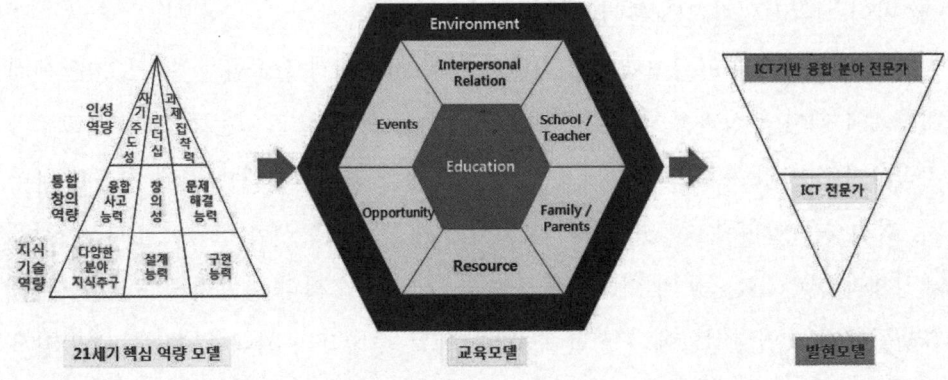

그림 10 CORE^2 : Creative Optimization of Resourceful Environment & Edutainment[35, 36]

CORE^2 교육모델의 환경 요인 6가지 중 사건Events, 학교/교사School/Teacher, 자원 Resource 등의 3가지는 국가수준의 지원 환경 요인으로 분류할 수 있다. 첫 번째 Events 요인의 지원을 실천하기 위해서 ICT 기반의 창의인재 양성을 위한 다양한 행사를 진행할 수 있을 것이다. 예를 들면, 창의성 증진을 위한 ICT 관련 경진대회와 ICT 창의성 페스티벌 등을 개최할 수 있다. 두 번째 School/Teacher 요인의 지원을 실천하기 위해서 "교육의 질은 교사의 질을 넘어서지 못한다"는 내용을 명심하고 추진해야 한다. 이를 위하여 ICT 기반의 창의인재 양성을 위한 교사교육 및 연수를 시행하고, 학교에서 신명나는 ICT 기반의 교육을 시행할 수 있는 인프라의 구축 등을 국가주도로 시행할 수 있을 것이다. 세 번째 Resource 요인의 지원을 실천하기 위해서는 학생과 교사들이 자유롭게 활용할 수 있는 다양한 교육 재료들을 국가주도로 제작하여 제공할 수 있을 것이다. 이를 위하여 클라우드 컴퓨팅cloud computing 기반의 대용량 저장 공간에 멀티미디어 교육 재료들을 빅데이터Big data 형식으로 구축함으로써 지원이 가능할 것이다.

---

[35] 이재호(2013e). ICT 기반 창의적 인재 양성을 위한 교육 모델: CORE^2. 정보문화포럼 정책세미나. 5-23. 2013. 11. 15.
[36] 이재호(2013h). 창의적 IT 인재 육성방안 연구. 한국정보화진흥원 보고서(NIA V-RER-13068).

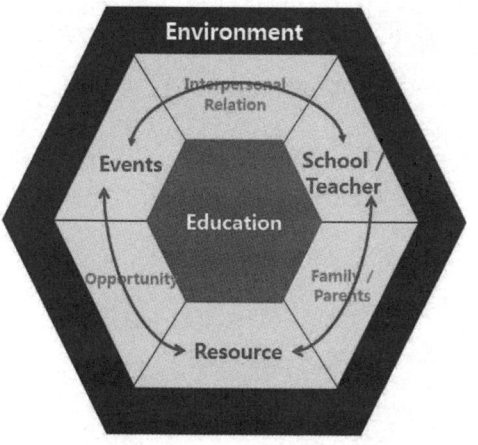

그림 11 국가수준의 지원 환경[37]

CORE² 교육모델의 환경 요인 6가지 중 대인관계Interpersonal Relationship, 기회 Opportunity, 가족/부모Family/Parents 등의 3가지는 사회수준의 지원 환경 요인으로 분류할 수 있다. 사회수준의 환경 요인들의 지원을 실천하기 위해서는 사회·문화적인 의식과 인식 측면에서 지지적인 태도를 가지고 실천하는 것이 중요하다.

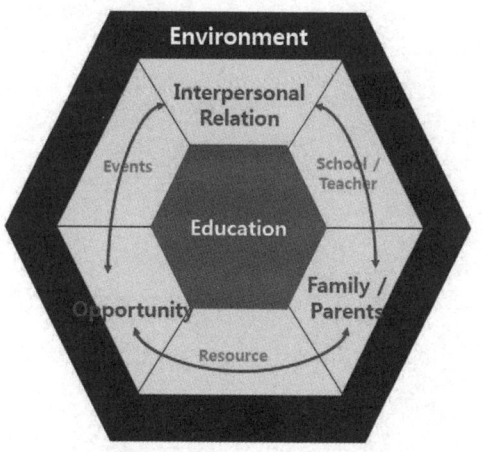

그림 12 사회수준의 지원 환경[38]

---

[37] 이재호(2013h). 창의적 IT 인재 육성방안 연구. 한국정보화진흥원 보고서(NIA V-RER-13068).
[38] 이재호(2013h). 창의적 IT 인재 육성방안 연구. 한국정보화진흥원 보고서(NIA V-RER-13068).

생각을 정리해 봅시다!

여러분들이 생각하는 ICT 기반 창의인재의 양성 방안은 무엇인가요? 자신만의 기준으로 생각해 보고, 그 이유를 기술해 봅시다.

Memo.

1 왜 ICT 창의성인가?[1]

요즈음 창의성creativity에 대한 관심이 뜨겁다. 예전에는 일부 예술가나 과학자들의 전유물로 생각했던 창의성이 21세기 창조의 시대를 살아가는 모든 사람들에게 요구되는 핵심 역량 중 하나로 인식되고 있는 것이다.[1]

유럽연합EU에서는 2009년을 '창의성과 혁신의 해'로 선포하고, 창의성과 혁신이 개인은 물론 사회, 경제발전에 기여함을 선포하였다. 미국에서는 1990년대 말부터 21세기에 요구되는 역량21st century skills 계발을 위한 교육 개혁을 적극 추진하고 있다. 국제연합UN은 2010년에 창조산업 분석을 통해 창의성, 지식, 문화, 기술이 일자리 창출, 혁신, 사회통합을 주도하게 됨을 보여주었다.[2]

창의성이 21세기 학습 역량의 핵심 키워드 중 하나로 부상하면서 창의성 교육에 대한 필요성도 공감하게 되었다. 그러나 창의성은 지식이나 기술과 같이 교육을 통한 역량의 신장이 용이하지는 않다. 그렇다고 교육을 통한 창의성 신장이 불가능한 것은 아니라는 것이 전문가들의 중론이다.

창의성의 본질은 영역 일반적인가 아니면 영역 특수적인가에 대한 관심도 증가하고 있다. 영역 일반적이라는 것은 창의성이 특정 영역과 상관없이 발현된다는 것이며, 영역 특수적이라는 것은 특정 영역에 따라 창의성 발현이 다를 수 있다는 것이다. 이와 같은 상이한 관점은 창의성과 관련된 연구자들의 오랜 논쟁거리 중 하나였으며, 지금까지 합의된 사항은 없는 상황이다.

영역 특수적이라는 관점에 따라 예술이나 과학 등의 분야에서 창의성과 관련된

---

[1] 이재호(2014a). ICT 창의성의 핵심역량: ICT. 정보문화포럼 정책세미나. 41-60. 2014. 6. 23.의 내용을 수정 보완하였음.
[2] 최상덕 외(2011). 21세기 창의적 인재 양성을 위한 교육의 미래전략 연구. 연구보고 RR 2011-01. 한국교육개발원.

연구들은 활발히 진행되었고, 여러 가지 연구 결과들이 발표된 상태이다. 우리나라는 본격적으로 스마트 사회Smart Society로 진입하였으며, 스마트 사회는 ICT가 일상생활에 깊숙이 접목되는 사회로 'ICT 생활밀착형 사회'라고 정의할 수 있다.[3,4] 그러나 ICT의 출현 이후 그 영향력이 최고조에 달하고 있는 현재 시점까지 ICT 영역과 관련된 창의성 연구는 찾아보기 어려운 실정이다.

> **더 생각해 보기**
>
> 여러분들은 창의성이 영역 일반적이라고 생각하나요? 아니면 영역 특수적이라고 생각하나요? 그렇게 생각하는 이유는 무엇인가요? 창의적으로 생각해 봅시다.

'21세기 스킬21st Century Skills'에서는 "현재에 없는 일을 하고, 현재에 존재하지 않는 직업에 종사하게 되고, 현재에 존재하지 않는 물건들로 이루어진 경제를 살아가야 할 학생들에게 새로운 교육을 해야 한다."고 이야기 한다. 지금까지 존재하지 않았던 새로운 환경에서 살아가야 할 21세기 학습자는 ICT 기반 교육을 통하여 지금까지의 학습자와는 다른 능력을 지녀야 한다.[5]

Martin Prosperity Institute(2012)의 자료에 따르면, 글로벌 창의지수The Global Creative Index : GCI의 조사에서 Sweden(0.923)이 가장 높은 순위를 차지했고 미국(0.902), 핀란드(0.894)가 뒤를 이었으며, 한국은 27위(0.598)를 차지했고 일본은 30위(0.541)을 차지했다. 글로벌 창의지수는 경제 개발과 관련된 주요 요소인 기술Technology, 재능Talent, 관용Tolerance(3T)에 대한 측정 결과를 종합한 것으로, 경제적 성과 및 경쟁력, 인적자원개발, 행복 등과 밀접한 관계가 있음이 나타났다. Technology의 변수로는 R&D 투자investment, 연구research, 혁신innovation의 세 가지를

---

[3] 이재호(2013e). ICT 기반 창의적 인재양성을 위한 교육 모델: CORE². 정보문화포럼 정책세미나. 3-23. 2013. 11. 25.
[4] 이재호(2013a). ICT 기반 창의적 인재양성: 사람이 CORE다!. 정보문화포럼 정책세미나. 5-15.
[5] 이재호(2014c). 농산어촌 학교의 ICT 교육 패러다임. 17-24. 농산어촌 학교 ICT 활용 가이드북. 교육부.

이용했고, Talent는 인적 자원human capital, 창조적 계층의 인구creative class population의 두 가지, Tolerance의 변수로는 Gallup의 설문조사 결과소수인종, 게이와 레즈비언에 대한 허용 정도를 토대로 하였다.[6]

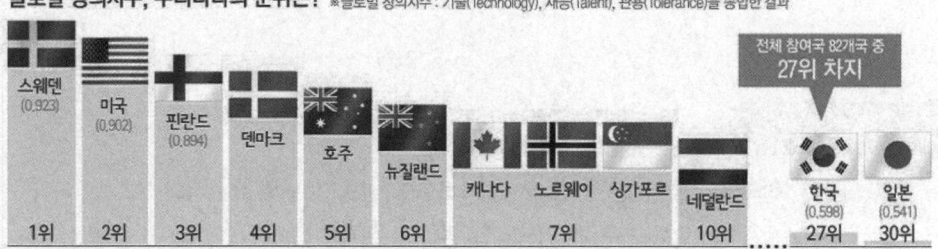

그림 1   우리나라의 글로벌 창의지수[7]

　이상과 같은 이유로 인하여 본 장에서는 창의성이 영역 특수적이라는 관점을 기반으로 ICT 영역에서의 창의성을 'ICT 창의성ICT Creativity'이라 정의하고, ICT 창의성은 무엇이며 ICT 창의성을 발현할 수 있는 모델은 무엇인가 등을 정의하였으며, 다른 영역의 창의성과 차별화되는 ICT 창의성의 핵심 역량은 무엇인가를 제안하였다. ICT 창의성의 발현은 ICT 생태계의 특성과 우리나라의 문화적 맥락 등을 고려하여 투자 역량과 협업 역량Investment & Collaboration Talent : ICT 등을 제안함으로써, 21세기 학습자들은 ICT 분야에서 '투자의 창의성'과 '협업의 창의성'을 발현할 수 있는 교육의 필요성을 강조하였다.

---

[6] HR 아이디어 노트(http://hrkid.tistory.com/11)
[7] 창의력이 곧 경쟁력, 잠자는 창의성을 깨워라!
　(http://inside.chosun.com/site/data/html_dir/2014/02/11/2014021103317.html)

생각을 정리해 봅시다!

ICT 창의성이 중요해 지고 있다는 것을 실감나게 설명할 수 있는 다양한 사례를 찾아보고, 그 내용을 정리해 봅시다.

Memo.

2 ICT 창의성이란?

2.1 창의성이란?

ICT 창의성에 대한 논의를 진행하기 이전에 '창의성'이란 무엇인지 살펴볼 필요가 있다. 그러나 '창의성'에 대하여 정의를 하는 것 자체가 매우 논쟁적인 주제이기 때문에 창의성과 관련된 정의는 다양하다. 최근까지 발표된 내용 중 대표적인 학자들의 정의를 소개하면 다음과 같다.

Amabile(1988)은 개인 또는 집단에 의하여 만들어진 새롭고 유용한 아이디어의 생산을 의미한다고 정의하였고, Lubart(1994)는 과제의 제약을 만족시키는 새롭고 독창적인 산물을 만들어 내는 능력으로 정의하였으며, Mayer(1999)는 새롭고도 적합한 산출물을 만들어낼 수 있는 정신적 기제 또는 능력으로 정의하였다. 또한, Sternberg, Kaufman & Pretz(2002)는 새롭고 질적으로 수준이 높으며, 적절한 산물을 생산해 내는 능력으로 정의하였다.

그렇다면 일반적으로 전문가들이 동의하는 창의성에 대한 정의는 무엇인가? 위에서 소개한 정의에서도 확인할 수 있듯이 창의성과 관련된 핵심 개념은 새로움 novelty과 적절성appropriateness 또는 유용성usefulness이다. 즉, 창의적인 산출물은 기대하지 못했던 독창성과 과제에서 요구하는 제약사항을 충족시키면서 유용하게 활용이 가능한 것이어야 한다. [그림 2]의 예제를 살펴보자. 일반적인 집과는 완전히 다른 새로운 형태의 집이다. 집이 기울어져 있다. 만약 집에 들어갔더니 집안도 기울어져 있다면 사람이 살 수 없는 집이 된다. 적절치 않은 것이다. 결과적으로 기울어진 집이 창의적이기 위해서는 집안도 사람이 살아가기에 적절함을 갖추어야 그 집은 창의적인 집이 될 수 있는 것이다.

그림 2 창의성의 핵심요소

생각을 정리해 봅시다!

창의성의 기본 요소인 '새로움'과 '적절성'의 조건을 모두 갖춘 실감나는 사례를 찾아보고, 그 내용을 정리해 봅시다.

Memo.

2.2 큰 창의성과 작은 창의성

Craft(2001)는 창의성을 'Big C Creativity큰 창의성'와 'little c creativity작은 창의성'로 분류하여 정의하였다. 'Big C Creativity'는 뛰어난 천재가 예전에 볼 수 없었던 획기적인 성과를 거두는 것과 관련된 '큰 창의성'이며, 'little c creativity'는 모든 사람들이 일상생활 속에서 삶의 지혜를 발휘하여 소소한 문제들을 해결해 나가는 '작은 창의성'이다. 예를 들어보면 다음과 같다.

세계 역사상 뛰어난 인류 유산으로 인정되고 있는 예술품, 과학적 이론, 사상적 창조 등은 '큰 창의성'이다. 미켈란젤로의 '천지창조'와 베토벤의 '제9 심포니', 뉴턴의 '만류인력의 법칙'과 아인슈타인의 '상대성 이론', 공자의 '유교'와 석가모니의 '불교' 등이 이에 해당된다.

반면에 우리가 살아가는 일상생활 속에서 발휘되는 '작은 창의성'의 예는 다음과 같다. 기존 음식들을 조합하여 새로운 맛을 창안하는 사례로서 라면과 떡볶이를 조합한 '라볶이'와 오징어와 삼겹살을 조합한 '오삼불고기', 가위의 한 쪽 날을 변형하여 가위질을 할 경우 다양한 문양을 만들어 낼 수 있는 '새로운 가위' 등은 '작은 창의성'의 사례이다. 음식과 관련된 '작은 창의성'의 사례는 우리 주변에서 많이 확

그림 3 햄버거의 작은 창의성

그림 4 빙수의 작은 창의성   그림 5 떡볶이의 작은 창의성

인할 수 있다.

[그림 6]은 이와 같은 '작은 창의성'과 '큰 창의성'의 사례를 표시한 것이다. '작은 창의성'의 사례는 대게를 쉽게 먹을 수 있도록 기존의 가위를 변형한 사례이고, '큰 창의성'의 사례는 유교 사상을 창시한 공자의 초상화이다.

그림 6 작은 창의성과 큰 창의성의 예

생각을 정리해 봅시다!

일상생활 주변에서 찾아볼 수 있는 '작은 창의성'의 다양한 사례를 찾아보고, 그 내용을 정리해 봅시다.

Memo.

생각을 정리해 봅시다!

여러분들은 일상생활에서 '작은 창의성'을 발휘한 경험이 있나요? 그 내용은 무엇이었나요? 만약 그러한 경험이 없었다면 어떤 내용들에 대하여 '작은 창의성'을 발휘할 수 있을까요? 창의적으로 생각해 보고, 그 내용을 정리해 봅시다.

Memo.

2.3 ICT 분야의 큰 창의성과 작은 창의성

ICT 분야의 'little c creativity'의 사례를 찾아보면 다음과 같다.
① SW 개발 시 변수variables, 모듈modules, 함수functions 이름 등을 식별하기 용이한 방식으로 명명하는 것
② 프레젠테이션 자료 제작 시 자신만의 방식으로 창의적인 자료를 제작하는 것
③ 엄청난 분량의 데이터를 관리하기 쉽게 저장하고 배열하는 것 등이다.
반면 ICT 분야의 'Big C Creativity'의 사례는 다음과 같다.
① Alan Turing의 'Turing Machine' 이론과 'Turing Test' 이론
② Bill Gates의 'MS 운영체제' 개발
③ Larry Page와 Sergey Brin이 개발한 '검색 기법' 등이다.

> **더 생각해 보기**
>
> 여러분들이 생각하는 ICT 분야의 'little c creativity' 사례와 'Big C Creativity' 사례는 무엇인가요? 창의적으로 생각해 봅시다.

우리는 일상생활을 해나가면서 'little c creativity'를 발현한다. ICT 분야에서도 'little c creativity'를 발현하는 사례는 많이 있으며, 'little c creativity'의 발현으로 ICT 제품의 성능과 서비스 개선에 큰 역할을 하게 된다. 그러나 세계 시장에서 통하고 ICT 생태계에서 오랜 기간 생존하면서 절대 강자의 자리를 차지하기 위해서는 'Big C Creativity'를 발현해야 한다. ICT 분야를 이끌어갈 21세기 미래인재들이 'Big C Creativity'를 발현할 수 있는 ICT 창의성 교육이 필요한 것이다.

2.4 창의성 관련 이슈

창의성 관련 대표적인 정의에서 확인할 수 있는 이슈들을 정리하면 다음과 같다.

첫 번째, 창의적 산물에 대한 몇 가지 이슈이다. 예를 들면, 창의적인 산물은 얼마나 새로워야 하는가? 창의적인 산물은 얼마나 질적 수준이 높아야 하는가? 창의적인 산물은 얼마나 적절해야 하는가? 등이 창의적 산물에 대한 이슈라 할 수 있다.

두 번째, 창의적인 아이디어란 무엇인가? 창의적인 아이디어란 이상한 아이디어와는 구별된다. 물론 이상한 아이디어 역시 새로울 수는 있지만, 창의적인 아이디어란 상황에 따르는 제약 조건들을 고려해야만 성립한다.

세 번째, 창의성의 중요 개념 중 하나인 새로움에 대한 정의는 다음과 같다Sternberg, Kaufman & Pretz, 2002.

① 이미 알려진 아이디어를 새로운 방식으로 되풀이한 것
② 그 분야의 흐름은 유지하면서 한 단계 발전을 이룬 것
③ 한 분야의 방향을 새롭게 이끈 것
④ 한 분야 내의 다양한 경향들을 통합한 것 등이다.

네 번째, 유용성은 단순히 실용적인 관점에서의 유용성이 아니라 심미적, 기술적, 문학적, 과학적, 경제적 유용함 등을 포함하는 보다 넓은 의미에서의 유용성을 의미한다.

> **더 생각해 보기**
>
> 여러분들이 생각하는 창의성 관련 이슈는 무엇인가요? 창의적으로 생각해 봅시다.

2.5 창의성에서의 새로움

창의성의 핵심 개념 중 하나인 '새로움'에 대하여 Sternberg, Kaufman & Pretz (2002)는 4가지 유형으로 제안하였다. Sternberg, Kaufman & Pretz(2002)가 제안한 4가지 '새로움'에 대한 경계를 명확히 구분하는 것은 어려운 작업이나, 예술 분야의 작품과 연계하여 설명하면 다음과 같다.

첫 번째 새로움의 사례는 점선 작가의 '붉은말' 판화 작품을 머그컵으로 재탄생시킴으로써 이미 알려진 아이디어를 새로운 방식으로 되풀이한 것이다.

두 번째 새로움의 사례는 1907년 피카소의 작품인 '아비뇽의 처녀들'이다. 이 작품이 소개됨으로써 입체파가 탄생하는 계기가 되었다. 캔버스에 유화로 그린 작품이라는 관점에서 그 분야의 흐름은 유지하면서 한 단계 발전을 이룬 것이라고 판단된다.

세 번째 새로움의 사례는 마르셀 뒤샹이 1917년에 발표한 '샘Fountain'이다. 이 작품은 상업용 변기에 자신의 서명을 한 후 미술전시회에 출품한 것이다. 이 작품이 발표된 이후 많은 논란이 일었고 결국에는 철거되는 수모를 겪었지만, 이후 미술품에 대한 지평이 넓어지게 한 계기를 마련하였다는 관점에서 한 분야의 방향을 새롭게 이끈 것이라고 판단된다.

네 번째 새로움의 사례는 비디오 아티스트인 백남준이 1986년에 발표한 '다다익선'이다. 예술 분야의 다양한 경향 중 하나인 테크놀로지를 이용하는 기법을 통합한 것이라고 판단된다.

예술 분야에서 다양한 형식으로 발현된 첫 번째 새로움에 대한 사례는 많이 찾아볼 수 있다. 대표적인 것이 예술품을 인쇄하여 기념품으로 제작한 마그넷Magnet이다. [그림 8]은 필자가 미술관의 미술품 감상 후 기념으로 구입한 마그넷들이다.

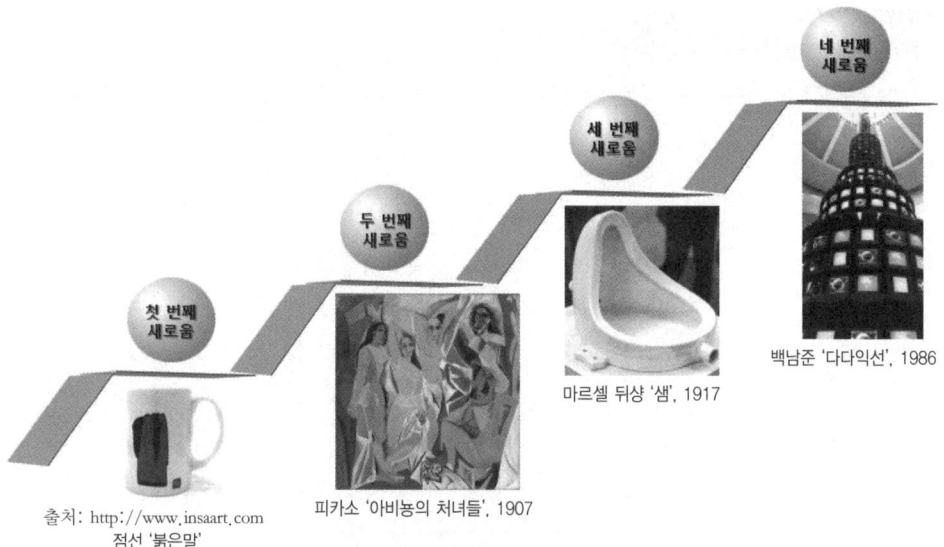

출처: http://www.insaart.com
점선 '붉은말'

그림 7　예술 분야의 새로움 사례

그림 8　예술품을 인쇄하여 기념품으로 제작한 마그넷

제3장　ICT 창의성　97

생각을 정리해 봅시다!

여러분들이 생각하는 '새로움'은 무엇인가요? 창의적으로 생각해 보고, 그 내용을 정리해 봅시다.

Memo.

생각을 정리해 봅시다!

여러분들도 '새로움의 단계' 기준에 맞추어 다양한 분야에서 '4단계 새로움'의 사례를 창의적으로 찾아보고, 그 내용을 정리해 봅시다.

Memo.

2.6 ICT 창의성에서의 새로움

ICT 분야의 대표적인 선도 기업인 Apple과 Google의 제품발명품과 연계함으로써 ICT 창의성에서의 '새로움' 사례를 찾아보면 다음과 같다.

첫 번째 '새로움'은 "이미 알려진 아이디어를 새로운 방식으로 되풀이한 것"으로 정의하였다. '새로움'의 단계 중 가장 초보적인 수준이다. 이와 같은 '새로움'은 ICT 분야에서 자주 찾아볼 수 있으며, 사례 또한 많이 존재한다. 잘 알려진 사례 중 하나가 Apple의 iPod일 것이다. Apple의 iPod는 세계 최초의 MP3 재생기는 아니었다. 세계 최초로 MP3 재생기에 대한 아이디어를 생각하고 제품화한 것은 우리나라 기업이었다. Apple은 이미 세상에 소개된 MP3 재생기를 자신만의 새로운 제품으로 재탄생시킨 것이다. Google이 탄생하기 이전에 인터넷 검색 서비스는 키워드 기반의 검색 방식이 주류를 이루었다. 스탠퍼드 대학의 박사과정 학생이던 Larry Page와 Sergey Brin은 기존의 인터넷 검색 기법을 개선한 새로운 방법인 페이지 랭크Page Rank 기반의 알고리즘algorithm을 개발한 후, 검색 서비스를 시작하였다. 기존에 존재하던 인터넷 검색 아이디어를 새로운 방식으로 개발한 것이다. Apple의 iPod와 Google의 검색기법 등은 첫 번째 '새로움'에 해당하는 좋은 사례이다.

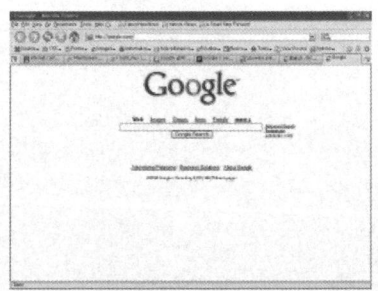

출처: http://www.apple.com   출처: http://www.google.co.kr

그림 9 첫 번째 '새로움'의 사례(iPod vs. Google)

두 번째 '새로움'은 "그 분야의 흐름을 유지하면서 한 단계 발전을 이룬 것"으로 정의하였다. 첫 번째 '새로움'보다는 진일보한 '새로움'이나, 이 또한 ICT 분야에서 자주 확인할 수 있는 '새로움'이다. Apple의 제품 군을 대상으로 살펴보면 iPad가 이에 해당할 수 있다. 정보기기의 소형화 및 경량화에 따른 이동 편리성과 사용 편의성을 구현한 제품이 iPad이다. 기존의 테블릿 PC나 Pad 등의 출현으로 등장한 스마트 기기의 발전 흐름을 유지하면서 기존까지 공개된 제품과는 차원이 다른 것을 소개함으로써 한 단계 발전을 이루었다. Google의 탄생 이후 새로운 서비스를 개발하여 소개하고자 하는 노력은 지속적으로 진행되었다. 그 중 하나가 Google Map이다. Google Map의 서비스 이전에도 인터넷 기반의 지도 서비스는 존재하였다. 대부분의 지도 서비스는 그래픽 이미지 기반이었다. 그래픽 이미지 기반이란 지도를 그래픽 이미지를 이용하여 제작하는 것을 의미한다. 이러한 상황하에서 Google은 위성사진을 적용한 지도 서비스를 본격적으로 시행한다. 결과적으로 현실감이 증가한 지도 서비스가 시작된 것이다. 지도 서비스 분야의 흐름을 유지하되 위성사진을 이용하면서 한 단계 발전을 이룬 사례이다. Apple의 iPad와 Google Map 등은 두 번째 '새로움'에 해당하는 좋은 사례이다.

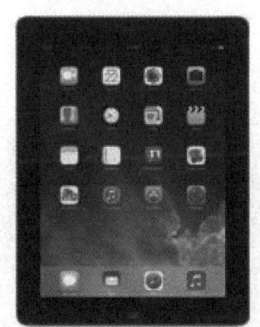
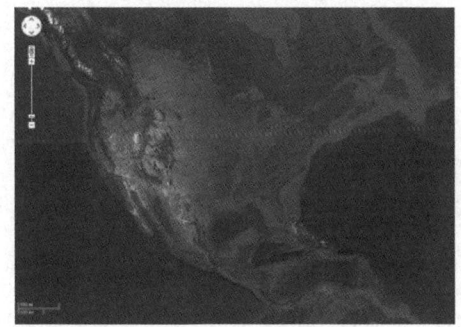

출처: http://www.apple.com/kr   출처: http://www.google.com/maps

그림 10 두 번째 '새로움'의 사례(iPad vs. Google Map)

세 번째 '새로움'은 "한 분야의 방향을 새롭게 이끈 것"으로 정의하였다. 창의성의 '새로움' 중 최고 수준의 '새로움'이라고 할 수 있다. 최고 수준의 '새로움'에 대한 사례는 흔치않으며, ICT 분야도 예외는 아니다. ICT 분야의 방향을 새롭게 이끈 것은 무엇이 있으며, Apple의 제품 군 중에는 어느 것이 이에 해당할까? 1996년

Shawn Fanning이 음악파일MP3의 공유 서비스를 목적으로 설립한 Napster의 등장은 MP3 음원의 유통에 있어서 일대 혁명을 일으켰다. 다만 저작권 협약이 이루어지지 않은 불법적인 MP3 음원의 유통이었다는 점이 문제였다. Napster의 등장으로 음반 시장의 위축을 우려하는 목소리가 커졌으며, 불법적인 MP3 음원의 유통을 막아야 한다는 의견이 나오기 시작하였다. 이러한 상황하에 Steve Jobs는 지금까지 세상에 없던 새로운 디지털 음원의 유통이 가능한 세상을 창조하였다. iTunes인 것이다. iTunes의 등장으로 ICT 생태계의 새로운 방향성이 제시되었다. Google의 제품 군 중에서 한 분야의 방향을 새롭게 이끈 것은 무엇이 있는가? 사물 인터넷Internet of Things : IoT 환경의 급속한 대중화를 예상한 Google의 개발품인 Google Glass가 해당 할 수 있다. 2013년 TED 강연에 참석한 Sergey Brin은 스마트폰으로 전달된 메시지 를 확인하기 위하여 구부정한 자세를 해야 하는 일이 더 이상 필요치 않다고 강조 한다. 안경에 컴퓨터와 카메라 등 각종 정보기기가 장착된 스마트 기기인 Google Glass를 착용함으로써 가장 자연스러운 자세로 다양한 업무를 수행할 수 있게 될 것으로 예상된다. Apple의 iTunes와 Google Glass 등은 세 번째 '새로움'에 해당하는 좋은 사례이다.

출처: http://www.apple.com/kr/itunes

출처: http://cfile24.uf.tistory.com/original/1179A840516D179D1DEFC7

그림 9　세 번째 '새로움'의 사례(iTunes vs. Google Glass)

네 번째 '새로움'은 "한 분야 내에서 다양한 경향들을 통합한 것"으로 정의하였 다. 통합은 새로운 제품을 발명하는 기법 중 가장 유용하게 사용되는 방법 중 하나인 '더하기' 기법의 일종이다. 예를 들면, '연필'과 '지우개' 더하기, '연필'과 '볼펜' 더하기, '볼펜'과 '포스트잇' 더하기 등 일상생활 속에서 '더하기' 기법을 적용한 제품들을 쉽게 발견할 수 있다. ICT 창의성의 '새로움'을 위해서는 다양한 경향들을 통합함으로써 ICT 분야의 새로운 시장을 개척하고 한 분야의 방향을 새롭게 이끌어야 한다. 이러한 관점에서 세 번째 '새로움'의 정의인 "한 분야의 방향을 새롭게 이끈 것"에 '통합'의 방법이 적용된 것이라 생각할 수 있다. Apple 제품 군 중에서는 iPhone이 좋은 사례일 것이다. 세계 최초의 스마트폰은 1992년 발표된 IBM의 Simon이기 때문에 iPhone은 세계 최초의 스마트폰이 아니었다. 피처폰 주도의 시장 상황에서 스마트폰의 성공을 예감한 Steve Jobs는 SW 중심의 스마트폰을 탄생시켰고 이후 휴대전화 시장은 스마트폰 중심으로 급속히 재편되기 시작함으로써 통합을 통한 ICT 분야의 방향을 새롭게 이끌었다. Mercedes-Benz와 BMW는 이제 자동차 제조업체가 아니라고 해도 과언이 아닐 만큼 SW 기업으로 변신 중이다. BMW에서는 새로 개발되는 자동차 연구개발R&D 비용의 90%가 SW를 포함한 ICT에 투입된다.[8] 이와 같은 자동차 시장의 환경 변화에 따라 Google도 적극적으로 다양한 경향들을 통합하는 시도를 하고 있으며, 대표적인 사례 중 하나가 Google의 무인 자동차Google Car이다. Apple의 iPhone과 Google Car 등은 네 번째 '새로움'에 해당하는 좋은 사례이다.

출처: http://www.apple.com/phone

출처: mark Doliner(flicker)

그림 12 네 번째 새로움의 사례(iPhone vs. Google Car)

---

[8] 김은(2014). [비즈 칼럼] 세상 바꾸는 SW … 계속 홀대할 텐가. 2014년 6월 10일자 중앙일보.

생각을 정리해 봅시다!

여러분들이 생각하는 ICT 분야에서의 '새로움'에 대한 사례는 무엇인가요? 창의적으로 생각해 보고, 그 내용을 정리해 봅시다.

Memo.

3 ICT 창의성 발현 모델

3.1 창의성의 3구성 요인 모델

창의성은 어떻게 발현되는가? 창의성 발현과 관련 있는 다양한 이론이 존재한다. 대표적인 창의성 발현 모델 중 하나인 Amabile(1996)의 3구성 요인 모델Three-component model은 다음과 같다. Amabile(1996)은 영역 관련 기술domain skill, 창의적 사고능력creative thinking skills, 과제동기task motivation 등의 세 가지 요소가 창의성의 3구성 요인 모델을 구성한다고 정의하였다. 첫 번째 요소인 영역 관련 기술은 수행해야 할 과제 영역과 관련된 전문적인 지식, 기술, 재능 등이 포함된다. 두 번째 요소인 창의적 사고능력은 관련 문제를 해결하기 위하여 창의적인 방법으로 사고할 수 있는 능력을 의미한다. 세 번째 요소인 과제동기는 관련 과제를 수행해야 하는 이유를 인지하는 것과 과제 해결을 위하여 꾸준히 집중하여 끝내고자 하는 태도를 의미한다.

그림 13 창의성의 3구성 요인 모델(Amabile)

창의성의 3구성 요인 모델의 요소인 영역 관련 기술, 창의적 사고능력, 과제 동기 등이 발현되는 사례를 맛있고 창의적인 요리를 하는 과정으로 비유할 경우 다음과 같다. 첫 번째 요소인 영역 관련 기술은 맛있고 창의적인 요리를 만들기 위한 신선한 재료이다. 두 번째 요소인 창의적 사고능력은 맛있고 창의적인 요리가 탄생할 수 있는 나만의 노하우가 담겨있는 레시피recipe이다. 세 번째 요소인 과제 동기는 신선한 재료와 나만의 레시피를 이용하여 조리할 수 있는 연료이다. 결과적으로 맛있고 창의적인 요리가 탄생하기 위해서는 신선한 재료, 나만의 레시피, 음식을 조리할 수 있는 땔감인 연료 등이 조화롭게 작용해야 한다. 여기에서 한 가지 요소가 추가될 수 있다. 바로 그릇인 것이다. 신선한 재료, 창의적인 레시피, 음식을 조리할 수 있는 땔감 등이 있으면 무엇 하는가? 그릇이 없다는 어떻게 맛있고 창의적인 음식을 조리할 수 있겠는가? 그릇이 있어야 한다. 그렇다면 그릇은 창의성 발현에 어떤 역할을 하는 것일까? 아마도 그 사회의 문화라고 할 수 있을 것이다. 창의성이 발현될 수 있도록 지지하는 문화가 그릇의 역할이다.

그림 14 3구성 요인 모델과 창의적인 요리를 조리하는 과정(Amabile의 내용 재구성)

생각을 정리해 봅시다!

창의성 발현과정을 요리로 비유한 내용을 참고하여 여러분들도 일상생활에서 창의성 발현과정에 비유할 수 있는 '사례'를 발굴하여 보고, 그 내용을 정리해 봅시다.

Memo.

3.2 ICT 창의성의 3구성 요인 모델

Amabile(1996)의 제안 내용을 기반으로 ICT 창의성 발현 모델을 정의하면 다음과 같다. 첫 번째 요소인 영역 관련 기술은 해결해야 할 문제에 대한 ICT 관련 전문적인 지식예, 다양한 ICT 관련 이론, 최신 기술 동향, 미래지향적 환경 변화에 대한 인식 등, ICT 관련 기술 개발에 필요한 전문적인 기술예, ICT 관련 설계 역량, 구현 역량, 활용 역량 등, ICT 관련 특수한 재능예, 세상에 없는 ICT 관련 제품에 대한 이미지를 상상하기, 세상이 필요로 하는 ICT 관련 제품 제안하기 등이다.

두 번째 요소인 창의적 사고능력은 ICT 관련 문제를 해결하기 위하여 창의적인 방법으로 사고할 수 있는 능력을 의미한다. 인지적 측면의 창의성 구성요소를 ICT 창의성에 적용하여 설명하면 다음과 같다.

① 유창성Fluency을 발휘할 수 있는 사고능력이 필요하다. ICT 관련 문제를 해결하기 위하여 가능한 한 많은 양의 아이디어를 산출할 수 있는 역량이 필요하다. 다양하게 산출된 아이디어 중에서 최적의 아이디어를 ICT 관련 제품 개발 시에 적용할 수 있다.

② 융통성Flexibility을 발휘할 수 있는 사고능력이 필요하다. 고정적인 사고방식이나 시각 자체를 변환시켜 다양한 아이디어를 찾아낼 수 있는 역량이 필요하다. 찾아낸 다양한 아이디어를 일관된 기준과 관점으로 그룹핑함으로서 최적의 아이디어를 찾아내어 ICT 관련 제품 개발 시에 적용할 수 있다.

③ 독창성Originality을 발휘할 수 있는 사고능력이 필요하다. 기존의 ICT 관련 이론이나 제품의 틀에서 탈피하여 새롭고 독특한 아이디어를 산출할 수 있는 역량이 필요하다. ICT 생태계에서는 기존에 존재하지 않던 독창적이며 새로운 제품이 세계 시장을 석권하는 사례를 자주 확인할 수 있다.

④ 정교성Elaboration을 발휘할 수 있는 사고능력이 필요하다. 다듬어지지 않은 기존의 아이디어를 보다 세밀하며 상세한 내용으로 개발할 수 있는 역량이 필요하다. ICT 관련 제품 개발 시에 정교성 역량의 발휘는 특히 중요하다. SW 개발 과정에서 추상화된 아이디어를 구체적이며 세밀한 명령어 집합으로 표현되어야 한다.

⑤ 민감성Sensitivity을 발휘할 수 있는 사고능력이 필요하다. ICT 관련 주변 환경에 대해 민감한 관심을 보이고 이를 통해 새로운 탐색 영역을 넓힐 수 있는 역량이 필요하다. ICT 생태계에서 아주 미세한 차이점으로 성패가 갈리는 사례는 비일비재하다. ICT 생태계에 존재하는 아주 미세한 차이점도 찾아내어 더 좋은 ICT 생태계를 구현할 수 있는 역량이 필요하다.

세 번째 요소인 과제 동기는 ICT 관련 과제를 수행해야 하는 이유를 인지하는 것과 과제 해결을 위하여 꾸준히 집중하여 끝내고자 하는 태도를 의미한다. 아무리 뛰어난 ICT 관련 영역의 기술과 창의적 사고능력을 소유하였다고 하더라도 과제 동기가 미비할 경우에는 뛰어난 창의적 성취를 이룰 수 없다.

지금까지 설명한 ICT 창의성의 발현 모델을 그림으로 요약하면 다음과 같다.

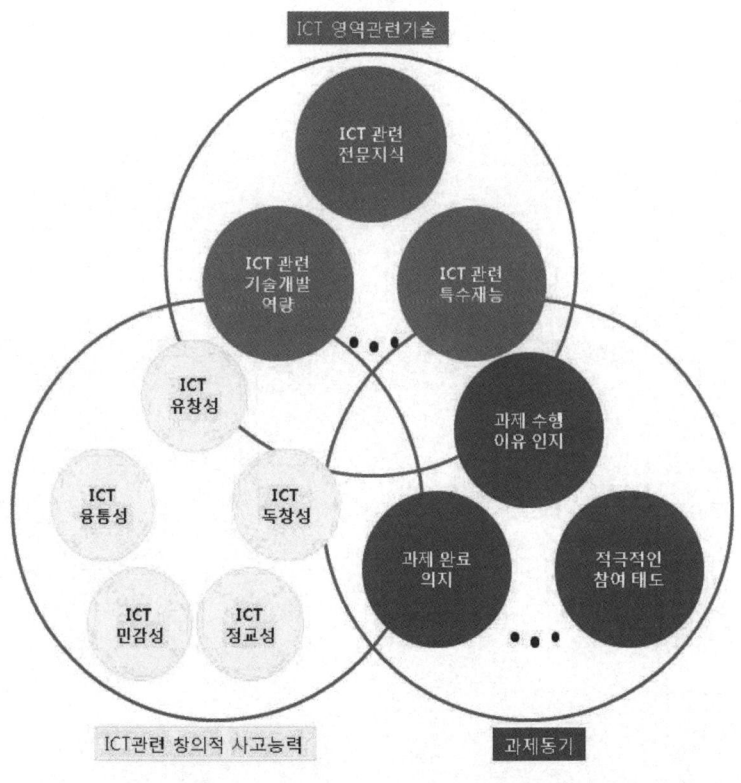

그림 15 ICT 창의성의 3구성 요인 모델

생각을 정리해 봅시다!

여러분이 생각하는 ICT 창의성을 발현할 수 있는 요인들은 무엇인가요? 창의적으로 생각해 보고, 그 내용을 정리해 봅시다.

Memo.

4 ICT 창의성의 핵심 역량

기존의 창의성 관련 연구 중 창의성을 발현하는 요인들을 제시한 것이 있다. 삼성경제연구소(2012)는 개인 창의성individual creativity 관점에서 '창의적 성격', '해당분야 전문지식', '창의적 인지스타일', '내재적 동기부여' 등을 내적 요인으로 정의하고, 창의적 조직 특성의 관점에서 '리더십 스타일', '조직구조와 제도', '조직문화/분위기', '자원과 스킬' 등을 맥락 요인으로 정의하였다. Sternberg & Lubart(1995)는 지적능력intellectual abilities, 지식knowledge, 인지양식cognitive style, 성격personality, 동기motivation, 환경environment 등의 여섯 가지 자원resources을 창의성 발현 요인으로 정의하였다.

기존에 정의된 대표적인 창의성 발현 요인을 적절히 활용할 수 있는 재능talent을 역량으로 정의한 후, ICT 생태계와 우리나라의 문화적인 맥락의 특성을 반영한 두 가지 핵심 역량을 투자 역량과 협업 역량으로 선정하였다. ICT Investment & Collaboration Talent인 것이다.

그림 16 ICT 창의성의 핵심 역량

4.1 투자 역량

ICT 창의성의 핵심 역량 중 첫 번째 요인으로 선정한 것은 '투자 역량Investment Talent'이다. Sternberg & Lubart(1995)는 창의성이 발현되기 위해서는 여섯 가지 자원이 필요하다고 하였으며, 창의적인 사람들은 여섯 가지의 자원을 이용하여 아이디어를 '싸게 사고buy low', 그 아이디어를 발전시켜 '비싸게 파는sell high' 사람이라 정의하였다. 이를 Sternberg & Lubart(1995)의 투자 이론investment theory이라 한다.

사실 Sternberg & Lubart(1995)의 투자 이론은 창의성 분야에서만 언급될 수 있는 것은 아니며, 주식 투자, 부동산 투자, 예술품 투자, 기업 인수합병M&A 등의 여러 분야에서 활용될 수 있는 개념이며, ICT 생태계에서의 투자 이론에 대한 적용의 필요성은 다른 어떤 분야보다도 크다고 할 수 있다.

얼마 전 온라인 경매 사이트 eBay에서 진행한 자선 경매를 통해 Warren Buffett과의 점심 가격이 220만 달러에 낙찰되었다. Warren Buffett과 약 3시간에 걸쳐 점심을 먹으며 투자에 대한 조언을 듣는 비용이다. 세계적인 투자의 귀재 Warren Buffett과 함께 식사 하는 비용으로는 과하다고 생각할 수 있으나, Warren Buffett과 함께 식사를 한 대부분의 사람들이 훨씬 더 많은 수익을 올렸다고 하니 그만한 가치를 한다고 보는 것이다. Warren Buffett은 주식 투자 영역에서는 탁월한 역량을 발휘하는 사람인 것이다.

ICT 분야에서 투자의 귀재 중 으뜸은 Steve Jobs였을 것이다. 그는 새롭거나 흔하지 않은 아이디어예, 기술, 회사, 제품 등이지만 잠재성을 가지고 있는 아이디어에 투자하고, 이후 그 아이디어를 발전시켜 적절한 시기에 '비싸게 파는' 탁월한 역량을 소유한 사람이었다. 1986년 Lucas film으로부터 Pixar를 천만 달러에 인수한 후, 업계 최고의 애니메이션 제작사로 키워서 2006년에 Disney가 74억 달러에 주식을 인수하게 함으로써 탁월한 투자 역량을 발휘하기도 하였다.

일본 소프트뱅크의 손정의회장은 잘 알려진 기업 M&A의 귀재이다. M&A를 통하여 지금의 소프트뱅크를 일구었다고 그는 이야기 한다. 1981년 소프트웨어 유통 업체로 시작한 소프트뱅크는 야후 등에 대한 선제적 투자와 M&A로 세계적인 ICT

그룹으로 성장했다. 제일동포 3세 기업가인 손정의회장은 미국 경제지 포브스가 집계한 일본 최고의 부자 197억 달러이며, 월스트리트저널은 손정의회장을 '제2의 스티브잡스'로 꼽기도 했다.[9]

Google은 어떠한가? ICT 분야의 미래 예측을 통한 기술의 투자가치에 따라 과감한 M&A를 시행한다. 가능한 남들이 알아보지 못하는 첨단 분야이면 더 좋다. 정말 싸게 사서 비싸게 팔 수 있는 투자를 하는 것이다. Google의 투자 중 성공사례는 수 없이 많지만 그 중 최고는 아마도 모바일 환경의 급속한 대중화를 예상한 Google의 투자품인 Android 운영체제일 것이다. Android 운영체제의 등장으로 iPhone과 경쟁할 수 있는 스마트폰 제품들이 전 세계의 다양한 스마트폰 제조사들로부터 출시될 수 있었던 것이다.

Google이 투자가치를 인정한 모바일 운영체제 Android는 Andy Rubin이 2003년에 창업하였다. Andy Rubin은 모바일 운영체제를 모바일 생태계에 무료로 배포할 계획을 가지고 창업한 것이다. 회사 창업이후 2004년부터 Andy Rubin은 자신의 계획을 통신사 및 휴대폰 제조사들에게 설명하며 투자에 대한 설득 작업을 시작하였다. 그런 와중에 자신의 아이디어를 팔기위해 극동지역을 방문하였고, 삼성 본사를 방문하여 Android 운영체제에 대한 투자를 요청하는 제안 발표를 하게 되었다. 당시 제안 발표를 듣기위해 참석한 20여명의 삼성 임식원들은 Android의 미래가치를 판별하지 못하였다. 결론적으로 Andy Rubin은 2005년에 회사를 Google에 매각했다.

반면 우리나라의 ICT 분야에서 투자 창의성을 발휘한 사례는 코드분할다중접속 Code Division Multiple Access : CDMA 기술의 판별채택을 통하여 세계 최초로 CDMA 서비스를 상용화한 것을 들 수 있다. 우리나라가 CDMA 기술 채택에 대해 사회적인 논란에 휩싸이기도 했다. 당시 세계 이동통신 시장은 GSM유럽형 방식이 주류를 이루고 있었기 때문이다. 따라서 CDMA를 상용화한다는 것은 당시로써는 엄청난 모험이었다. 결과적으로 상용화 10년이 지난 후 CDMA는 우리나라가 ICT 강국으로 부상하는데 결정적인 역할을 한 것으로 평가받고 있다. 세계 최초 CDMA 상용화

---

[9] 손정의(2014). M&A는 시장 치고 나갈 기회… 그걸 잡는 게 기업가. 2014년 6월 12일자 중앙일보.

는 우리나라 ICT 기술 역사상 최고 히트작이 됐다. CDMA로 인한 ICT 원천기술의 확보와 발전은 물론 사회·경제적으로 막대한 시너지 효과를 창출해냈기 때문이다. 세계 어느 나라도 주목하지 않은 CDMA에 대한 미래가치를 판별한 후 상용화시킴으로써 투자의 창의성을 발현한 훌륭한 사례이다.

많은 사람이 창의적이지 않은 이유는 그들이 검증되지 않았거나 가치가 없다고 생각되는 것들을 추구하지 않기 때문이며, 위험을 감수하면서까지 '싸게 사는' 것을 원치 않기 때문이다. 그렇다면 어떤 사람이 투자를 잘 하는가? 또는 잘 할 수 있는가? 우리는 안목이 있어야 한다고 이야기한다. ICT 분야의 창의적인 투자를 위해서는 미래지향적인 판별 역량이 필요하다. 판별은 기존 기술의 판별뿐만 아니라 연구 개발에 대하 가치를 판별하는 역량이 요구된다. 투자의 창의성을 발현하기 위해서는 기술뿐만 아니라 ICT 생태계의 환경적인 맥락context까지도 이해할 수 있는 역량이 필요한 것이다.

개인의 입장에서는 미래 사회에 가치 있고 유망한 분야가 무엇인지 판별한 후 무엇을 공부할 것인가를 결정하며, 이후 어떤 분야를 집중적으로 연구할 것인지를 결정하고, 자신의 학업 내용과 연구 내용을 기반으로 무엇을 사업화할 것인지 등을 판별하는 과정이 모두 투자 역량을 발휘하는 과정이다.

더 생각해 보기

여러분은 투자 역량을 발휘한 경험이 있나요?
어떤 상황에서 투자 역량을 발휘하였나요?
앞으로 투자 역량을 발휘할 내용에 대하여 창의적으로 생각해 봅시다.

생각을 정리해 봅시다!

ICT 생태계에서 투자 역량을 발휘하여 크게 성공한 사례들을 찾아보고, 그 내용을 정리해 봅시다.

Memo.

4.2 협업 역량

ICT 창의성의 핵심 역량 중 두 번째 요인으로 선정한 것은 '협업 역량Collaboration Talent'이다. 창의성의 시스템 모델에서는 개인이 아무리 뛰어난 창의적인 역량을 보유하고 있더라도, '개인', '현장', '영역'의 상호작용이 필요함을 주장한다. 정범모 (2012)는 창의성 시스템 모델의 3요인인 '개인', '현장', '영역'에 '문화' 요인을 추가할 것을 주장함으로써, 창의성의 발현은 전반적인 사회문화의 영향을 강하게 받는다고 주장하였다.

우리나라 사회 전반에 걸쳐 흐르는 문화 중 협업의 정신을 잘 나타내는 것이 '품앗이'이다. 품앗이는 임금을 주지 않는 한韓민족 고유의 1대1의 교환 노동 관습이다. 파종·밭갈이·논갈이·모내기·가래질·논매기·밭매기·퇴비하기·보리타작·추수 등의 농사일은 물론 지붕잇기·집짓기와 수리·나무하기 같은 생활상의 품앗이, 염전의 소금일·제방쌓기에 이르기까지 널리 활용되었다. 대개 마을을 단위로 해서 이루어지는데 노력勞力이 부족할 때 수시로 이웃 사람에게 요청했다. 사람들 간의 교환 노동으로 서로의 품격 높은 신뢰를 전제로 하며, 개별 노동의 실제 가치를 따지지 않고 참여자의 개별 상황을 인정하면서 이루어지는, 신뢰와 인정을 바탕으로 한 한민족 고유의 관습에 대한 명칭이다. 품앗이로 하는 일은 농사를 비롯해서 퇴비堆肥·연료장만·벼베기와 같은 남자들이 하는 일 뿐만 아니라 큰일에 음식을 장만하고 옷을 만드는 여자들의 일도 포함된다.[10]

현재 우리나라가 ICT 강국의 자리에 위치하게 된 원동력 중 하나는 국가 주도의 ICT 정책 추진도 한 몫을 하였다고 할 수 있다. 국가 주도의 ICT 정책 추진 시에 ICT 관련 분야의 연구기관 및 다수의 기업들이 협업하여 성과를 이룬 사례가 많이 존재한다. 그 중 대표적인 사례 몇 가지를 살펴보면 다음과 같다.

첫 번째 사례는 1960년대부터 1980년대 초반까지 극심하였던 전화 적체 현상을 해소시키고 정보통신기술 분야의 독립을 성취한 한국형 전전자교환기Digital Electronic Switching System 개발 사업이다. 우리나라가 개발한 전전자교환기는 TDX라 명명하

---

10 위키백과(http://ko.wikipedia.org/wiki/%ED%92%88%EC%95%97%EC%9D%B4)

였고 TDX-1을 1984년 4월 25일에 개발했고, 1986년 3월부터 TDX 상용 서비스를 시작하였으며, TDX-1A농어촌용, TDX-1B중소도시형, TDX-10대용량 교환기, TDX-10A ISDN, PSTN 겸용 교환기 등의 시리즈로 발전시켰다.

출처: http://www.cctoday.co.kr/news/articleView.html?idxno=75830

그림 17 최초의 한국형 전전자교환기 TDX-1

두 번째 사례는 1996년 세계최초로 CDMA 이동통신 서비스를 인천과 부천 지역에서 개통한 것이다. 우리나라는 세계적으로 활용 사례가 없는 CDMA를 과감히 도입했다. 당시 전 세계 이동통신 시장의 주류는 GSM 방식으로 CDMA의 도입은 어느 나라도 엄두를 내지 못하는 모험이었다. 따라서 CDMA를 상용화한 사례는 전무했으며 이동통신 선진국인 미국조차도 망설이고 있던 상황이었다. 이처럼 모험으로 여겨지던 CDMA를 도입한 것은 당시 정부의 향후 시장성 및 경쟁력에 대한 판단 때문이었다. 이미 시장이 포화되고 경쟁이 치열한 GSM 방식을 우리나라도 도입한다는 것은 또 다시 선진국의 기술에 종속될 수밖에 없는 상황이었다. 우리나라는 1996년 CDMA 첫 상용화 이후 관련 기술을 계속적으로 보완·발전시켰다. 2000년 10월에는 2.5세대 기술인 CDMA2000 1×서비스를 처음 개시했으며, 월드컵의 해인 2002년 1월에는 동기식 3세대 기술인 EVDO 서비스도 개통해 전 세계

출처: http://web.cfe.org/databank/entPersonDetail.asp?cid=mn20061221203413&idx=18

그림 18 세계 최초 CDMA 상용화 기념식

에 우리나라 이동통신 기술의 우수성을 알리기도 했다. 특히 현재와 같이 우리나라 국민들 대부분이 휴대폰을 보유할 수 있었던 것도 CDMA 기술 상용화 덕분이다^{한국정보화진흥원 IT 역사자료관 내용 재구성}.

  CDMA 서비스 상용화 역시 한국전자통신연구원ETRI, 한국이동통신현 SK텔레콤, 삼성전자, LG 전자 등 국내 유수의 연구기관과 기업들이 협업을 통하여 이루어낸 ICT 창의성 발현의 좋은 사례이다.

더 생각해 보기

여러분은 협업 역량을 발휘한 경험이 있나요?
어떤 상황에서 협업 역량을 발휘하였나요?
앞으로 협업 역량을 발휘할 내용에 대하여 창의적으로 생각해 봅시다.

생각을 정리해 봅시다!

ICT 생태계에서 협업 역량을 발휘하여 크게 성공한 사례들을 찾아보고, 그 내용을 정리해 봅시다.

Memo.

5 Investment & Collaboration Talent : ICT

　본장에서는 창의성이 영역 특수적이라는 관점을 기반으로 ICT 영역에서의 창의성을 'ICT 창의성'이라 정의하고 현재 시점에서 왜 ICT 창의성이 필요한가를 논의하였다. 또한 ICT 창의성 분야의 다양한 정의와 이슈를 살펴본 후 창의성의 핵심 개념 중 하나인 '새로움'의 관점에서 ICT 창의성의 '새로움'에 대한 사례를 분석하였다. ICT 창의성의 발현 모델을 정의하기 위하여 Amabile(1996)의 3구성 요인 모델을 기반으로 ICT 창의성의 3구성 요인 모델을 정의하였으며, 마지막으로 다른 영역의 창의성과 차별화되는 ICT 창의성의 핵심 역량은 무엇인가를 제안하였다. ICT 창의성의 발현은 ICT 생태계의 특성과 우리나라의 문화적 맥락 등을 고려하여 투자 역량과 협업 역량 Investment & Collaboration Talent : ICT 등을 제안함으로써, 21세기 학습자들은 ICT 분야에서 '투자의 창의성'과 '협업의 창의성'을 발현할 수 있는 교육의 필요성을 강조하였다.

　지금까지 창의성이 영역 특수적이라는 관점에 따라 다양한 영역의 창의성 연구가 진행되었으나 ICT 영역의 창의성 관련 연구는 찾아보기 어려운 상황이었다. 이러한 관점에서 본 장의 내용은 ICT 창의성 관련 연구의 시작이라는 의미가 있을 것이다. 또한 현재까지 진행된 창의성 연구들은 창의성의 발현을 위한 요인들을 제안하였으나, 제안된 창의성 발현 요인들을 기반으로 창의적인 재능을 발휘할 수 있는 방안에 대한 연구는 미비한 실정이었다. 이러한 관점에서 본 장에서 제안한 ICT 창의성 발현을 위한 역량 Investment & Collaboration Talent : ICT을 정의한 것은 기존의 관점과 다른 각도에서 바라본 ICT 창의성 역량 모델 연구의 시작이라는 의미가 있을 것이다.

생각을 정리해 봅시다!

여러분들이 생각하는 ICT 창의성의 핵심 역량은 무엇인가요? 창의적으로 생각해 보고, 그 내용을 정리해 봅시다.

Memo.

제4장

컴퓨팅 환경의 변화

1 컴퓨팅 방식도 패션이다!

컴퓨터가 처음으로 개발되었다. 어떻게 사용하였을까? 어떻게 사용하면 좋을까? 어떤 방법으로 컴퓨터를 사용할 수 있을까?

컴퓨터는 혼자 동작할 수 있으며, 여러 대가 협력하여 동작할 수도 있다.

혼자 동작하는 것이 어려울까? 아니면 여러 대가 협력하여 동작하는 것이 어려울까? 여러분은 혼자 일하는 것이 어려운가? 아니면 여러 명이 협력하여 일하는 것이 어려운가?

일해야 하는 양은 일정하다고 가정하자!

혼자서 일하면 많은 양의 일을 혼자서 해야 하고, 여러 명이 협력해서 일을 하면 1인당 일해야 하는 양은 줄어들게 된다.

반면에, 혼자서 일하면 다른 사람 신경을 안 써도 되고, 여러 명이 일을 협력해서 하면 다른 사람 신경을 써야 한다.

컴퓨터의 입장에서 생각해 보자!

한 대의 컴퓨터를 개발하는 것도 힘들었는데, 여러 대의 컴퓨터를 연결하는 것은 매우 힘든 작업이었을 것이다.

처음에는 컴퓨터 한 대에 작업이 집중되었고, 기술이 발전함에 따라 여러 대의 컴퓨터를 연결하여 협력하는 방법을 생각하게 되었다.

이와 같은 컴퓨터 활용 방법은 컴퓨팅 환경의 변화를 가져왔다. 세상의 패션이 변화하듯, 컴퓨팅 환경도 변화를 거듭하고 있다!

컴퓨터 개발 초기의 컴퓨팅 환경부터 현재의 컴퓨팅 환경까지 단계적으로 어떠한 변화를 거쳐 왔는지 살펴보자! [그림 1]은 컴퓨팅 모델의 단계적 패러다임 변화를 나타낸 것이다.

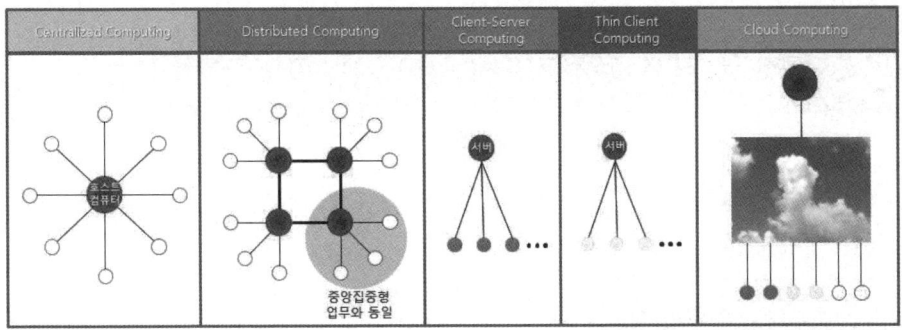

그림 1 컴퓨팅 모델의 패러다임 변화

생각을 정리해 봅시다!

컴퓨팅 방식도 시대의 흐름에 따라 변화하는 패션인 이유는 무엇일까요? 창의적으로 기술해 보고, 그 이유를 기술해 봅시다.

Memo.

2 　중앙 집중 컴퓨팅Centralized Computing의 시대

중앙 집중형이란 무엇인가? 권력권한이 중앙에 위치한 무엇인가에 집중된다는 것이다. 사실 권력만 집중되는 것이 아니라, '업무' 또는 '부하load'가 집중될 경우에도 중앙 집중형이라고 정의할 수 있다. 이러한 상황을 이해한 후 컴퓨팅 시스템 측면의 중앙 집중형 시대에 대한 이야기를 하고자 한다.

컴퓨팅 시스템의 가장 초기 모델이 중앙 집중형 모델이다. 이것은 중앙에 호스트host 컴퓨터가 설치되어 있고, 주변에 단말기terminal들이 호스트 컴퓨터와 직접 연결되는 형태의 모델이다. 이 당시 단말기들은 단지 호스트 컴퓨터와 연결되어 모든 일은 호스트 컴퓨터의 자원resource[1]을 사용하였다.

그 이유는 단말기가 스스로 일을 수행할 수 있는 중앙처리장치Centrol Processing Unit : CPU와 결과물을 저장할 수 있는 기억장치memory를 가지고 있지 못하였기 때문이다. 즉, 컴퓨터가 어떤 일을 처리하기 위하여 꼭 사용해야 하는 자원인 CPU와 기억장치를 호스트 컴퓨터의 것을 사용하였다는 것이다. 이러한 이유로 인하여 이와 같은 단말기를 바보 단말기 또는 덤 단말기dumb terminal라 하였다.

호스트 컴퓨터에 연결된 단말기가 많으면 많을수록, 다시 말하여 호스트 컴퓨터의 자원CPU와 기억장치을 동시에 사용하고자 하는 단말기가 많으면 많을수록 호스트 컴퓨터에는 더 많은 과부하overload가 걸리게 된다.

호스트 컴퓨터의 과부하는 어떤 문제를 유발하는가? 사람도 과로하면 쓰러질 수 있다. 즉 병이 나는 것이다. 이를 컴퓨터 시스템에서는 시스템 고장failure 또는 시스템 다운down이라 한다. 즉, 시스템 다운 현상이 발생할 확률이 높아지는 것이다. 시스템이 다운되면 사용할 수 없게 되고, 결과적으로는 컴퓨터 시스템의 신뢰성

---

[1] 자원은 매우 중요한 개념이다. 본 서의 "제8장 생활 속 스케줄링" 부분을 참조하라.

reliability이 낮아지는 문제가 발생할 수 있는 것이다.

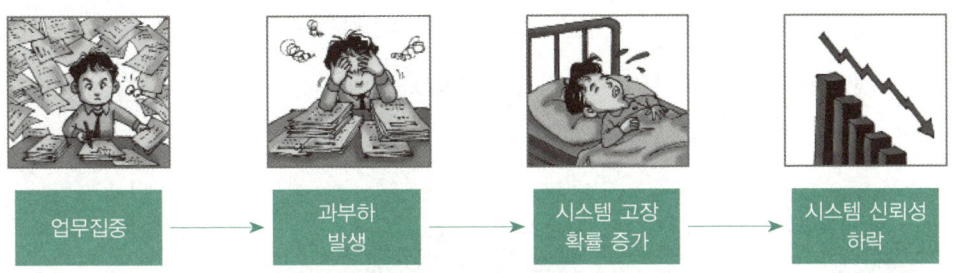

그림 2 중앙 집중형 업무 방식의 단점

실제로 중앙의 호스트 컴퓨터가 다운된다면 어떤 결과가 발생하는가? 호스트 컴퓨터만이 CPU와 기억장치를 가지고 있고, 주변의 바보 단말기들은 호스트 컴퓨터와의 통신 기능만 가지고 있기 때문에 할 수 있는 일은 아무것도 없게 된다. 업무가 완전히 올 스톱all stop 상태가 되는 것이다.

이 당시 컴퓨팅 시스템 구성의 가장 큰 특징은 폐쇄적인 시스템closed system 구조를 가졌다는 것이다. 이 당시가 컴퓨터 산업의 초기였다는 것을 고려할 때, 컴퓨터 시스템 제조사vendor마다 자신만의 노하우를 적용한 제품을 생산하였고, 다른 회사의 제품인 이기종 시스템heterogeneous system과의 연동interconnection에는 관심이 없었다. 사실은 여유가 없었던 것이다. 그러나 자기 회사 제품들과 같이 동일 제품homogeneous system 간에는 연동이 가능하였다.

사정이 이러하다 보니 한 번 특정 회사 제품을 구입하면, 특별한 사정이 없는 한 계속해서 동일 회사의 제품을 구매해야 했다.

이 당시 컴퓨팅 시스템 산업계에서 가장 강력한 영향력을 가진 기업은 IBM International Business Machine Corporation이었다. 사람이건 단체이건 강력한 힘을 가지게 되면, 자신들에게 유리한 방향으로 일을 처리하게 된다. 다른 사람들 입장에서 이것은 횡포로 느껴진다. 그러면 자연스럽게 반대세력anti-group이 등장하고, 언젠가는 자신의 과오를 깨닫고 후회하나, 이미 때는 늦은 경우가 많이 있다. IBM도 엔티 그룹의 등장으로 한 때는 회사가 어려운 상황에 처한 적이 있다.

중앙 집중 컴퓨팅 방식은 단점만 있는가? 세상에는 단점만 있는 방법은 없다! 장단점trade-off이 존재하는 것이다.

중앙 집중 컴퓨팅 방식의 장점은 중앙의 호스트 컴퓨터만을 관리하면 된다는 것이다. 관리할 대상이 하나이니 관리가 용이하고 쉽다. 관리가 쉽다는 것은 비용이 적게 든다는 것이며, 이는 큰 장점이다.

그림 3 중앙 집중형 업무 방식의 장점

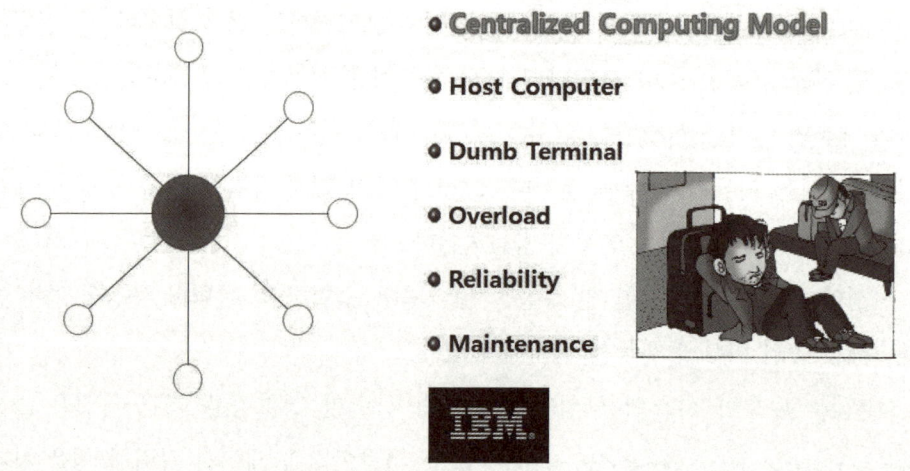

그림 4 중앙 집중 컴퓨팅 모델의 주요 이슈

생각을 정리해 봅시다!

지금까지 논의한 중앙 집중 컴퓨팅 모델의 동작 방식을 우리의 일상생활 내용과 접목하여 생각해 봅시다. 중앙 집중 컴퓨팅 방식과 일상생활 내용은 비슷한가요? 아니면 다른가요? 여러분의 생각을 기술해 봅시다.

Memo.

3   분산 컴퓨팅Distributed Computing의 시대

중앙 집중 컴퓨팅 시스템의 가장 큰 문제는 업무를 중앙의 호스트 컴퓨터만이 처리해야 한다는 것이다. 중앙의 호스트 컴퓨터의 과부하로 인하여 시스템이 다운될 경우, 전체 시스템은 정지하게 된다. 컴퓨터 산업 초기 시대의 사람들도 당연히 이와 같은 문제점을 잘 알고 있었다. 그런데 왜 중앙 집중 컴퓨터 시스템만을 사용한 것인가?

여러 가지 이유가 있겠지만 기술적인 제약사항이 가장 큰 원인이었다. 그 당시의 기술로는 여러 대의 컴퓨터를 서로 연결하여 일을 처리할 수 있는 기술을 지원할 수 없었다. 물론 비용적인 측면에서도 여러 대의 컴퓨터를 사용한다는 것은 부담이었을 것이다.

기술은 발전하는 것이다. 그에 따라 하드웨어 가격도 저렴해 졌기에 중앙 집중 컴퓨팅 시스템의 문제점을 해결할 수 있는 새로운 방법론이 적용되기 시작하였다. 하나의 호스트 컴퓨터가 처리하던 일업무을 여러 대의 컴퓨터들이 나누어서 처리하는 것이다. 즉 일을 분산시키는 것이다. 이러한 모델을 분산 컴퓨팅이라 한다.

여러 대의 호스트 컴퓨터를 설치하고 연결하여 운영함으로써 한 대의 호스트 컴퓨터가 일을 독점하여 처리하던 중앙 집중 컴퓨팅 방식의 단점을 개선할 수 있게 되었다.

첫째, 하나의 호스트 컴퓨터에서 발생하던 과부하는 여러 대의 호스트 컴퓨터로 분산되었다.

둘째, 과부하가 분산됨으로써, 이로 인한 컴퓨터 시스템의 다운 확률은 줄어들게 된다. 결과적으로 신뢰도는 향상되었다.

그림 5 분산형 업무 방식의 장점

 그렇다면 중앙 집중 컴퓨팅 방식의 장점은 없었는가? 분산 컴퓨팅 방식의 도입으로 발생된 문제점은 없는가? 물론 있다! 세상의 모든 것(방법론, 시스템, 사물 등)에는 장단점이 존재하기 때문이다. 세상에 완벽한 것이 있겠는가?
 중앙 집중 컴퓨팅 방식의 측면에서는 하나의 호스트 컴퓨터만 관리하면 된다. 그러나 분산 컴퓨팅 방식에서는 여러 대의 호스트 컴퓨터를 관리해야 하며, 이전보다 훨씬 복잡해진 하드웨어와 소프트웨어를 관리해야 한다. 유지보수 maintenance 비용이 증가하기 시작한 것이다.

그림 6 분산형 업무 방식의 단점

 분산 컴퓨팅 방식의 적용으로 호스트 컴퓨터의 부하가 분산됨으로써, 여러 가지 문제점이 개선된 것은 사실이다. 그렇다고 해서 분산 컴퓨팅 방식이 개선의 여지가 더 이상 없었던 것은 아니다. 호스트 컴퓨터에 연결된 단말기는 여전히 바보 단

제4장 컴퓨팅 환경의 변화 131

말기가 주류를 이루었다. 즉, 호스트 컴퓨터 한 대에 100대의 바보 단말기가 연결되어 운영되던 중앙 집중 컴퓨팅 방식을 2대의 호스트 컴퓨터가 업무를 분산하여 처리할 경우 각각 50대씩의 바보 단말기를 연결하여 업무를 수행할 것이다.

이러한 환경의 호스트 컴퓨터는 역시 50대의 바보 단말기 요청을 혼자서 모두 처리해 주어야 했다. 역시 호스트 컴퓨터만이 일을 한 것이다. 왜 단말기는 일을 하면 안되는 것인가? 단말기들도 일을 한다면 진정한 의미의 부하 분산이 이루어진다.

이와 같은 사실을 분산 컴퓨팅 방식이 적용되기 시작할 때 전문가들이 몰랐을 리는 없다. 단지 적용할 수 있는 기술 수준이 부족했던 것이다. 무슨 기술이 부족했던 것일까?

단말기를 바보에서 지능을 가진 즉, CPU와 기억장치를 가진 지능형 단말기 intelligent terminal로 개발하고 보급하는 기술이 부족했던 것이다. 좀 더 정확히 이야기 하자면 기술은 있었으나, 비용 측면에서 수지 타산이 맞지 않았던 것이다.

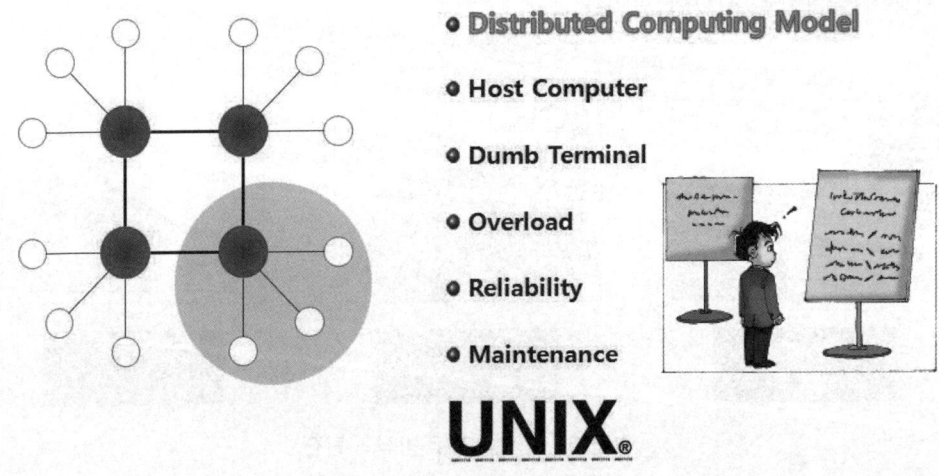

그림 7 분산 컴퓨팅 모델의 주요 이슈

생각을 정리해 봅시다!

지금까지 논의한 분산 컴퓨팅 모델의 동작 방식을 우리의 일상생활 내용과 접목하여 생각해 봅시다. 분산 컴퓨팅 방식과 일상생활 내용은 비슷한가요? 아니면 다른가요? 여러분의 생각을 기술해 봅시다.

Memo.

4 클라이언트-서버 컴퓨팅Client-server Computing의 시대

중앙 집중 컴퓨팅 모델의 가장 큰 문제점인 호스트 컴퓨터의 과부하는 분산 컴퓨팅 모델의 도입으로 어느 정도 해소되었다. 그러나 호스트 컴퓨터의 과부하는 중앙 집중 컴퓨팅 모델에 비하여 줄어든 것이지 완벽히 해결된 것은 아니었다. 그 이유는 무엇인가?

가장 큰 원인은 단말기의 성능에 있었다. 단말기의 성능이란 무엇인가? 분산 컴퓨팅 모델이 적용된 시기에도 단말기는 바보 단말기였다. 즉, CPU와 기억장치를 호스트 컴퓨터의 자원을 활용해야 했다. 달라진 것은 1대의 호스트 컴퓨터가 수행하던 일을 여러 대의 호스트 컴퓨터가 나누어 함으로써, 호스트 컴퓨터 1대당 담당해야 했던 바보 단말기의 개수가 줄어든 것이다.

이상과 같은 문제점을 해결할 수 있는 방법은 무엇인가? 바보 단말기를 똑똑한 단말기로 교체하는 것이다. 똑똑한 단말기란 자체적인 CPU와 기억장치를 보유한 단말기로서 지능형 단말기라 한다.

그렇다면 바보 단말기를 지능형 단말기로 교체하기만 하면 호스트 컴퓨터의 문제점은 해결되는가? 물론 아니다. 이제 단말기로 일 처리를 할 준비가 된 것이다.

그렇다면 호스트 컴퓨터가 혼자서 하던 일을 지능형 단말기가 일정 부분 처리할 수 있다. 그래야만 진정한 호스트 컴퓨터의 과부하 문제가 해결되는 것이다. 최종적으로 부하 분산load balancing이 실현된다.

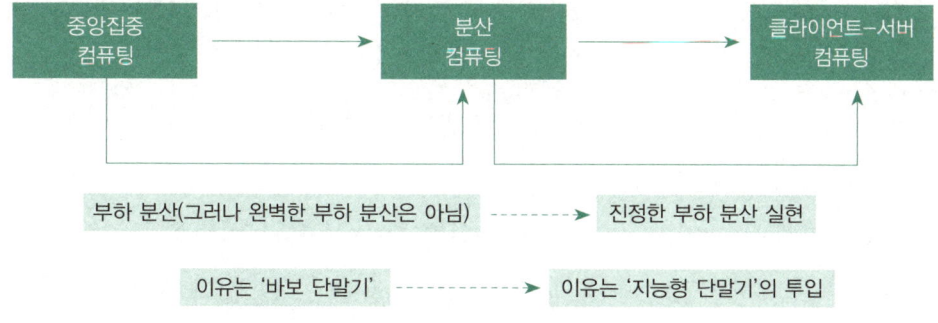

그림 8 클라이언트-서버 컴퓨팅 모델의 부하 분산 실현 과정

부하 분산의 주인공인 지능형 단말기는 클라이언트client라 하였으며, 중앙의 호스트 컴퓨터 역할을 담당했던 컴퓨터는 서버server라 명명함으로써, 클라이언트-서버 컴퓨팅 모델이 소개되었다.

클라이언트-서버 컴퓨팅 모델의 서비스가 가능했던 원동력은 무엇인가? 물론 기술의 발전이 원동력이다. 문제는 어떤 기술의 발전인가 이다.

개인용 컴퓨터Personal Computer : PC의 기술발전이 가장 중요한 이유이며, 이는 달리 이야기하면 PC의 대중화가 결정적인 역할을 하였다고 말할 수 있을 것이다.

PC의 대중화는 PC의 시대를 열었다!

여러분들은 PC 시대의 절대 강자는 누구였다고 생각하는가?

IBM, Apple, MS?

물론 마이크로소프트Microsoft : MS가 절대 강자의 자리를 차지하였다. 앞에서도 이야기 하였듯이 한 분야의 절대 강자는 그 아성을 무너뜨리고자 하는 여러 경쟁자들로부터 강력한 도전을 받게 된다. MS도 예외는 아니었다. Anti-MS 그룹이 등장한 것이다.

PC의 엄청난 발전!

HW의 발전 속도는 엄청나다. 엄청난 발전 속도에 힘입어 PC의 성능은 지속적으로 개선되었다. 이런 상황에서 사람들은 어떤 생각을 할 수 있을까?

여러 가지 생각이 가능하겠지만, "PC를 서버로 사용하면 안될까?"라고 생각할 수 있을 것이다.

개인이 사용하는 컴퓨터라 하여 PC라고 명명하였는데, 이것을 서버로 사용한다고?

HW의 성능 측면에서는 그리 어려운 문제도 아니었다.

그런데 SW가 문제였던 것이다.

PC용 운영체제인 Windows를 서버용 운영체제로 사용할 수는 없었다.

이러한 상황에서 MS는 서버용 운영체제인 Windows NT를 1992년부터 1993년 사이에 발표하였으며, 1998년부터는 Windows NT라는 이름대신 Windows 2000이라고 명명한다.

운영체제만 있으면 되는가? 물론 가장 중요한 SW가 운영체제이나, 서버 상에서 동작하는 시스템 SW도 필요하다. 대표적인 시스템 SW는 데이터베이스 관리 시스템Database Management System : DBMS이다. MS는 DBMS 또한 개발하여 SQL Server로 명명하였으며, SQL Server 2000을 발표하면서 상업용 DBMS로서의 입지를 확고히 하게 되었다.

이상과 같은 상황에서 누가 가장 많은 신경을 썼겠는가?

첫째는 서버용 HW를 제작 판매하는 회사일 것이다. 이와 같은 장비를 워크스테이션workstation이라 하였는데, 대표적인 제작사로는 SUN Microsystems, HP, DEC, IBM 등이었다. 자신들이 제조하여 판매하는 워크스테이션과 PC가 경쟁해야 하는 상황을 좋아할 수는 없었다. 이들 중 SUN Microsystems의 반대는 극심하였다.

둘째는 시스템 SW를 개발하여 판매하는 회사일 것이다. 특히 대표적인 시스템 SW인 DBMS의 시장은 매우 거대하여 민감하게 반응하였으며, 가장 대표적인 DBMS 업체인 ORACLE의 반대는 극심하였다.

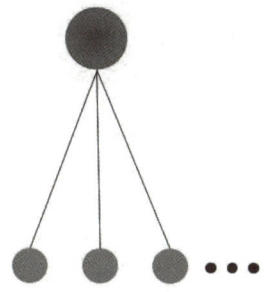

- **Client-Server Computing Model**
- Server Computer
- Client Computer
- Down Sizing
- Personal Computer
- Fat Client

그림 9 클라이언트-서버 컴퓨팅 모델의 주요 이슈

생각을 정리해 봅시다!

지금까지 논의한 클라이언트-서버 컴퓨팅 모델의 동작 방식을 우리의 일상생활 내용과 접목하여 생각해 봅시다. 클라이언트-서버 컴퓨팅 방식과 일상생활 내용은 비슷한가요? 아니면 다른가요? 여러분의 생각을 기술해 봅시다.

Memo.

5   가벼운 클라이언트 컴퓨팅Thin Client Computing의 시대

클라이언트-서버 컴퓨팅 시대의 최대 수혜자는 MS일 것이다. PC의 대중화에 힘입어 PC 수요가 폭발적으로 증가함에 따라 MS의 매출도 급증하였다.

HW의 성능은 지속적으로 개선되고, 사용자들은 멀티미디어의 활용에 익숙해짐으로써 관련 SW 용량도 지속적으로 증가하였다.

일반적으로 데스크탑 PC를 한 대 구매하면 어떤 SW를 설치하는가? 평소에 자주 사용하지 않는 SW를 잔뜩 설치하지는 않는가?

실제로 우리가 매일 사용하는 SW는 그 종류가 그리 많지는 않다. 예를 들면, 문서편집용 SW, 프리젠테이션 자료 제작용 SW, 동영상 재생용 SW와 MP3 재생용 SW 정도일 것이다.

그럼에도 불구하고 우리는 그래픽 편집 SW, 동영상 제작 및 편집 SW, 통계 패키지 SW 등 1년에 한 번 정도 사용할까 말까하는 SW도 자신의 컴퓨터에는 설치하는 경우가 있다. 낭비가 아닐 수 없다.

이러한 상황에서 사람들은 어떤 생각을 할 수 있는가? 가장 쉽게 생각할 수 있는 것은 무엇인가? 자신의 PC에 꼭 필요한 SW만 설치하자고 주장하는 것이다.

그런데 문제가 있다. 1달에 한 번 아니 1년에 한 번씩은 사용해야 하는 SW가 있다면 어찌해야 하는가? 오늘이 그 SW를 사용해야 하는 날이라면 어찌해야 하는가?

이러한 근거로 등장한 개념이 가벼운 클라이언트thin client 컴퓨팅 모델이다. 클라이언트가 가볍다는 것은 내 PC에 꼭 필요한 SW만 설치하자는 것이다. 이럴 경우 내 PC의 성능 또한 매년 업그레이드 할 필요가 없어진다.

가벼운 클라이언트와 반대되는 개념은 기존의 클라이언트 PC였다. 상대적으로

그림 10 무거운 클라이언트 vs. 가벼운 클라이언트

무거운 클라이언트fat client였던 것이다.

 PC의 성능은 물론 매년 또는 6개월 단위로 업그레이드되는 SW를 설치한 클라이언트, 언제 사용할 지도 모르는 모든 SW를 설치한 클라이언트를 지칭한 것이다.

 이와 같은 가벼운 클라이언트를 제공하여 보급할 것을 강력히 주창한 사람들 중에는 ORACLE의 설립자이자 CEO인 Larry Ellison이 대표적인 인물이었다.

 가벼운 클라이언트가 성공한다면 어떻게 되겠는가? 클라이언트 PC에 설치되는 대다수의 SW 업체는 타격을 입을 것이다. 또한 매년 HW를 업그레이드하여 수익을 창출하는 PC 제조사들도 타격을 입을 것이다.

 새로운 PC를 구매하면 무조건 Windows 운영체제를 구매해야 하고, 이는 MS의 막대한 부를 축적시킨 원동력이었다. ORACLE의 Larry Ellison 회장은 이와 같은 구조를 종식시킴으로써 MS에 타격을 주고자 했었던 것이다.

 그런데 가벼운 클라이언트 사업은 성공했는가? 여러분들 중에 가벼운 클라이언트 컴퓨팅이라는 개념을 들어본 적이 있는가?

 결론적으로는 당시 기술력의 한계로 실패하였다. 너무 앞서나간 것이다.

 가벼운 클라이언트 컴퓨팅의 핵심 개념은 클라이언트 컴퓨터에는 필수적인 내용만을 설치하고, 가끔 활용할 가능성이 있는 고가의 무거운 SW들은 서버 컴퓨터에 설치한 후, 필요시에 서버 컴퓨터에 접속하여 사용하는 것이다.

무엇이 문제인가?

오늘이 서버 컴퓨터에 설치된 SW를 사용해야 하는 날인데, 네트워크 접속이 불안하다면 어찌하는가? 접속은 되었는데 속도가 나지 않는다면 어찌하는가? 가벼운 클라이언트 컴퓨팅의 성공을 위한 필수적인 선행요건은 네트워크의 안전성과 속도였다.

그 당시 네트워크 환경은 어떠하였는가?

가벼운 클라이언트 컴퓨팅의 개념이 소개되었던 시절의 네트워크 환경은 어떠했는가? 지금과 비교해 본다면 네트워크 인프라는 현저히 부족하였고, 통신 속도 역시 지금과는 비교가 안될 정도로 느렸다. 상황이 이러하니 아무리 좋은 개념인 가벼운 클라이언트 컴퓨팅 모델이라 하더라도 성공할 수가 있었겠는가? 결과는 참담한 실패였다. 너무 앞서 나갔던 것이다.

소프트파워 시대의 단면!

SW 기업인 ORACLE이 HW 생산 기업인 SUN Microsystems를 인수!

2009년 4월 20일자로 SW 기업인 ORACLE은 HW 생산 기업인 SUN Microsystems를 인수한다고 발표하였으며, 2010년 1월 27일 ORACLE 회장 Larry Ellison 회장은 성공적으로 인수 합병하였음을 발표하였다.

여러 가지 이유가 있었으나 ORACLE이 SUN을 인수한 것은 소프트파워 시대의 단면을 보여준 사례 중 하나이다.

ORACLE과 SUN Microsystems 로고

생각을 정리해 봅시다!

소프트파워 시대의 단면을 잘 보여주는 다양한 사례들을 찾아보고, 그 내용을 정리해 봅시다.

Memo.

생각을 정리해 봅시다!

지금까지 논의한 가벼운 클라이언트 컴퓨팅 모델의 동작 방식을 우리의 일상생활 내용과 접목하여 생각해 봅시다. 가벼운 클라이언트 컴퓨팅 방식과 일상생활 내용은 비슷한가요? 아니면 다른가요? 여러분의 생각을 기술해 봅시다.

Memo.

6 클라우드 컴퓨팅Cloud Computing의 시대

클라우드Cloud란 무엇인가? 클라우드는 구름이고, 구름에는 무엇이 있는지 잘 모른다. 그리고 구름은 하늘에 있고, 땅에는 없다.

그렇다면 클라우드 컴퓨팅이란 무엇인가? 왜 구름 컴퓨팅이란 개념이 등장하게 되었는가? 지금부터 알아보자!

가벼운 클라이언트 컴퓨팅은 성공하지 못하였다고 했다. 그러나 가벼운 클라이언트 컴퓨팅의 개념은 훌륭한 것이었다.

성공할 수 없었던 이유는 개념이 출현한 당시의 기술 수준이 가벼운 클라이언트 컴퓨팅의 개념을 지원할 수 없었던 것이다. 결정적인 기술 수준은 네트워크 환경이었다.

지금은 어떠한가? 스마트폰이 대중화되었으며, 언제 어디에서나 인터넷 접속이 가능하다.

스마트폰의 성능은 어떠한가? iPad나 Galaxy Pad와 같은 기기의 성능은 어떠한가?

스마트폰이나 스마트패드의 성능은 가벼운 클라이언트 컴퓨팅의 개념이 등장했을 당시의 데스크탑 PC의 성능보다 월등하다. 이제 스마트폰이나 스마트패드가 가벼운 클라이언트가 된 것이다.

그러면 네트워크 환경은 어떠한가? 가정집에는 초고속 인터넷에 연결된 모뎀이 설치되어 있다. 한 대의 PC가 초고속 인터넷에 연결되면 WiFi 공유기를 이용하여 집안에서는 무료 WiFi 서비스를 마음껏 이용할 수 있다.

집 밖을 나선다고 WiFi 서비스를 이용하지 못하는 것은 아니다. 우리나라의 경우 지하철에서도 무료 WiFi 서비스를 이용할 수 있다. 대부분의 공공장소에서는 무료 WiFi 서비스를 제공한다. 매우 빠른 인터넷 서비스를 언제 어디에서나 자유롭게 이용할 수 있는 환경이 구축된 것이다.

그림 11   WiFi 서비스 로고

어떤가? 이제 가벼운 클라이언트 컴퓨팅 개념에서 제안한 내용이 현실적으로 적용 가능한 시대가 도래한 것이다. 새롭게 명명하고 싶었다!

클라우드 컴퓨팅의 시대가 도래한 것이다!

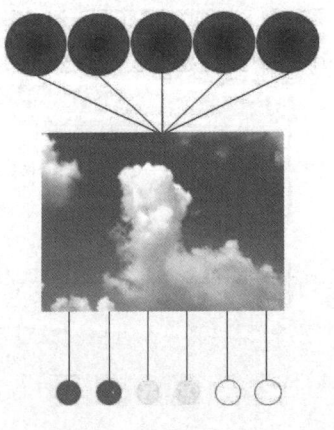 

- Cloud Computing Model
- Social Network Service
- Network Infrastructure
- Clustering
- Big Data
- Big Brother

Google

그림 12   클라우드 컴퓨팅 모델의 주요 이슈

클라우드 컴퓨팅 기술의 등장으로 주목받고 있는 기술 중 하나는 빅데이터Big data 처리 기술이다. 현재 우리가 살아가고 있는 세상은 이전에 경험하지 못 했던 속도로 데이터를 생산해내고 있다. 스마트폰 보급의 대중화에 따른 SNSSocial Network Service 사용의 폭발적 증가와 사물인터넷Internet of Things : IoT의 실현에 따른 데이터 발생 빈도가 증가함에 따른 것이다. 세계 유수의 기업들은 이와 같은 소소한 데이터도 그냥 버리지 않고 있다. 대용량 데이터 저장소에 보관한 후, 가치 있는 정보를 찾아 나서고 있는 것이다.

이와 같은 빅데이터의 처리에 따른 부작용도 예견되고 있다. 사소한 데이터까지 수집하다 보니, 사생활 침해에 대한 대응 방안도 마련해야 한다는 목소리가 높다. George Orwell의 소설 '1984'에서 예견하였던 '빅브라더Big Brother'의 등장이 현실로 나타날 것을 우려하고 있으며, 현재 가장 강력한 '빅브라더'의 후보군 중 하나는 Google이다. 결과적으로 클라우드 컴퓨팅 시대의 절대 강자는 Google이라는 의견이 지배적이다.

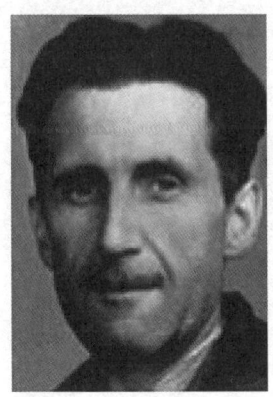
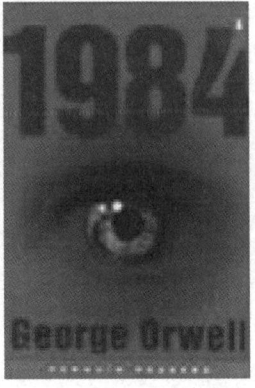

출처: http://www.hankyung.com

그림 13 George Orwell과 그의 소설 '1984'

생각을 정리해 봅시다!

지금까지 논의한 클라우드 컴퓨팅 모델의 동작 방식을 우리의 일상생활 내용과 접목하여 생각해 봅시다. 클라우드 컴퓨팅 방식과 일상생활 내용은 비슷한가요? 아니면 다른가요? 여러분의 생각을 정리해 봅시다.

Memo.

생각을 정리해 봅시다!

클라우드 컴퓨팅 모델을 활용할 경우 기대되는 다양한 효과들을 찾아보고, 그 내용을 정리해 봅시다.

Memo.

생각을 정리해 봅시다!

컴퓨팅 모델의 패러다임 변화를 살펴본 결과, 미래에는 어떤 컴퓨팅 모델이 등장할까요? 지금까지의 컴퓨팅 모델의 발전 단계를 참조하여 창의적으로 생각해 보고, 그 내용을 정리해 봅시다.

Memo.

제5장

왜 컴퓨터는 어렵다고 생각하는가?

1 정보기기란 무엇인가?

모든 정보기기Information Device 또는 Digital Device에는 특수용도의 중앙처리장치 Central Processing Unit : CPU가 내장되어 있다.

컴퓨터는 대표적인 정보기기이며, 컴퓨터에서 가장 중요한 장치가 CPU이다. CPU 없는 컴퓨터는 뇌없는 사람과 같다.

예전에 가전제품들은 CPU가 없었다. 즉, 뇌가 없었던 것이다. 그렇기에 TV로는 방송국에서 송출하는 TV 프로그램만을 시청할 수 있었다. 그래서 TV를 '바보상자'라고 하지 않았던가? 지금은 TV를 '바보상자'라고 이야기할 수 없는 시대이다.

냉장고도 마찬가지로 CPU가 없었다. 냉장고의 기능은 단순히 음식을 신선하게 보관하는 것이었다. 세탁기, 에어컨, 전자레인지, 전기청소기, 전기밥솥 등 우리에게 익숙한 대부분의 가전제품들에는 CPU가 없었다.

현재의 가전제품들은 어떠한가? '디지털 가전제품' 또는 '스마트 가전제품'이라고 한다. 무슨 의미인가? 바로 가전제품에 특수용도의 CPU가 장착되었다는 의미이

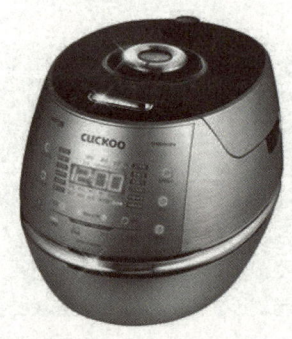 

출처: http://www.cuckoo.co.kr   출처: http://www.lge.co.kr/lgekr/main/LgekrMainCmd.laf

그림 1 스마트 밥솥과 로봇 청소기

다. CPU가 장착됨으로써 더 똑똑한 서비스를 할 수 있게 되었다. 어떤 서비스가 가능하게 되었는가? 자세히 살펴보자.

TV는 어떠한가? TV를 이용한 인터넷 서핑은 기본이다. 인터넷 서핑이 가능하다 보니 IPTV Internet Protocol TV가 등장하였다. 컴퓨터를 이용해야 가능했던 일들을 TV를 이용하여 할 수 있게 되었다. 쇼핑, 예약, 화상통신 등… TV는 대표적인 정보기기인 것이다. 상황이 이러하다 보니, 세계적인 SW 기업인 구글은 자신의 기업 이름을 이용한 TV 제품을 개발하였다. 물론, 구글 TV는 SW 중심의 TV이다! SW가 핵심인 것이다!

출처: http://www.google.com/tv/index.html

그림 2 구글 TV

냉장고는 어떠한가? TV와 다를바 없다. 인터넷 서핑은 기본이고, 냉장고에 보관된 음식에 대한 상태를 확인하여 신선도를 유지시켜 준다. 이뿐만이 아니다. 냉장고에 보관된 음식 재료를 활용한 다양한 음식을 조리할 수 있는 레시피를 보관하고 있다가, 사용자가 요청하면 제공할 수 있다. 냉장고도 정보기기이다.

이와 같이 이전에는 한 가지 일들만 집중적으로 처리하던 가전제품이 스마트 가전제품으로 전환되면서, 정보기기의 면모를 갖추게 되었다.

아날로그 카메라는 필름이 필요했다. 사진을 촬영하는 사진사의 역량에 많은 영향을 받았다. 빛, 조리개, 셔터 속도 등… 촬영한 사진 이미지는 필름에 저장되고,

필름의 이미지가 인화지에 인쇄되면 사진이 완성된다. 한 번 사용한 필름은 재사용이 불가능하다. 또한 일단 촬영하면 수정이 불가능하다. 이렇게 인화한 사진은 전문가의 사진과 비전문가의 사진 간의 차이를 극명하게 보여주었다.

디지털 카메라는 필름이 필요 없다. 누구든 사진사가 될 수 있게 어려운 기능들을 편리하게 이용할 수 있도록 프로그래밍 되어 있다. 프로그래밍 되어 있는 기능 중 대표적인 것이 사진을 자동 촬영하는 기능이다. 자동 촬영 기능을 설정할 경우 디지털 카메라가 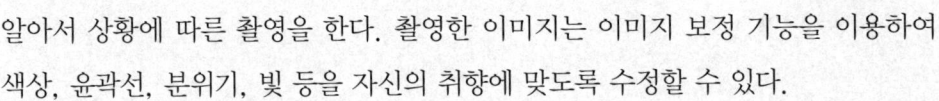 알아서 상황에 따른 촬영을 한다. 촬영한 이미지는 이미지 보정 기능을 이용하여 색상, 윤곽선, 분위기, 빛 등을 자신의 취향에 맞도록 수정할 수 있다.

아날로그 카메라의 필름은 디지털 카메라에서 메모리 카드로 변경되었다. 촬영된 이미지는 메모리 카드에 저장되며, 이미지를 다른 저장 미디어예, 하드디스크, USB 저장장치 등에 옮겨놓을 경우, 계속해서 재사용이 가능하다.

인물이나 간단한 대상을 촬영하는 경우 자신이 촬영한 이미지를 보정하면 전문가의 솜씨와 비전문가의 솜씨를 구분하는 것은 쉽지 않다. 카메라가 정보기기로 변모하면서 생겨난 변화이다.

정보기기란 특수용도의 CPU와 정보기기를 운영할 용도로 개발된 시스템 프로그램, 정보기기가 제공할 서비스를 지원하는 응용 프로그램 등으로 구성된다. 디지털 카메라에는 디지털 카메라용 CPU, 디지털 카메라 운영 프로그램, 사용자 지원 프로그램 등이 포함된다.

세계 최초의 디지털카메라는 1975년 코닥Kodak사의 연구원이었던 스티브 새손Steve Sasson에 의하여 개발되었다.

1881년 설립된 코닥은 100여년을 카메라 필름과 카메라 업계의 최강자로 군림하였으나, 디지털 시대의 흐름을 읽지 못하고 2012년 파산 보호 신청을 하는 사태를 맞이하였다. 세계 최초의 디지털 카메라를 개발하고도 시대적인 변화의 흐름을 읽지 못한 결과이다.

생각을 정리해 봅시다!

코닥의 몰락에서 배워야 할 점은 무엇인지 생각해 보고, 그 내용을 정리해 봅시다.

Memo.

2 IPOS 관점의 정보기기 활용 시나리오!

정보기기의 구성장치를 구분하는 또는 분류하는 방법 중 하나는 입력장치Input device, 처리장치Processing device, 출력장치Output device, 저장장치Storage device 등으로 분류하는 것이다. 이러한 이유로 인하여 정보기기를 IPOS 장치라고도 한다.

모든 정보기기는 데이터를 입력Input받아 원하는 용도로 처리Process하여 출력Output장치로 보내주며, 그 내용은 저장Storage 장치에 보관하게 된다.

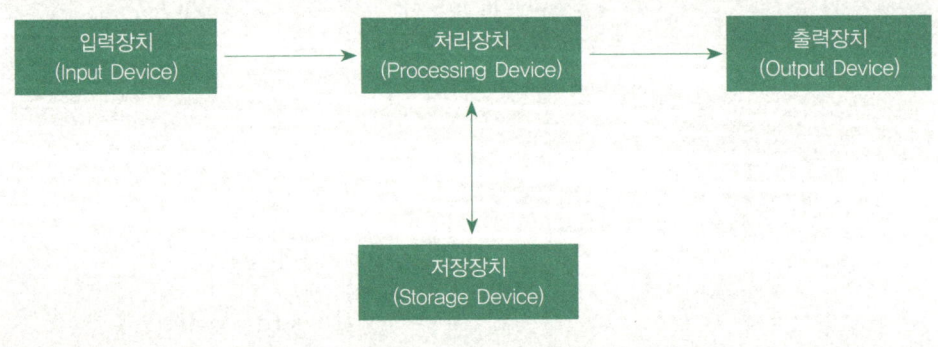

그림 3 IPOS 동작 개념

더 생각해 보기

대표적인 입력장치는 키보드와 마우스이고, 처리장치는 CPU, 출력장치는 모니터와 프린터, 저장장치는 메인메모리와 하드 디스크 등입니다. 기존에 존재하는 다양한 IPOS 장비를 조사해 봅시다.

컴퓨터 과학 관련 학과 명칭의 변경

1970~1980년대 우리나라 대학의 컴퓨터 과학 관련 학과의 대표적인 명칭은 전자계산학과였다. 영어식 명칭은 Department of Computer Science였으나, 한글 표기는 전자계산학과였던 것이다.

이것은 무엇을 의미하는 것인가? 그 당시 사람들은 컴퓨터를 영어식 의미인 전자계산기로만 인식했던 것이다. 그러나 지금은 어떠한가? 아직도 전자계산학과라는 명칭을 사용하는 대학이 있는가?

이제는 그 누구도 컴퓨터를 전자계산기로만 인식하지 않기 때문이다.

생각을 정리해 봅시다!

일상생활에서 정보기기를 활용하는 사례를 찾아 IPOS 관점에서 창의적인 활용 시나리오를 구상하고, 그 내용을 정리해 봅시다.

Memo.

생각을 정리해 봅시다!

미래사회에 등장할 것으로 예상되는 다양한 IPOS 장비를 창의적으로 생각해 보고, 그 내용을 정리해 봅시다.

Memo.

3 컴퓨터 사용이 어렵다고 생각하는 이유는 무엇인가?

사람들이 "컴퓨터 사용은 어렵다!"라고 생각하는 결정적인 이유는 컴퓨터와 대화하는 방법이 어렵기 때문이다. 컴퓨터와 대화한다는 것은 컴퓨터의 입출력Input and Output : I/O 방법을 이용하는 것이다. 특히 컴퓨터에게 명령을 내리기 위한 입력 방식이 어려운 것이 결정적인 이유이다. 컴퓨터 기술은 입출력 방법을 단순화시키기 위하여 지속적으로 발전하여 왔다.

초창기에는 컴퓨터와 대화하기 위해서는 시커먼 모니터 상에서 껌벅이는 프롬프트에 키보드 장비를 이용하여 명령어를 입력해야 했다. 정말로 컴퓨터 전문가와 마니아만이 컴퓨터와 대화할 수 있었다.

ICT 역사 : 그땐 그랬지!

컴퓨터 모니터 화면에 'C:\>_'가 표시되어 있다. 어떤 명령어를 입력해야 동작한다. 사용자는 명령어를 알아야 했고, 조금이라도 틀리면 동작하지 않았다. '_'가 프롬프트였다. 공포의 프롬프트!

Window 운영체제가 개발됨으로써 사용자는 좀 더 쉬운 방식으로 컴퓨터와 대화할 수 있게 되었다. 마우스 장비의 대중화가 이루어진 것이다. 그래도 어느 정도의 사전 지식은 있어야 컴퓨터와 대화할 수 있었다.

ICT 역사 : 그땐 그랬지!

세계 최초의 마우스는 1968년 미국 스탠퍼드 대학의 연구원이었던 더글러스 엥겔바트 Douglas C. Engelbart가 발명하였습니다.

출처: http://betanews.net/imagedb/orig/2008/0116/30979539.jpg

지금은 음성인식voice recognition 기술이 대중화되어, 손안의 컴퓨터인 스마트폰에서는 자연스럽게 활용하고 있다. 구글, 삼성전자, 애플 등과 같은 첨단 ICT 관련 기업에서는 입는 컴퓨터wearable computer 기술 개발에 박차를 가하고 있는 실정이다. 구글은 구글 글래스Google glass, 삼성전자, LG전자와 애플 등은 스마트 워치smart watch 장비 개발에 총력을 기울이고 있다.

앞으로는 음성인식을 넘어 사람의 눈동자 움직임 또는 몸동작 등에 따라 정보기기가 작동하도록 하는 기술을 적용할 계획이다. 결과적으로 누구나 마음만 먹으면 자신이 생각하는 대로 컴퓨터를 사용할 수 있게 된다. 이제 정보기기컴퓨터는 그 옛날처럼 특정 계층의 사람들만 이용할 수 있었던 장비가 아니라, 질 좋은 생활을 영위하기 위해서는 없어서 안될 필수적인 생필품이 된 것이다.

출처: http://www.google.com/glass/start/   출처: http://www.samsung.com/consumer/mobile-phone/galaxygear/

그림 4 구글 글래스와 스마트 워치(갤럭시 기어)

생각을 정리해 봅시다!

미래에는 컴퓨터와의 대화를 좀 더 쉽게 하기 위하여 어떤 방법 또는 장치들이 개발될까요? 기존의 ICT 관련 기술 발전 단계를 참조하여 창의적으로 생각해 보고, 그 내용을 정리해 봅시다.

Memo.

4 작명이 중요하다!

ICT 기기를 활용하면서 우리가 그 중요성을 간과하고 있는 것 중 하나가 데이터 특히 파일의 이름을 작명命名, naming하는 것이다. 이름은 개체entity 또는 객체object의 내용이나 특성을 가장 잘 나타내는 도구이기 때문이다.

사람도 이름이 좋아야 성공한다고 하지 않는가?

새로운 생명이 태어나면 아이에게 좋은 이름을 지어주기 위하여 작명소를 찾는다. 각종 이치를 고려하여 그 아이에게 가장 좋은 이름을 결정한다. 새로운 기업이 설립되거나 신제품이 출시되는 경우에도 기업명이나 제품명 결정에 심사숙고를 하게 된다.

데이터나 파일도 마찬가지이다. 이름이 중요한 것이다. 그 이유를 알아보자.

그림 5 우리 주변에서 쉽게 찾아볼 수 있는 작명소 간판

4.1 파일 명명하기 과제!

여러분들 중에는 아마도 필요한 데이터나 파일을 찾기 위해서 엄청난 고생을 한 경험이 있을 것이다. 이유는 무엇인가? 데이터나 파일 이름을 명명할 때 신경을 쓰지 않은 것이 화근이었을 것이다. 필요한 데이터나 파일을 적시에 찾아 활용하는 것은 업무의 효율성 및 경쟁력 측면에서 매우 중요하다.

필자의 경우 대학생들을 대상으로 수업 후 과제를 파일로 제출하도록 지시한다. 물론, 이 경우 학생들은 내가 지정한 파일 명명 규칙에 따라 과제 파일의 이름을 명명해야 한다. 예를 들면, '학번-이름'이 파일 명명 규칙이다. 즉 학생들은 '자신의 학번-자신의 이름'으로 파일 이름을 지정해야 한다. 이 때 파일 이름은 내 수업을 수강하는 학생들 중 "누가 과제를 제출했는가?"를 확인할 수 있는 중요한 척도이며 도구인 것이다.

정해진 기한 내에 학생들이 제출한 파일들을 과제 폴더folder에 저장하면, 학생들의 과제 파일들은 '학번 순'으로 정렬sorting 되어, 손쉽게 과제 제출 여부를 확인할 수 있으며, 학번 순으로 내용을 확인함으로써 채점 과정도 용이하게 된다.

그러나 학기 초에 과제를 제출하는 학생들 중에는 내가 제시한 명명 규칙을 이해하지 못하는 경우가 있다. '자신의 학번-자신의 이름'이라는 명명 규칙을 무시하고, 누가 제출했는지 도무지 이해할 수 없는 파일 이름을 지정하여 제출하는 경우가 종종 있다. 학생들이 제출한 파일 이름 중에는 예를 들면, '과제', '애니메이션 제작 계획서', 심지어는 '학번-이름'을 그대로 사용한 경우도 있다. 만약 모든 학생들이 이와 같은 형식으로 파일 이름을 지정하여 제출한다면, 수십 명의 학생들 과제 파일을 취합하여 채점해야 하는 나는 어찌해야 하는가?

이와 같이 데이터 또는 파일에 대한 이름을 상황에 맞게 잘 지정하는 것은 자신의 업무 효율성을 높이는 것임과 동시에 ICT 기반 사회에서의 예의인 것이다.

이상과 같은 이유로 인하여 데이터 또는 파일 등의 명명 규칙에 대한 교육은 어린 학생들에게 철저히 시행하는 것이 중요하다. 어릴 적 습관이 평생가기 때문이다.

4.2 명명 규칙교육의 중요성!

명명 규칙은 데이터나 파일들에게만 적용되는 것은 아니다. 가장 기본적인 단위인 속성attribute부터 폴더까지 적용될 수 있다. 특히 폴더의 경우 관련되는 파일들을 하나의 폴더 내에 모아서 저장할 수 있으며, 경우에 따라서는 상위super 또는 하위sub 폴더 형식으로 위계hierarchy적인 구조를 형성할 수 있기 때문에 매우 중요하다.

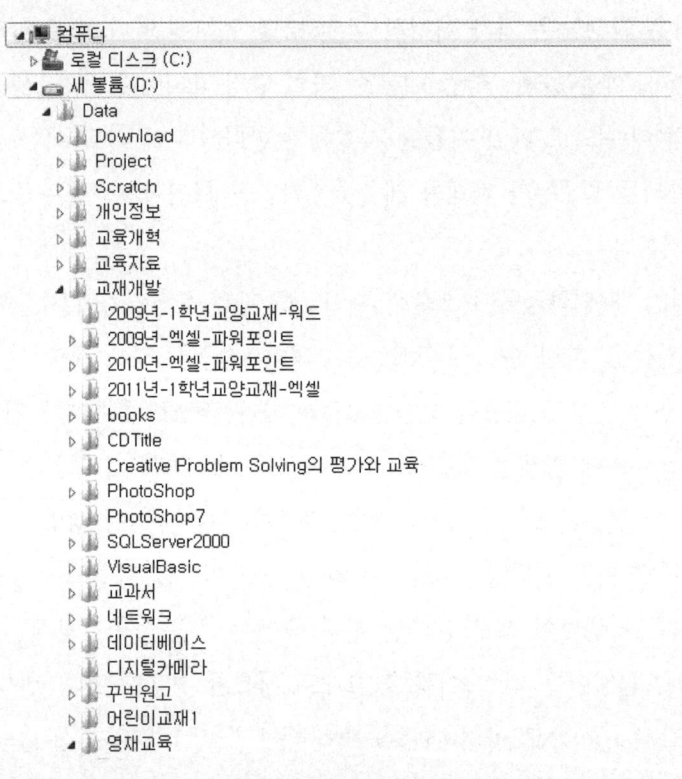

그림 6   폴더의 정리

옛날에는 책상 및 책장의 정리정돈 상태를 보면 그 학생의 경쟁력을 확인할 수 있었으나, 지금과 같이 데이터와 정보가 폭발적으로 생성 및 가공되는 시대에는, 자신이 보유하고 있는 데이터와 정보를 체계적으로 관리정리 정돈하는 학생들의 경쟁력이 높다고 할 수 있다.

일반적으로 사람들은 정보의 창출에는 많은 관심을 가지고 신경을 쓰나, 정보의 관리에는 무관심한 경우가 많이 있다. 정보 관리의 첫 걸음은 '규칙적이고 체계적인 명명'인 것이다.

> **생각을 정리해 봅시다!**
>
> 여러분들의 명명 규칙 또는 전략은 무엇인가요? 여러분만의 창의적인 규칙이나 전략을 생각해 보고, 그 내용을 정리해 봅시다.

Memo.

그림 7 바탕화면의 정리 사례

그림 8 파일과 폴더들로 어지러운 바탕화면의 사례

생각을 정리해 봅시다!

여러분들은 PC의 바탕화면에 온갖 응용 프로그램 아이콘, 폴더, 다운로드한 파일들이 어지럽게 설치되어 있다면 어떤 생각이 드나요? 여러분만의 창의적인 정보 관리 비법을 생각해 보고, 그 내용을 정리해 봅시다.

Memo.

제6장

생활 속 프로그램

1 프로그램이란 무엇인가?

여러분이 생각하는 프로그램program은 무엇인가? 혹시 컴퓨터 프로그램만을 생각하고 있는 것은 아닌가? 세상에는 컴퓨터 프로그램만이 존재하는 것은 아니다. 엄청나게 다양한 프로그램들이 있다.

여행 프로그램을 예로 들어보자. 수학여행 프로그램, 가족여행 프로그램, 온천관광 프로그램, 미국일주관광 프로그램, 오지여행 프로그램 등 다양한 종류가 존재한다. 이 뿐인가? 우리가 매일 즐겨보는 TV 프로그램 편성표도 프로그램의 일종이다.

다음과 같은 몇 가지 질문에 답해보자. 이와 같은 프로그램의 중요한 또는 대표적인 특징은 무엇인가? 프로그램을 제작 또는 작성한다는 것은 쉬운 일인가? 아니면 어려운 일인가? 프로그램 제작의 핵심은 무엇인가?

아마도 이상의 질문에 대한 명확한 답변을 하기에는 어려움이 있을 것이다. 그러나 다음과 같은 정도의 답변은 가능할 것이다.

첫째, 프로그램은 '규칙성'이 있다.

둘째, 프로그램 제작은 경험, 연륜, 고도의 사고과정을 필요로 하는 고난이도의 작업과정이다.

셋째, 프로그램 개발자는 '기획자'로서의 역할 수행이 중요하다.

> **더 생각해 보기**
>
> 여러분이 생각하는 프로그램은 무엇인가요? 창의적으로 생각해 봅시다.

2 세상에는 어떤 종류의 프로그램이 있는가?

아마도 대부분의 사람들은 프로그램하면 '컴퓨터 프로그램'을 연상할 것이다. '컴퓨터 프로그램'이라고 생각을 하다 보니 프로그램을 작성하고 이해하는 것은 극히 소수의 전문가들의 몫이라고 생각할 것이다.

과연 그러한가? 프로그램에는 그 어려운 '컴퓨터 프로그램'만이 있는 것은 아니다. 오히려 컴퓨터 프로그램은 프로그램의 여러 가지 유형 중 하나일 뿐이다. 그렇다면 우리에게 가장 익숙한 프로그램은 무엇일까? 사람들마다 정도의 차이는 있을 수 있으나 'TV 프로그램'이 아닐까? 'TV 프로그램'에는 드라마, 뉴스, 교양, 교육, 스포츠, 연예, 다큐멘터리 등 다양한 프로그램이 존재한다. 이외에도 우리에게 익숙한 프로그램은 다수 존재한다.

첫째, 다양한 '여행 프로그램'이 존재한다. 이 중에는 여러 여행사에서 기획하여

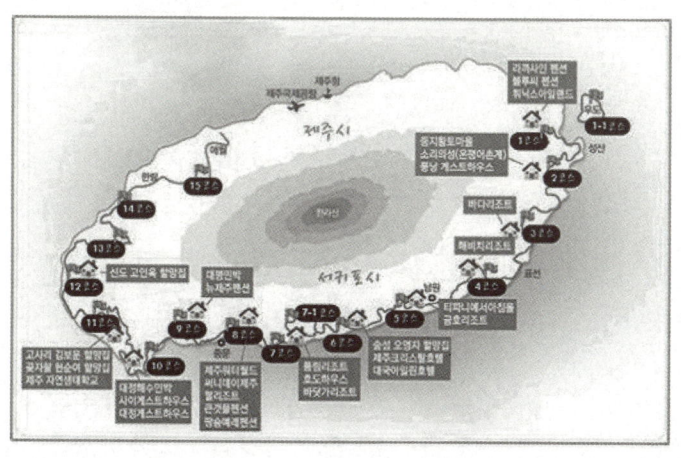

출처: http://knba.tistory.com

그림 1 제주 올레길 지도

홍보하는 '테마여행', '힐링여행', '역사탐방여행', '시티투어', '자전거투어' 등이 있으며, 지방자치단체에서는 '올레길걷기여행', '둘레길걷기여행', '축제여행', 학교에서는 '수학여행', 가정에서는 '가족여행' 등이 존재한다. 여행과 관련해서 정말로 어마어마하게 많은 여행 프로그램이 존재하며, 지금도 여행 기획자들은 새로운 여행 프로그램을 개발 중이다.

생각을 정리해 봅시다!

여러분이 여행 기획자라면 어떤 여행 프로그램을 만들고 싶은가요? 세상에 존재하지 않는 나만의 여행 프로그램을 창의적으로 고안한 후, 그 내용을 정리해 봅시다.

Memo.

둘째, 다양한 '행사 프로그램'도 존재한다. 특정 단체에서 운영하는 '페스티벌', '경연대회', '학술대회' 등이 있으며, 학교에서 주관하는 '운동회', '학예회', 가정의 '결혼식', '백일잔치', '칠순잔치' 등이 존재한다.

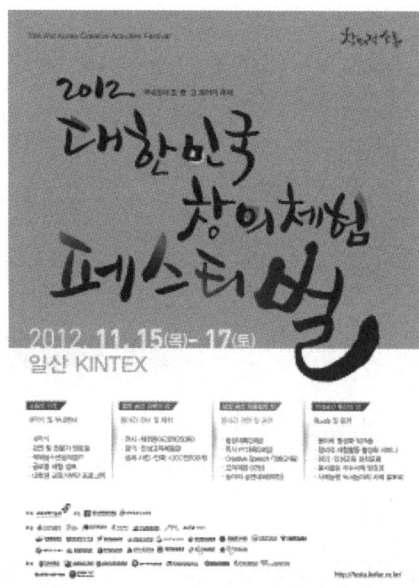

출처: http://festa.kofac.re.kr

그림 2   페스티벌 홍보 포스터

생각을 정리해 봅시다!

여러분이 행사 기획자라면 기존의 행사를 어떤 형태로 변형하여 새롭게 재탄생 시키고 싶은 가요? 세상에 존재하지 않는 나만의 행사 프로그램을 창의적으로 고안한 후, 그 내용을 정리해 봅시다.

Memo.

제6장   프로그램이란 무엇인가?   173

이외에도 '전시 프로그램', '공연 프로그램', '영화 상영 프로그램', '신입생 선발 프로그램', '장학생 선발 프로그램', '교통수단의 배차 프로그램', '급식 및 배식 프로그램', '미국비자면제 프로그램' 등이 존재한다.

출처: http://www.whypaymore.co.kr

그림 3 미국비자면제 프로그램 홍보 페이지

김연아 선수 덕분에 우리나라 국민들은 '피겨 프로그램'이라는 용어를 많이 들었으며, 특히 '쇼트 프로그램'과 '프리 프로그램'이라는 용어에 익숙하다.

우리가 살아가고 있는 세상에는 엄청나게 많은 프로그램이 존재하고 있으며, 하루에도 수많은 프로그램을 이용하며 살아가고 있다.

> **생각을 정리해 봅시다!**
> 세상에는 어떤 종류의 프로그램이 존재하나요? 창의적으로 찾아본 후, 그 내용을 정리해 봅시다.

Memo.

생각을 정리해 봅시다!

여러분이 가장 좋아하는 프로그램은 무엇인가요? 여러분은 좋아하는 프로그램을 직접 만들 수 있나요? 여러분이 좋아하는 프로그램을 창의적으로 만든 후, 그 내용을 정리해 봅시다.

Memo.

3. 알고리즘이란 무엇인가?

알고리즘이란 무엇인가? 프로그램은 자료구조data structure와 알고리즘algorithm의 결합이라는 정의가 있다. 프로그램을 구성하는 중요한 두 가지 구성요소가 자료구조와 알고리즘이라는 것이다.

그림 4 정보과학의 고전 Algorithms+Data Structures=Programs 표지
(1976년 Prentice-Hall에서 출간한 Niklaus Wirth의 저서)

그렇다면 알고리즘은 무엇인가? 어떤 사건일을 논리적이며 올바르게 절차적procedural으로 표현하는 것이다. 역으로 이야기 하자면 모든 사건일은 절차적으로 표현이 가능하다.

4   알고리즘은 어려운가?

알고리즘을 자신이 직접 표현하는 것, 다른 사람이 작성한 알고리즘을 이해하는 것은 어려운 일인가? 결론부터 이야기 하자면 결코 쉽지만은 않다. 필자는 대학생과 대학원 학생들을 대상으로 정보과학과 관련된 강의를 할 때, 학생들에게 다음과 같이 질문한다.

"여러분! 절차적 표현 언어를 사용하는 것이 어렵나요? 아니면 비절차적 표현 언어를 사용하는 것이 어려운가요?"

대다수의 학생들은 조금의 망설임도 없이 대답한다. "비절차적 표현 언어가 사용하기 어렵습니다!" 즉, '절차적 표현 언어'를 사용하기 쉽다고 생각하고 있는 것이다.

과연 그와 같은 생각대답은 사실일까? 물론 사실이 아니다. 절차적으로 표현하는 것은 어려운 것이다. 왜 그러한가? 절차적으로 표현하는 것은 논리적인 흐름에 오류가 없이 순서대로 기술되어야 하기 때문이다.

의미상으로만 추론한다면 어려울 것도 없을 듯하다. 그러나 막상 어떤 사건일을 대상으로 논리적인 오류 없이 절차적인 표현을 기술한 경우에는 많은 실수를 범하게 된다. 가장 빈번히 저지르게 되는 실수는 '특정 사건일'을 누락하는 것이다.

> **더 생각해 보기**
>
> 여러분이 생각하는 알고리즘은 무엇인가요? 창의적으로 생각해 봅시다.

5   알고리즘 작성은 어렵지 않다!

신호등이 설치된 건널목 건너가기

초등학생들에게 '신호등이 설치된 건널목 건너가기'에 대한 교육을 실시한다고 가정하자. 필자의 경험 상 이와 같은 과제를 질문으로 던지고, 학생들에게 절차적으로 표현하라 하면 대다수의 학생들은 다음과 같이 답변한다.

① 건널목에 선다.
② 신호등을 확인한다.
③ 빨간불이면 기다린다.
④ 녹색불이면 건너간다.

필수적인 내용은 절차적으로 표현되었다.
나는 학생들에게 다시 질문한다. "확실한가요? 더 이상 추가할 또는 보완할 내용은 없나요?" 잠시 고민을 한 학생들은 다음과 같이 답변한다.

① 건널목에 선다.
② 신호등을 확인한다.
③ 빨간불이면 기다린다.
④ 녹색불이면 <u>안전하게</u> 건너간다.

무엇이 달라졌나요? '안전하게'가 추가되었다. 필자는 다시 학생들에게 질문한다. '안전하게'는 무엇을 의미하나요? 여기저기에서 답변소리가 들린다. "횡단보도를 건널 때 좌우를 살핍니다!" "횡단보도를 건널 때 자동차가 진행하는 쪽이 아닌 옆쪽오른쪽으로 건너갑니다!" "횡단보도를 건널 때 한눈팔지 않고 신속하게 건너갑니다!"

모두 옳은 답변이다. 이와 같은 내용도 포함되어야 한다. 즉, 구체적인 내용을 표현해야 한다. 프로그램 표현은 정교성elaboration이 중요하다. 학생들은 다시 답변한다.

① 건널목에 선다.
② 신호등을 확인한다.
③ 빨간불이면 녹색불이 될 때까지 기다린다.
④ 녹색불이면 다음과 같이 안전하게 건너간다.
　(4-1) 녹색불이라도 자동차가 올 수 있으니 좌우를 살피면서 건너간다.
　(4-2) 횡단보도의 오른쪽 방향으로 건너간다.
　(4-3) 스마트폰을 이용하거나 한눈을 팔지 않고 건너간다.

필수적인 내용과 핵심 내용에 대하여 절차적으로 정교하게 표현되었다.

이제 학생들은 자신감이 넘쳐난다. 완벽하다고 생각한다. 필자는 다시 질문한다. "완벽한가요?" "녹색불이면 무조건 건너갈 수 있나요?" 그렇지 않다는 것을 쉽게 이해한다.

요사이 건널목 신호등은 보행자에게 신호가 바뀌려면 어느 정도의 시간적인 여유가 있다는 것을 알려준다. 물론 방법론적으로 차이가 있기는 하다. 어떤 신호등은 신호가 바뀔 시간이 얼마 남지 않았다면 깜박인다. 또 다른 신호등은 남은 시간을 초 단위로 표시하거나, 막대 게이지로 표시하기도 한다.

그림 5 녹색불과 빨간불만 표시되는 신호등

그림 6 녹색불 신호 시에 건너갈 수 있는 시간을 눈금으로 표시한 신호등

그림 7 녹색불 신호 시에 건너갈 수 있는 시간을 숫자로 표시한 신호등

더 생각해 보기

횡단보도 신호등이 여러 종류가 개발된 이유는 무엇일까요? 횡단보도 신호등 별 장단점을 생각해 봅시다. 세상에 존재하지 않는 새로운 횡단보도 신호등을 창의적으로 고안해 봅시다.

현재 녹색불이라도 신호등이 표시하고 있는 내용을 보고 자신이 건너갈 수 있는 상태인지 확인해야 한다. 학생들은 다시 답변한다.

① 건널목에 선다.
② 신호등을 확인한다.
③ 빨간불이면 녹색불이 될 때까지 기다린다.
④ 녹색불이면 자신이 안전하게 건널 수 있는 상황인지 확인한다.
  (4-1) 안전하게 건널 수 있는 상황이면 다음과 같이 안전하게 건너간다.
    (4-1-1) 녹색불이라도 자동차가 올 수 있으니 좌우를 살피면서 건너간다.
    (4-1-2) 횡단보도의 오른쪽 방향으로 건너간다.
    (4-1-3) 스마트폰을 이용하거나 한눈을 팔지 않고 건너간다.
  (4-2) 안전하게 건널 수 없는 상황이면 녹색불이라도 다음 녹색불이 될 때까지 기다린다.

학생들은 이젠 정말로 완벽한 프로그램이라고 생각한다. 필자는 다시 질문한다. "이제는 정말로 완벽한가요?" "혹시라도 신호등이 꺼져있으면, 즉, 고장 난 상태이면 어떻게 하나요?"

생각을 정리해 봅시다!

신호등이 고장 난 상태에 대한 대처방안을 절차적으로 표현하는 방법을 창의적으로 생각해 보고, 그 내용을 정리해 봅시다.

Memo.
....
....
....
....
....

6 예외 상황을 처리하자!

건널목을 건너가려고 하는데 신호등이 고장 난 상태라고 가정해 보자. 만약 지금까지 정리한 내용이 사람들을 대상으로 한 프로그램이라면, 사람이 인식하는 주최라면 능동적으로 대처할 수 있을 것이다. 그러나 지금까지 정리한 내용을 로봇robot이 이용하는 프로그램이라고 가정하면 어찌될 것인가? 로봇은 전혀 고려되지 않은 상황과 마주치게 되어 대처할 수 없게 된다.

아마도 건널목에서 서 신호등만을 주시하게 될 것이다. 빨간불도 아니고 녹색불도 아닌 상황을 그저 주시하고만 있게 될 것이다. 예외 상황exceptional situation이 발생한 것이다. 프로그램만으로 동작하는 경우에는 예외 상황을 꼭 고려해야 한다.

또 다른 경우를 고려해 보자. 보행자가 거의 없는 횡단보도를 가정해 보자. 하루에 횡단보도를 건너가려고 하는 사람들은 10여명 정도라면 어찌할 것인가? 이러한 횡단보도를 도심 속 횡단보도와 똑 같이 취급하는 것은 매우 불합리할 수 있다. 그래서 개발한 것이 신호등 기둥에 설치한 '버튼'이다.

그림 8 횡단보도를 건너가기 위하여 눌러야 하는 'PUSH BUTTON' (미국 Palos Verdes 지역)

이러한 횡단보도를 건너가고자 하는 사람들은 신호등 기둥에 설치된 '버튼'을 누르게 된다. '버튼'을 누른다는 것은 횡단보도를 건너가고자 하는 보행자가 기다린다는 신호이고, 잠시 후에는 신호등의 신호를 바꾸어야 한다는 것이다. 참으로 합리적인 신호등 운영 전략이다.

만약 이와 같은 내용 또한 프로그램의 절차에 포함시키지 않았다면, 로봇은 또 다른 보행자가 횡단보도를 건너려고 나타날 때까지 무작정 기다려야 한다. 그렇지 않아도 지능이 떨어지는 로봇은 더 멍청한 행동을 하게 되는 것이다.

이와 같은 내용들 이외에 고려할 사항은 더 없을까? '일기'에 따른 고려사항이 있을 수 있다. '비가 오는 날'은 어떠한가? '우산'을 쓰고 횡단보도를 건너가야 하기 때문에 '시야'가 좋지 않고 횡단보도를 건너가는 속도 또한 평소보다는 늦어지게 된다. 횡단보도를 건너갈 때 평소보다 더 조심해야 하며, 녹색불이라도 안전하게 건너가기 위해서는 더 많은 시간이 필요하게 된다.

추운 겨울 '눈'이 오거나 '빙판길' 상황을 고려해 보자. 이 경우에도 안전하게 횡단보도를 건너가기 위해서는 평소보다 더 많은 주의를 기울여야 한다. 주의를 기울인다는 것은 더 많은 시간이 필요하다는 것이다.

완벽하고 훌륭한 프로그램의 제작을 위해서는 다양한 조건과 상황 등을 고려해야 한다.

더 생각해 보기

일상생활 속 다양한 예외 상황 처리 사례를 찾아봅시다.

생각을 정리해 봅시다!

실감나는 생활 속 프로그래밍 교육 주제를 창의적으로 찾아보고, 그 내용을 정리해 봅시다.

Memo.

7 프로그래머는 기획자!

프로그램을 작성하는 사람을 프로그래머programmer라 한다. 지금까지 살펴본 여러 종류의 프로그램의 사례에서 알 수 있듯이, 프로그램을 작성하는 사람인 프로그래머는 해당 프로그램을 기획하는 사람인 '기획자'라고 할 수 있다. 그렇다면 '기획자'의 역할은 무엇인가? 기획하고자 하는 업무의 '조건condition', '제약사항constraints', '규칙rule' 등을 찾아 '절차procedure'에 따라 기술하는 것이다.

대학의 강의시간표를 작성하는 과정을 가정해 보자. 특정 강좌의 최대 수용 인원 또는 최소 수강 인원 등은 '제약사항'에 해당한다. 최대 수용 인원을 초과할 경우에는 '분반 조건'에 따라 분반이 시행되고, 최소 수강 인원을 충족하지 못할 경우에는 '폐강 조건'에 따라 그 강좌를 폐강하게 된다. 강좌를 담당하는 강사의 강의에 대한 '규칙'들을 정리하면 다음과 같은 내용이 있을 수 있다. 첫째, 전임교원은 최소한 주당 3일은 강의해야 한다. 둘째, 강사는 하루에 6시간 이상 강의할 수 없다.

이상과 같은 '조건', '제약사항', '규칙' 등을 종합적으로 고려하여 강의시간표를 절차적으로 기술표현하는 것이 시간표 작성자인 기획자의 역할이다.

더 생각해 보기

생활 속의 다양한 프로그램을 개발하기 위하여 '기획자'의 역할을 하는 사례를 찾아봅시다.

8 규칙이 존재하면 프로그램이 될 수 있다!

규칙이 있다면, 규칙을 정의할 수 있다면 그것은 프로그램화가 가능하다는 것이다. '조건', '제약사항', '규칙' 등의 예에서 확인할 수 있듯이 '규칙'을 이해하면 '조건'과 '제약사항'을 어렵지 않게 찾아낼 수 있다. 다시 말하자면 '규칙'에는 '조건'과 '제약사항'이 포함된다고 이해할 수 있다.

우리가 살아가고 있는 주변에서 '규칙'을 찾아보자. 대표적인 것은 '고스톱'이다. '고스톱'은 계속해서 창의적이며 새로운 규칙이 추가되고 있다. 즉, 고스톱은 프로그램화가 가능하며, 실제로도 인기 있는 컴퓨터 프로그램이 존재한다. 이외에도 '바둑', '장기', '포커', '골프', '축구', 야구' 등 그야말로 일상 생활 주변의 모든 일들은 규칙을 포함하고 있다. 달리 이야기 하자면 주변의 모든 일들은 프로그램화가 가능하다.

만약 '규칙'이 없다면? 또는 '규칙'은 있으나 그 내용이 느슨하다면? '규칙'을 정교화함으로써 프로그램화할 수 있다.

출처: http://www.nurigames.com

그림 9 온라인 고스톱 게임 화면

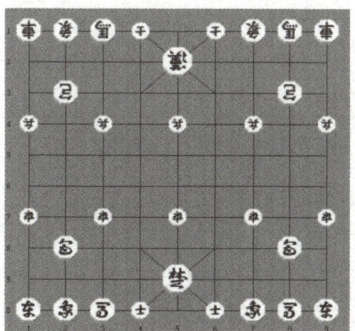

출처: http://www.janggidosa.co.kr

그림 10 온라인 장기 게임 화면

그러나 프로그램화가 가능한 것과 프로그램화하였을 때 효과적인 것과는 별개의 문제이다.

> **생각을 정리해 봅시다!**
>
> 우리가 살아가고 있는 생활 주변에는 '규칙'을 찾아 프로그램화하였을 때 효과적일 것으로 예상되는 것들은 무엇이 있을까요? 창의적으로 생각해 보고, 그 내용을 정리해 봅시다.
>
> *Memo.*

9 프로그래밍이란 무엇인가?

프로그램을 작성하는 작업을 프로그래밍programming이라 한다. 그렇다면 프로그래밍은 무엇을 하는 것인가? 프로그래밍이란 세상의 이치규칙를 찾아, 이해한 후, 적절한 표현 방법으로 기술하는 것이다. 적절한 표현 방법이란 프로그래밍 언어programming language일 수도 있고, 우리들이 사용하는 자연어natural language일 수도 있으며, 미리 약속한 기호symbol일 수도 있다. 대표적인 기호 체계는 순서도flowchart이다.

프로그래밍 과정을 통하여 세상의 모든 일들은 프로그램화가 가능하다. 일반적으로 프로그램화를 시행할 경우 체계적인 시스템화가 가능하고 자동화가 가능해진다. 결과적으로 안정적인 작업 체계가 가능해지고 효율성은 증가하게 된다. 프로그램화를 통하여 '더 편리한 세상의 구현', '더 좋은 세상의 구현'이 가능해 지는 것이다.

생각을 정리해 봅시다!

우리 생활 주변에는 프로그램화를 통하여 더 좋은 세상의 구현이 실현된 사례가 수없이 많이 있습니다. 구체적인 사례들을 찾아보고 그 내용을 정리해 봅시다.

Memo.

10 ICT 기반의 생활 속 프로그램을 찾아보자!

우리가 살아가는 생활 속에서 ICT 기반의 프로그램을 쉽게 찾아볼 수 있다. ICT 기술이 접목된 정보기기와 정보 서비스 등을 우리는 마치 공기를 마시듯 사용하고 있다. ICT 기반의 생활 속 프로그램은 훌륭한 교육 자료이다. 교육을 시행할 경우 ICT 기반의 생활 속 프로그램은 '프로그램의 관점'과 '활용의 관점'에서 구분할 수 있다.

'프로그램의 관점'에서 활용 가능한 ICT 기반의 생활 속 프로그램을 찾아보자.

첫째, 다양한 자동판매기vending machine에 SW 프로그램이 설치되어 있다. 음료수, 라면, 장난감, 생필품, 사진 촬영 등의 자동판매기에는 물건의 판매를 위한 동작을 지원하기 위하여 필요한 SW 프로그램이 설치되어 있다.

생각을 정리해 봅시다!

세상에 존재하는 자동판매기는 어떤 것이 있을까요? 여러분들이 세상에 없는 자동판매기를 개발한다면 무엇을 개발할까요? 창의적으로 생각해 보고, 그 내용을 정리해 봅시다.

Memo.

둘째, 다양한 키오스크kiosk에 SW 프로그램이 설치되어 있다. 비행기 항공권 자동 발급 시스템, 주차요금 자동정산 시스템 등과 같은 키오스크에는 특정 서비스를 지원하기 위하여 필요한 SW 프로그램이 설치되어 있다.

> **생각을 정리해 봅시다!**
>
> 세상에 존재하는 키오스크는 어떤 것이 있을까요? 여러분들이 세상에 없는 키오스크를 개발한다면 무엇을 개발할까요? 창의적으로 생각해 보고, 그 내용을 정리해 봅시다.

Memo.

셋째, 다양한 스마트 가전제품에 SW 프로그램이 설치되어 있다. 스마트 세탁기, 스마트 냉장고, 스마트 밥솥, 디지털 금고, 로봇 청소기 등과 같은 스마트 가전제품에는 특정 서비스를 지원하기 위하여 필요한 SW 프로그램이 설치되어 있다.

생각을 정리해 봅시다!

세상에 존재하는 스마트 가전제품는 어떤 것이 있을까요? 여러분들이 세상에 없는 스마트 가전제품를 개발한다면 무엇을 개발할까요? 창의적으로 생각해 보고, 그 내용을 정리해 봅시다.

Memo.

넷째, 여러 가지 이유로 인하여 실제로 경험하기 어려운 경우에 활용하는 모의실험simulation 시스템에 SW 프로그램이 설치되어 있다. 비행 시뮬레이션 시스템, 전쟁 게임 시뮬레이션 시스템, 골프 게임 시뮬레이션 시스템 등의 모의실험 시스템에도 특정 서비스를 지원하기 위하여 필요한 SW 프로그램이 설치되어 있다.

> **생각을 정리해 봅시다!**
>
> 세상에 존재하는 모의실험 시스템은 어떤 것이 있을까요? 여러분들이 세상에 없는 모의실험 시스템을 개발한다면 무엇을 개발할까요? 창의적으로 생각해 보고, 그 내용을 정리해 봅시다.

Memo.

이상과 같은 사례 이외에도 우리들이 일상생활에서 거의 매일 사용하는 엘리베이터, 신호등, 전화기 등과 같은 장비에도 특수용도의 SW 프로그램이 설치되어 있다.

> **생각을 정리해 봅시다!**
>
> 'SW 프로그램 관점'의 ICT 기반의 생활 속 프로그램은 어떤 종류가 더 있을까요? 일상 생활 주변에서 찾아보고, 그 내용을 정리해 봅시다.

Memo.

11 프로그램을 표현해 보자!

프로그램은 어떻게 표현하는가? 앞에서도 언급하였듯이 일반적으로 프로그램하면 컴퓨터 프로그램을 연상할 것이고, 그렇다면 프로그램은 컴퓨터 프로그램 언어로 표현해야 한다고 생각할 것이다. 맞는 생각이다. 그러나 프로그램을 꼭 컴퓨터 프로그램 언어만을 이용하여 표현할 필요는 없다. 최종적으로는 컴퓨터 프로그램 언어로 기술한 후, 컴퓨터가 실행할 수 있는 언어인 기계어machine language로 번역compile하는 과정을 거쳐야 하지만 누구나 자신에게 익숙한 언어로 프로그램을 표현할 수 있다. 어떠한 방법이 있는지 살펴보자!

첫째, 자연어natural language를 이용하는 것이다. 자연어란 사람들이 익숙하게 평상시에 사용하는 언어이다. 자연어를 이용하면 누구나 쉽게 프로그램을 표현할 수 있다. 다만 사람마다 표현 방법이 상이하여 해독이 어려운 문제점이 발생할 수 있다. 이러한 문제점은 사람마다의 표현 능력의 차이로 인하여 발생하는 것이다.

청소로봇을 이용하여 청소를 하는 내용을 자연어로 간략히 표현하면 다음 그림과 같다.

(1) 청소로봇을 켠다.
(2) 청소로봇이 자동으로 청소를 시작한다.
(3) 청소로봇은 직진 방향으로 이동하면서 청소를 시작한다.
(4) 청소로봇이 장애물을 만나면 오른쪽으로 회전하여 다시 직진하면서 청소를 시작한다.

그림 11　자연어를 이용한 청소로봇 이용 프로그램

둘째, 자연어 표기법의 자유분방함에 따른 문제점을 해결하기 위해서는 약속 언어를 사용할 수 있다. 너무 길며 자유분방하게 작성된 문장을 이해하기 위해서는 정확하게는 구현하기 위해서는, 여러 가지 문제점이 발생할 수 있으므로 핵심적인 명령어 중심의 언어를 사용할 수 있다. 예를 들면, 자연어와 프로그래밍 언어의 중간 정도에 위치한다고 할 수 있다. 자연어보다는 사용하기 어려우나 프로그래밍 언어보다는 사용이 용이한 장점이 있다. 이러한 것을 의사 코드pseudo code라 한다.

청소로봇을 이용하여 청소를 하는 내용을 의사 코드로 간략히 표현하면 다음 그림과 같다.

(1) POWER ON ROBOT
(2) START CLEAN ROBOT
(3) GO STRAIGHT AND CLEAN ROBOT
(4) IF (OBSTACLE)
    THEN TURN RIGHT ROBOT
    AND GO STRAIGHT ROBOT

그림 12 　의사 코드를 이용한 청소로봇 이용 프로그램

셋째, 의사 코드로 기술된 프로그램도 프로그래밍 언어보다는 표현이 자유롭다. 좀 더 이해하기 용이한 방법이 없을까? 이러한 문제점을 해결하기 위하여 고안한 것이 약속된 그림을 이용하는 것이다. 즉, 핵심적인 역할을 수행하는 기능들을 도형으로 표현하고 제어control의 흐름flow을 화살표로 표현하는 방법이 순서도flowchart이다. 순서도는 표준화된 방법이다. 표현 내용은 다를 수 있으나, 그 의미를 이해하는 것은 누구에게나 익숙하고 표준화된 방법인 것이다. '순서도를 이용한 프로그래밍 교육'은 이러한 의미에서 중요하다.

청소로봇을 이용하여 청소하는 내용을 순서도로 간략히 표현하면 다음 [그림 13]과 같다.

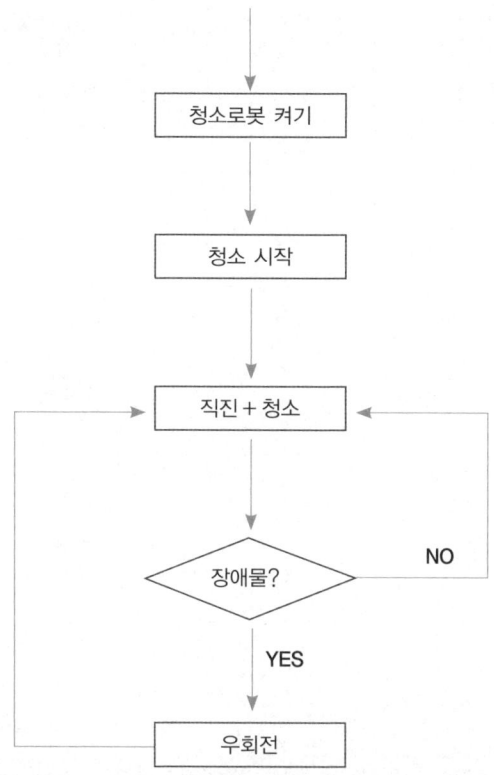

그림 13 순서도를 이용한 청소로봇 이용 프로그램

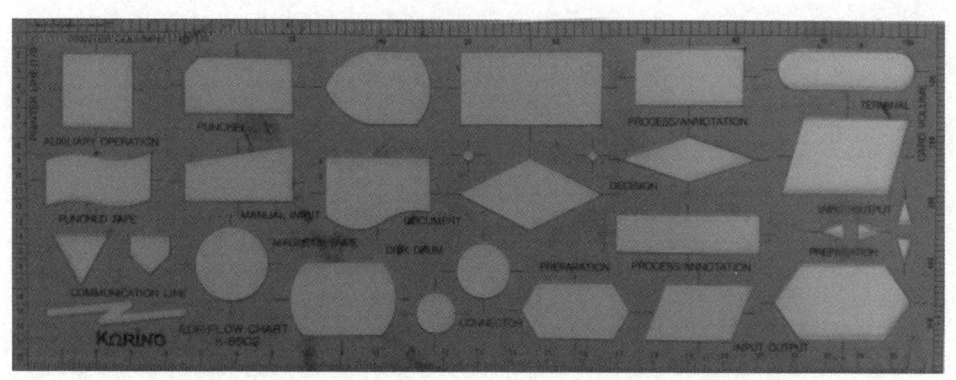

그림 14 순서도 그림틀

기호	이름	의미
	단자 Terminal	순서도의 시작과 끝을 표시
	준비 Preparation	변수 Variable, 상수 Constant, 배열 Array 선언
	처리 Process	업무 처리
	판단 Decision	조건의 참 True, 거짓 False 판단
	수동 입력 Console	키보드를 이용한 수동 입력
	입·출력 Input/Output	데이터의 입력과 출력
	문서 Document	처리된 결과 출력
	흐름선 Flow Line	제어 Control 의 흐름
	연결자 Connector	연결 지점
	반복 Loop	반복수행

그림 15 순서도 기호의 의미

넷째, 프로그래밍 언어를 사용하는 것이다. 프로그래밍 언어는 그 종류가 매우 많다. 마치 인간 사회에서 사용하는 언어가 민족마다 상이하고 다양한 것과 유사하다. 프로그래밍 언어도 사용용도, 분야, 환경 등에 따라 모양새와 문법 등이 다르다. 이렇게 다양한 프로그래밍 언어를 컴퓨터가 바로 이해하고 처리하는 것은 불가능한 것이다.

Ellis Horowitz(1984)는 세상에 존재하는 프로그램 언어가 인간이 사용하는 언어만큼이나 다양하다는 것을 프로그램 언어의 바벨탑 Tower of Babel 으로 표현하였다.

Ellis Horowitz(1984), *Fundamentals of programming Languages*, Computer Science Press의 그림을 참고하여 새롭게 제작함.

그림 16 프로그램 언어의 바벨탑

생각을 정리해 봅시다!

지금까지 설명한 다양한 프로그램 표현 방법과는 다른 새로운 방법을 여러분이 고안한다면 어떻게 하겠습니까? 창의적으로 생각해 보고, 그 내용을 정리해 봅시다.

Memo.

12 프로그래밍 언어는 무엇인가?

프로그래밍 언어는 고급어high-level language, 중급어middle-level language, 저급어low-level language 등의 3가지로 분류할 수 있으며, 각각의 특징은 다음과 같이 정의할 수 있다.

첫째, 저급어는 컴퓨터가 이해할 수 있는 언어이다. 컴퓨터가 이해한다는 의미는 0과 1의 2진수로 구성되는 언어라는 것이다. 컴퓨터는 대표적인 디지털 장비로서 2진수를 사용하기에 0과 1로 구성된 언어만 이해할 수 있다. 이해한다는 것은 실행execution할 수 있다는 것이다. 이와 같은 언어를 기계어machine language라 한다. 컴퓨터도 기계이기 때문에 기계어는 컴퓨터가 이해하는 언어이다.

둘째, 0과 1로만 구성된 프로그램을 상상해 보라! 프로그램의 내용을 이해하기란 여간 어려운 것이 아니다. 이와 같은 기계어의 문제점을 해결하고자 개발한 것이 중급어이다. 중급어는 의미 있는 0과 1의 조합assemble을 기호symbol화 한 것이다. 예를 들면, 전원켜기POWER ON 명령어가 기계어로 '0101'이라면, '0101'을 'POWER ON'으로 표기하는 것이다. 이와 같이 기호로 구성된 언어를 기호어symbolic language라 하고, 대표적인 기호어가 어셈블리어assembly language이다. 영어 이름에서도 확인할 수 있듯이 '어셈블'은 '조합'이라는 의미임으로 0과 1의 조합이라는 것을 나타낸다. 2진수인 '0101'이 아닌 'POWER ON'을 사용한 언어이니 컴퓨터가 바로 이해할 수는 없다. 즉, 'POWER ON'을 '0101'로 번역하는 과정이 필요하고, 이와 같은 일을 처리하는 SW가 어셈블러assembler이다. 결과적으로 기호들로 구성된 프로그램을 어셈블러가 컴퓨터가 실행할 수 있는 기계어로 번역하게 된다.

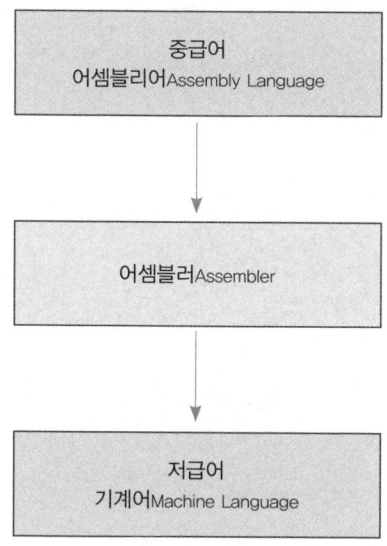

그림 17 어셈블러를 이용한 기계어 번역

셋째, 중급어인 기호어를 이해하는 것도 쉽지만은 않다. 그렇기에 사람들이 사용하는 언어와 최대한 유사하게 표현하고자 고급어를 개발하였다. 사람들이 사용하는 언어에도 문법grammer이 있듯이 프로그래밍 언어에도 문법구문, syntax이 있다. 해당 프로그래밍 언어의 문법에 맞도록 표현해야 한다. 만약 프로그래밍 언어의 문법과 다른 표현을 사용한다면, 문법 오류syntax error가 발생한다. 그러나 프로그래밍 과정에서 가장 중요한 것은 논리적인 흐름의 정확성이다. 그렇기에 문법적인 오류는 쉽게 찾아 수정할 수 있으나, 논리적인 오류인 의미 오류semantic error를 찾아 수정하는 것은 어렵다. 고급어도 컴퓨터가 바로 이해할 수는 없다. 어셈블리어가 그러했듯이 고급어도 기계어로 번역하는 과정이 필요하며, 이를 실행하는 SW가 컴파일러compiler 또는 인터프리터interpreter이다.

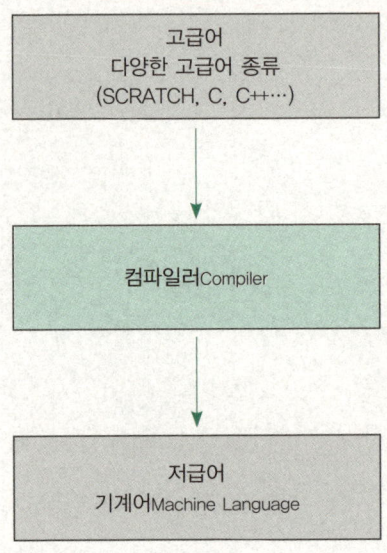

그림 18 컴파일러를 이용한 기계어 번역

생각을 정리해 봅시다!

프로그램 언어를 어셈블러나 컴파일러가 번역하는 과정과 사람들이 이용하는 언어를 번역 또는 통역해 주는 과정을 비교해 보고, 그 내용을 정리해 봅시다.

Memo.

13 프로그램의 구조는?

프로그램의 구조란 무엇인가? 프로그램은 어떠한 구조로 구성되는가? 공통적인 구조는 있을까? 프로그램의 구조란 논리적인 제어의 흐름에 대한 것이다. 매우 복잡해 보이는 프로그램도 사실은 다음과 같은 3가지 구조로 구성된다. 순차구조Sequential structure, 선택구조Selection structure, 반복구조Iteration structure 등으로 구성되는 것이다.

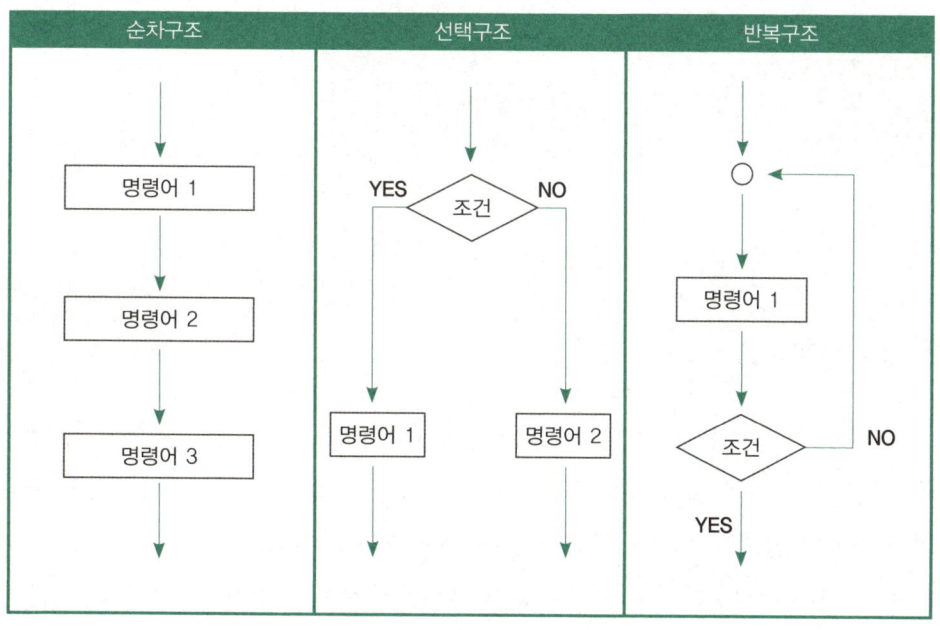

그림 19 프로그램 구조

13.1 순차구조

절차적으로 구성된 프로그램의 가장 기본적인 구조는 순차구조이다. 순차구조란 순서대로 프로그램의 명령어가 구성된다는 것이다. 첫 번째 명령어명령어 1가 실행된 후에는 두 번째 명령어명령어 2가 실행되고, 두 번째 명령어가 실행된 후에는 세 번째 명령어명령어 3가 실행되는 구조이다.

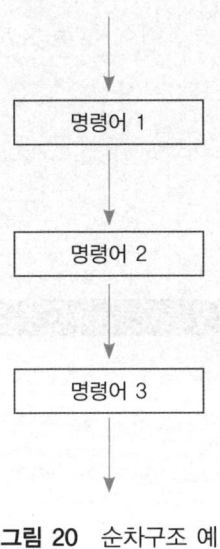

그림 20 순차구조 예

13.2 선택구조

두 번째 구조는 선택구조이다. 선택구조는 특정 조건condition을 만족하느냐, 만족하지 않느냐에 따라 실행 내용이 달라지는 것이다. 예를 들면, 특정 과목의 학점이 'B' 학점 이상인 취득자에게 장학금 수혜 혜택을 제공한다고 가정하면, 학생의 학점이 'B' 학점 이상인가, 아니면 'B' 학점 이하인가에 따라 취해지는 행동이 달라지는 것이다.

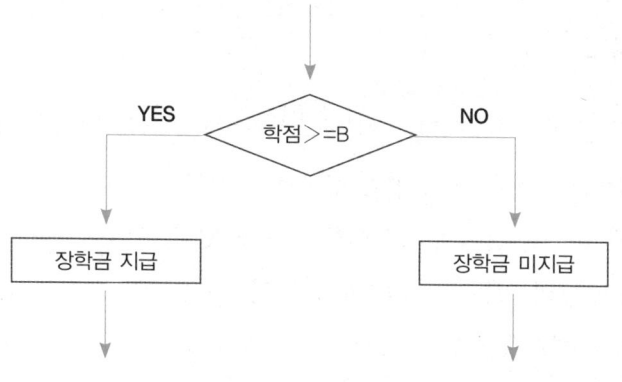

그림 21 선택구조 예

　선택구조는 프로그램을 효과적으로 구성하는 데 필수적으로 필요한 도구이다. 선택구조는 필요에 따라 다단계로 구성할 수도 있다. 예를 들면, 'B' 학점 이상 취득자 중에서 수학 과목 성적이 'A' 학점 이상 인가, 아니면 'A' 학점이 이하인가에 따라 최종 장학생 후보로 선정할 수 있다.

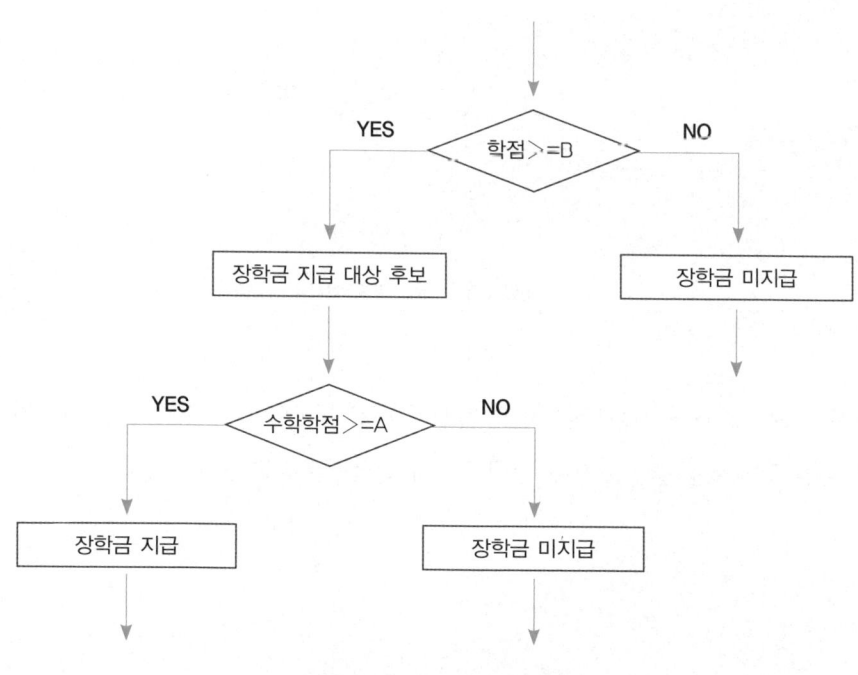

그림 22 다중 선택구조 예

제6장 프로그램이란 무엇인가?

13.3 반복구조

세 번째 구조는 반복구조이다. 반복구조는 특정 조건을 만족할 때 까지 지정된 내용을 반복적으로 실행하는 것이다. 경우에 따라서는 특정 조건을 만족하지 않을 때 까지 지정된 내용을 반복적으로 실행할 수도 있다. 이것은 특정 조건식을 어떻게 지정하느냐에 달려 있는 것이다. 예를 들면, 특정 학생의 수학 점수가 '95점' 이상이 될 때까지 수학시험을 반복적으로 보게 하는 경우가 될 수 있다.

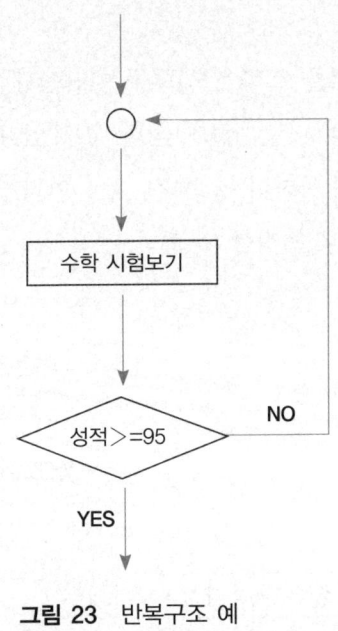

그림 23 반복구조 예

반복구조는 조건식의 상황에 따라 지정된 내용을 반복적으로 실행할 것인지, 아니면 끝낼 것인지를 결정하기에 선택구조의 변형구조라고 볼 수 있다.

13.4 무한루프 Infinite loop의 위험성

프로그램 작성 시에 반복구조를 사용할 경우 조심해야 하는 것이 있다. 특정 조건값을 잘못 지정함에 따라 반복구조가 영원히 끝나지 않는 무한루프 구조에 빠질 수 있다. 예를 들면, 변수 '횟수'가 1인가를 검사하는 조건식 '횟수=1'이 특정 조건이라 가정하자. 2진수를 사용하는 컴퓨터에서 '1'은 '참TRUE'을 '0'은 '거짓FALSE'을 의미한다고 가정하면실제로도 그렇지만, 이 조건식을 이용한 특정 조건은 항상 '참'이기에 반복구조의 내용이 끝나지 않는 상황인 무한루프에 빠지게 된다.

> **생각을 정리해 봅시다!**
>
> 일상생활에서 찾아볼 수 있는 무한루프의 사례를 창의적으로 찾아보고, 그 내용을 정리해 봅시다.

Memo.

1 왜 생활 속 프로그래밍인가?

일상생활 속 주변의 소재를 이용하여 프로그래밍 작업을 시행하는 교육은 프로그래밍 교육 입문 과정에서 매우 효과적인 교육 방법론이 될 수 있다. 그 이유는 무엇인가?

미래사회 인재의 핵심 역량 중 창의력, 문제해결능력, 과제집착력 등은 매우 중요한 요소이다. 프로그래밍의 주제는 창의적이어야 세계적인 경쟁력을 갖출 수 있으며, 주어진 문제를 해결하는 과정 또한 창의적이어야 한다. 프로그래밍의 과정은 기나긴 여정과 같다. 문제를 발견하고, 문제해결 방안을 설계하며, 설계 내용을 구현한 후 오류의 발견 및 수정의 과정 등을 거친 후에야 적용이 가능한 것이다. 프로그래밍 과정은 고도의 과제집착력 및 집중력을 요구하는 과정인 것이다.

결과적으로 이와 같은 프로그래밍 교육을 통하여 미래사회 인재가 갖추어야 할 중요한 덕목 중 하나인 창의력, 문제해결능력, 과제집착력 등을 배양할 수 있다.

이상과 같은 이유로 인하여 좋은 프로그램을 제작할 수 있는 역량을 배양하는 프로그래밍 교육은 정보과학을 전공하는 학생들만이 배워야 하는 것이 아니라, 미래사회 주인공인 모든 학생들이 배워야 하는 필수 소양교육 중 하나가 될 수 있다.

그러나 프로그래밍 교육은 쉽지 않다. 왜 그러한가?

지금까지의 프로그래밍 교육은 교육용 소재 발굴에는 신경을 쓰지 않았다. 정확히 이야기 하자면 신경 쓸 여유가 없었다.

프로그래밍 교육을 시작하는 학생들은 초등학생부터 대학원을 졸업한 일반인들까지 다양하다. 그러나 초중고 학생들이 재미있게 프로그래밍 교육을 받을 수 있는 소재는 미비한 실정이다. 지금까지는 정보과학을 전공하는 대학생들 중심의 교육내용 개발에 집중하였다. 사정이 이러하다보니 초중고 학생들을 위한 프로그래밍 교재 역시 대학생들의 내용을 답습하는 상황이었다.
　어린 학생들이 이해하기에는 어려움이 있으며, 학습의 가장 중요한 요소인 동기 motivation 유발을 일으키지 못 하였다. 일상생활 속에서 프로그래밍 교육용 소재를 발굴하여 활용한다면 효과는 매우 클 것이다.

> **생각을 정리해 봅시다!**
>
> 일상생활 속에서 프로그래밍 교육용 소재로 활용이 가능한 내용들을 창의적으로 발굴해 보고, 그 내용을 정리해 봅시다.

Memo.

2 생활 속 프로그래밍 사례 1 : 신호등이 설치된 횡단보도 건너기!

도심에서 생활하는 사람들은 하루에도 여러 차례 신호등이 설치된 횡단보도를 건너가게 된다. 신호등이 설치된 횡단보도를 건너가기 위해서는 어떻게 하는가? 아마도 이와 같은 질문을 하는 사람들은 아무도 없을 것이다. 너무도 당연한 일이기에 질문이 필요 없는 일이라고 생각할 것이다. 그러나 자세히 들여다 보면 그렇게 당연하고 단순한 일이라고 생각하는 "신호등이 설치된 횡단보도 건너가기!"에도 나름대로 '규칙', '제약사항', '절차' 등이 존재한다. 즉, "신호등이 설치된 횡단보도 건너가기!"라는 주제로 프로그래밍 교육이 가능하다는 것이다. 그 이유를 하나씩 살펴보자.

첫째, "신호등이 설치된 횡단보도 건너가기!"의 '규칙'에는 무엇이 있을 수 있는가? '빨간색 신호'에서는 정지하고, '녹색 신호'에서는 횡단보도를 건너간다는 것이다.

> **생각을 정리해 봅시다!**
>
> "신호등이 설치된 횡단보도 건너가기!"의 '규칙' 중 수정하거나 추가할 수 있는 내용들을 창의적으로 생각해 보고, 그 내용을 정리해 봅시다.
>
> *Memo.*

둘째, '제약사항'은 무엇이 있는가? 신호등을 설치하는 지역에 따라 '제약사항'이 다를 수 있으나, 일반적인 내용들을 찾아보면 다음과 같은 것이 있을 수 있다. "녹색 신호는 최대 60초간 지속될 수 있다." "녹색 신호가 20초 남았을 경우에는 남은 시간을 표시해 준다." "빨간색 신호는 최대 180초간 지속될 수 있다." 물론 신호 기간시간은 신호등을 설치한 지역의 특성에 따라 다르게 설정될 수 있으며, 시간대에 따라서도 다르게 설정될 수 있다. 예를 들면, 차량 이동은 많으나 건널목을 건너가는 사람이 적은 지역과, 출퇴근 시간대의 횡단보도 등은 여러 가지 고려사항이 적용되어 신호등 신호 시간이 결정될 것이다.

생각을 정리해 봅시다!

"신호등이 설치된 횡단보도 건너가기!"의 '제약사항' 중 수정하거나 추가할 수 있는 내용들을 창의적으로 생각해 보고, 그 내용을 정리해 봅시다.

Memo.

셋째, "신호등이 설치된 횡단보도 건너가기!"는 어떤 절차에 따라 건너가게 되는가? 절차적으로 표현해 보자.

① 횡단보도에 도착하면 정지한다.
② 신호등을 확인한다.
③ 신호등이 빨간색 신호이면 정지한 후, 신호가 녹색으로 변경될 때까지 기다린다.
④ 신호등이 녹색 신호이면, 횡단보도를 안전하게 건너갈 수 있는지 확인한다.
⑤ 안전하게 건너갈 수 있으면, 규칙을 지키며 건너간다.
⑥ 안전하게 건너갈 수 없으면, 다음 녹색 신호가 될 때까지 기다린다.

이상과 같은 "신호등이 설치된 횡단보도 건너가기!"의 사례는 학교교육시간에 학생들을 대상으로 교육을 시행할 수 있는 훌륭한 사례이다.

생각을 정리해 봅시다!

'신호등이 설치된 횡단보도 건너가기!'의 '절차' 중 수정하거나 추가할 수 있는 내용들을 창의적으로 생각해 보고, 그 내용을 정리해 봅시다.

Memo.

생각을 정리해 봅시다!

지금까지 설명한 것은 신호등을 보고 횡단보도를 건너가는 방법에 대한 절차적 표현 교육이었다. 여러분이 신호등 시스템 SW 개발자라면 무엇을 어떻게 개발할 것인지에 대한 내용을 생각해 봅시다. 신호등 시스템 SW에 대한 개발 내용을 결정한 후 절차적으로 표현해 봅시다.

Memo.

횡단보도 신호등의 종류를 자세히 살펴보면 다양하다. 녹색불과 빨간불만 표시되는 신호등, 녹색불 신호 시에 건너갈 수 있는 시간을 눈금으로 표시한 신호등, 녹색불 신호 시에 건너갈 수 있는 시간을 숫자로 표시한 신호등이 있다. 여러 종류의 신호등에서 발견할 수 있는 내용들을 하나씩 살펴보자.

첫 번째, 여러 종류의 신호등이 존재하지만 모두 녹색불과 빨간불이 '일정 시간' 단위로 교대로 켜지고 꺼지게 된다. 그렇다면 다음과 같은 질문을 할 수 있다.

① '일정 시간'은 어느 정도의 시간인가?
② 모든 신호등에 적용되는 '일정 시간'은 동일한가?
③ 만약 신호등 마다 적용되는 '일정 시간'의 단위가 다르다면 그 기준은 무엇인가?

생각을 정리해 봅시다!

위에서 생각한 질문 이외에 추가적인 의문사항을 찾아봅시다. 이상과 같은 질문에 대한 답을 창의적으로 찾아보고, 그 내용을 정리해 봅시다.

Memo.

두 번째, 녹색 신호 시에 건너갈 수 있는 남은 시간을 알려주는 신호등의 경우에는 다음과 같은 질문을 할 수 있다.

① 언제 남은 시간을 알려줄 것인가? 즉, 신호가 바뀌기 시작하면 바로 알려줄 것인가? 아니면 '일정 시간'이 지난 후에 알려줄 것인가?

② 만약 '일정 시간'이 지난 후에 남은 시간을 알려준다면, 어느 정도 시간이 경과한 후에 알려줄 것인가?

③ 남은 시간을 알려주는 방법은 어느 것이 좋은가? 즉, 남은 시간을 '눈금'으로 표기하는 것이 좋은가? 아니면 '숫자'로 표기하는 것이 좋은가?

④ 남은 시간을 알려줄 수 있는 새로운 방법은 무엇이 좋은가?

생각을 정리해 봅시다!

위에서 생각한 질문 이외에 추가적인 의문사항을 찾아봅시다. 이상과 같은 질문에 대한 답을 창의적으로 찾아보고, 그 내용을 정리해 봅시다.

Memo.

세 번째, 왜 여러 종류의 신호등이 존재하는가? 그것은 각각의 신호등마다 장단점이 존재하기 때문이다. 이러한 경우에는 다음과 같은 질문을 할 수 있다.
① 여러 종류의 신호등 중에서 한 종류를 선정하여 설치하는 기준은 무엇인가?
② 우리 동네 횡단보도의 신호등은 어떤 것으로 설치하는 것이 좋을까?

그림 1 두 개의 신호가 한 장소에서 표시
되는 신호등-건너가기

그림 2 두 개의 신호가 한 장소에서 표시
되는 신호등-정지하기

그림 3 두 개의 신호가 구분된 장소에서
표시되는 신호등-건너가기

그림 4 두 개의 신호가 구분된 장소에서
표시되는 신호등-정지하기

더 생각해 보기

위에서 생각한 질문 이외에 추가적인 의문사항을 찾아봅시다. 이상과 같은 질문에 대한 답을 창의적으로 생각해 봅시다.

3 생활 속 프로그래밍 사례 2 : 자동차 운전하기!

자동차를 소유한 사람들은 거의 매일 경험하는 것이 자동차를 운전하는 것이다. "자동차 운전하기!"도 프로그래밍 교육을 위한 소재가 될 수 있을까? '규칙', '제약사항', '절차' 등을 확인할 수 있다면 가능할 것이다. 확인해 보자!

첫째, "자동차 운전하기!"의 '규칙'은 무엇이 있는가? '교통법규 준수하기', '안전 운전하기', '운전 예절 준수하기' 등이 될 수 있다.

> **생각을 정리해 봅시다!**
>
> "자동차 운전하기!"의 '규칙' 중 수정하거나 추가할 수 있는 내용들을 창의적으로 생각해 보고, 그 내용을 정리해 봅시다.

Memo.

둘째, '제약사항'은 무엇이 될 수 있는가? "폭설이나 폭우와 같은 기상조건이 나쁜 경우에는 평소보다 속도를 줄인다." "2시간 이상 장거리 운전 시에는 일정 시간 휴식을 취한다." 등이 될 수 있다.

더 생각해 보기

'규칙'과 '제약사항'은 어떤 차이점이 있는가? 여러분은 아마도 이런 의문사항을 가져 봤을 것이다. 사실 '제약사항'은 어찌 보면 '규칙'의 한 예라고 볼 수도 있을 것이다. 즉, '제약사항'도 '규칙'이 될 수 있는 것이다. 그러나 '제약사항'에는 용어가 나타내는 의미인 여러 가지 '제약' 또는 '제한점' 등이 포함된다고 할 수 있다.

생각을 정리해 봅시다!

"자동차 운전하기!"의 '제약사항' 중 수정하거나 추가할 수 있는 내용들을 창의적으로 생각해 보고, 그 내용을 정리해 봅시다.

Memo.

셋째, 일반적으로 "자동차를 운전하기!" 위해서는 어떤 절차를 거치게 되는가? 절차적으로 표현해 보자.

① 자동차가 주차되어 있는 위치를 확인한다.
② 자동차를 찾은 후에는, 주차한 동안에 자동차에 손상이 있었는지 확인한다.
③ (3-1) 차량 손상을 확인하면, 조치를 취한다.
　(3-2) 차량 손상이 없을 경우, 자동차 시동을 건다.
④ 차량의 엔진 소리와 계기판의 경고등을 확인한다.
⑤ (5-1) 엔진소리 또는 계기판에 경고등이 들어올 경우, 조치를 취한다.
　(5-2) 이상이 없으면, 내비게이션을 이용할 것인지 결정한다.
⑥ (6-1) 내비게이션을 사용할 계획이면, 목적지를 설정하고 운전을 시작한다.
　(6-2) 사용하지 않을 것이면, 바로 운전을 시작한다.
⑦ (7-1) 주유가 필요하면, 주유소를 찾는다.
　(7-2) 필요 없으면, 계속 운전한다.
⑧ 목적지까지 안전하게 운전한다.
⑨ 목적지에 도착하면, 적절한 장소에 주차하고, 시동을 끈다.

생각을 정리해 봅시다!

"자동차 운전하기!"의 '절차' 중 수정하거나 추가할 수 있는 내용들을 창의적으로 생각해 보고, 그 내용을 정리해 봅시다.

Memo.

생각을 정리해 봅시다!

지금까지 설명한 것은 자동차를 소유한 사람이 운전하는 방법에 대한 절차적 표현 교육이었다. 여러분이 자동차 시스템 SW 개발자라면 무엇을 어떻게 개발할 것인지에 대한 내용을 생각해 봅시다. 자동차 시스템 SW에 대한 개발 내용을 결정한 후 절차적으로 표현해 봅시다.

Memo.

4 생활 속 프로그래밍 사례 3 : 전화 통화하기!

실생활에서 사용하는 ICT 기기 중 일반인들이 가장 익숙하게 사용하고 있는 것은 무엇일까? 두 말할 필요 없이 전화일 것이다. 1990년대 초까지만 해도 공중전화망Public Switched Telephone Network : PSTN은 대표적인 통신 네트워크로서 전화 서비스는 물론 데이터 전송 서비스도 공중전화망을 이용해야 했다. 이 당시 PC 통신망을 이용한 경험이 있는 사람들은 공중전화망을 통하여 데이터 서비스를 이용하기 위하여 전화 거는 소리가 모뎀modem을 통하여 들렸던 기억이 있을 것이다.

> **추억의 소리**
> 여러분들 중에는 "아니 전화기에서 들려야 하는 전화 거는 소리가 컴퓨터에서 들리네?" 하고 생각한 경우가 있나요? 지금은 듣기 어려운 추억의 소리입니다.

즉, 통신은 전화 서비스의 이용을 의미하는 것이었다. 1973년 세계최초의 휴대전화기를 Motorola가 개발한 후, 1990년대 중반부터 휴대전화 서비스가 대중화되기 이전에는 일반전화가 전화 서비스 이용의 대부분을 차지하였다. 이 시절에는 공중전화기가 귀했던 기억이 난다.

공중전화를 이용하기 위해서는 한참을 기다려야 전화할 수 있는 차례가 왔다. 그래서 귀한 자원이었던 공중전화를 한 사람이 너무 오랜 시간을 독점하지 못하도록 홍보하는 것이 중요했다. 이 당시 홍보 문구는 "통화는 간단히!"였다.

통화를 간단히 하는 시간 단위 기준은 '3분'이었다. '3분'이 한 통화였던 것이다.

출처: http://von201.egloos.com/viewer/10441805

그림 5 1970년대 공중전화 박스에서 차례를 기다리는 모습(경향신문 자료 사진)

그림 6 태국의 공중전화
(아직도 개도국에서는 공중전화가 주요 통신 수단으로 이용 중이다.)

그림 7 공중전화의 변신
(인천공항에 설치된 다용도 공중전화: 단순히 전화 통화만이 가능한 공중전화는 거의 사용되지 않는다. 이와 같은 이유로 인하여 공중전화에 인터넷 검색이 가능한 기능을 추가하고 검색 내용 중 일부를 출력할 수 있는 공중전화가 설치되었다.)

출처: http://news.sd.go.kr/(성동뉴스레터)

그림 8 공중전화 부스의 변신
(성동구가 전국 최초로 낡은 공중전화부스를 재활용해 새롭게 디자인한 무인도서관 '책뜨락'을 시민들에게 공개했다.)

그림 9 공중전화 부스의 변신
(기업은행이 공중전화 부스를 은행 무인창구로 개조하여 활용하고 있다.)

지금은 어떠한가? 누구나 휴대전화를 가지고 있다. 우리나라의 경우 스마트폰의 보급률은 세계최고 수준이다. 심지어 초등학생들까지도 피처폰인 휴대전화가 아닌 스마트폰을 이용하는 추세이다. 언제 어디서나 자신이 원하면 전화 통화를 할 수 있는 시내가 된 것이다.

정보과학 역사 : 그땐 그랬지!

세계최초의 휴대전화는 1983년 미국 Motorola의 연구원이었던 마틴 쿠퍼Martin Cooper 박사가 발명하였으며, 이름은 다이나택 DynaTAC이라고 하였습니다. 다이나택의 무게는 1kg 정도였으며, 배터리의 수명은 한 시간 정도였습니다. 지금의 스마트폰과 비교하면 무기 수준이었습니다. 그러나 그 당시 다이나택을 가지고 다닐 수 있는 사람들은 극히 일부 부유층에 국한되었기 때문에 다이나택의 소유는 부의 상징이었습니다.

출처: http://venma.tistory.com/91

그렇다면 "전화 통화하기!"는 프로그래밍 교육의 시행을 위한 소재가 될 수 있는가? 이 역시 '규칙', '제약사항', '절차' 등을 확인할 수 있다면 가능한 것이다. 지금부터 확인해 보자!

첫째, "전화 통화하기!"의 규칙은 무엇인가? "전화 통화 시에는 통화 상대방이나 상황에 따른 전화 예절을 지킨다."가 대표적인 '규칙'일 것이다.

> **생각을 정리해 봅시다!**
>
> "전화 통화하기!"의 '규칙' 중 수정하거나 추가할 수 있는 내용들을 창의적으로 생각해 보고, 그 내용을 정리해 봅시다.

Memo.

둘째, '제약사항'은 무엇인가? '제한된 통화시간', '너무 이른 시간이나 늦은 시간에는 통화가 제한되는 상황' 등이 될 수 있을 것이다.

생각을 정리해 봅시다!

'전화 통화하기!'의 '제약사항' 중 수정하거나 추가할 수 있는 내용들을 창의적으로 생각해 보고, 그 내용을 정리해 봅시다.

Memo.

셋째, "전화 통화하기!"는 여러 가지 상황이 있을 수 있다. '일반전화-일반전화', '일반전화-휴대전화', '휴대전화-휴대전화' 등 다양하다. 특정 상황에 국한되지 않는 일반적인 경우에는 어떤 절차를 거치게 되는가? 절차적으로 표현해 보자!

① 통화하고자 하는 상대방의 전화번호를 확인한다.
② 전화를 건다.
③ 통화 신호가 가는가? 확인한다.
④ 통화 중이면, 나중에 다시 전화를 건다.
⑤ 일정 시간 이후에도 전화를 받지 않으면, 메시지를 남길 것인지 결정한다.
⑥ 메시지를 남길 것이면, 메시지를 남기고, 전화를 끊는다.
⑦ 메시지를 남기지 않을 것이면, 그냥 끊는다.
⑧ 상대방이 전화를 받으면, 내가 누구인지 밝히고, 통화하고자 하는 사람인지 확인한다.
⑨ 통화하고자 하는 사람이 없는 경우, 메시지를 남길 것인지 결정한다.
⑩ 메시지를 남길 것이면, 메시지를 남기고, 전화를 끊는다.
⑪ 메시지를 남기지 않을 경우, 인사를 하고 전화를 끊는다.
⑫ 통화하고자 하는 사람이 있는 경우, 통화한다.
⑬ 인사하고, 통화를 종료한다.

생각을 정리해 봅시다!

'전화 통화하기!'의 '절차' 중 수정하거나 추가할 수 있는 내용들을 창의적으로 생각해 보고, 그 내용을 정리해 봅시다.

Memo.

생각을 정리해 봅시다!

지금까지 설명한 것은 전화기를 이용하여 전화 통화하는 방법에 대한 절차적 표현 교육이었다. 여러분이 전화기 시스템 SW 개발자라면 무엇을 어떻게 개발할 것인지에 대한 내용을 생각해 봅시다. 전화기 시스템 SW에 대한 개발 내용을 결정한 후 절차적으로 표현해 봅시다.

Memo.

5 생활 속 프로그래밍 사례 4 : 자동판매기 이용하기!

세상에는 수 없이 많은 자동판매기가 설치되어 있다. 그 종류는 이루 헤아릴 수 없을 정도이다. 자동판매기는 단순한 기계장치라고 생각하는 경우가 많이 있으나, 단순한 기계장치에도 일정 수준의 SW 프로그램은 설치되어 있다.

그림 10 미국 대형매장 내에 설치된 복권 자동판매기

그림 11 미국 대형매장 내에 설치된 DVD 및 블루레이 자동대여기

그림 12 영종도 휴게소에 설치된 패션 양말 자동판매기

그림 13 서울역에 설치된 열차권 자동판매기 **그림 14** 대학에 설치된 증명서 자동발급기 **그림 15** 호텔에 설치된 일회용품 자동판매기

그림 16 지하철역에 설치된 증명사진 자동촬영기 **그림 17** 미국 쇼핑몰 복도에 설치된 스티커 사진 자동촬영기 **그림 18** 미국 백화점 내에 설치된 애플 제품 자동판매기

우선은 앞선 예제들과 같이 자동판매기를 이용하는 관점에서 '규칙', '제약사항', '절차' 등을 확인해 보자!

첫째, "자동판매기 이용하기!"의 '규칙'은 무엇이 있는가? "자동판매기 이용 시에는 안전하고 믿을 수 있는 제품을 선택한다."가 될 수 있을 것이다.

생각을 정리해 봅시다!

"자동판매기 이용하기!"의 '규칙' 중 수정하거나 추가할 수 있는 내용들을 창의적으로 생각해 보고, 그 내용을 정리해 봅시다.

Memo.

둘째, '제약사항'은 무엇이 있는가? "안전하다고 판단되는 자동판매기를 이용한다."가 될 수 있을 것이다.

생각을 정리해 봅시다!

"자동판매기 이용하기!"의 '제약사항' 중 수정하거나 추가할 수 있는 내용들을 창의적으로 생각해 보고, 그 내용을 정리해 봅시다.

Memo.

셋째, 특정 자동판매기 또는 특정 제품에 국한되지 않고 일반적으로 적용할 수 있는 "자동판매기 이용하기!"의 절차는 어떠한가?

① 돈(지폐 또는 동전)을 준비한다.
② 서비스 상품을 확인한다.
③ 서비스 받을 상품의 금액 이상의 돈을 투입한다.
④ 투입된 돈으로 서비스가 가능한 상품들의 버튼에 불이 들어오는지 확인한다.
⑤ 불이 켜진 버튼 중 자신이 원하는 상품이 있는지 확인한다.
⑥ (6-1) 원하는 상품이 아직 없다면, 추가로 필요한 돈을 투입한다.
　(6-2) 원하는 상품이 있다면, 해당 버튼을 누른다.
⑦ 상품을 기계에서 꺼낸 후, 내용을 확인한다.
⑧ 잔돈 받을 것이 있는지 확인한다.
⑨ (9-1) 받을 잔돈이 없다면, 끝!
　(9-2) 받을 잔돈이 있다면, 잔돈 반환 버튼을 누르고 잔돈을 받는다.

생각을 정리해 봅시다!

'자동판매기 이용하기!'의 '절차' 중 수정하거나 추가할 수 있는 내용들을 창의적으로 생각해 보고, 그 내용을 정리해 봅시다.

Memo.

생각을 정리해 봅시다!

지금까지 설명한 것과 같은 절차는 일반적인 상황을 표현한 것이다. 좀 더 정교한 표현이 가능하다. 특정 제품의 구매 또는 특정 자동판매기에 따라 그 절차의 표현이 달라질 수 있다. 어떤 내용이 추가될 수 있으며, 어떤 표현이 달라질 수 있는가? 창의적으로 생각해 보고, 그 내용을 정리해 봅시다.

Memo.

생각을 정리해 봅시다!

지금은 세상에 존재하지 않지만 자동판매기로 만들 경우 효과적인 것들은 무엇이 있을까요? 창의적으로 생각해 보고, 그 내용을 정리해 봅시다.

Memo.

생각을 정리해 봅시다!

지금까지 설명한 것은 자동판매기를 이용하는 방법에 대한 절차적 표현 교육이었다. 여러분이 자동판매기 시스템 SW 개발자라면 무엇을 어떻게 개발할 것인지에 대한 내용을 생각해 봅시다. 자동판매기 시스템 SW에 대한 개발 내용을 결정한 후 절차적으로 표현해 봅시다.

Memo.

6 생활 속 프로그래밍 사례 5 : 커피 자동판매기 문제점 확인하기!

앞에서도 언급하였듯이 세상에는 매우 다양한 종류의 자동판매기들이 설치되어 운영 중이다. 그 중에서 대한민국 성인들에게 가장 익숙한 자동판매기는 무엇일까? 아마도 '커피 자동판매기'일 것이다.

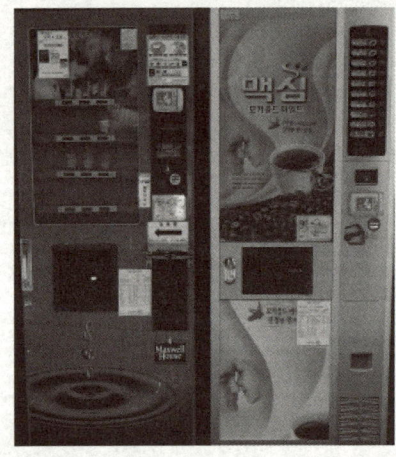

그림 19 커피 자동판매기

> **더 생각해 보기**
>
> 여러분들이 이용하는 '커피 자동판매기'의 이용 절차는 어떤가요? 절차적인 표현을 생각해 봅시다!

여러분은 '커피 자동판매기'를 이용하면서 불편하였던 점은 없는가? 개선하였으면 좋겠다고 생각한 것은 없었는가? 한 가지씩 찾아보자! 문제점을 찾는 것은 '개선형 프로그램'을 제작할 수 있는 원천인 것이다.

6.1 재료가 떨어졌는데도 서비스가 된다!

재료가 떨어졌는데에도 사용자가 요청한 서비스를 시행하는 경우가 있다. 여러분들 중에는 '커피 자동판매기'의 서비스를 이용하면서 종이컵이 없는 데에도 서비스 버튼에 불이 들어와 버튼을 누르면 커피만 밑으로 떨어지는 관경을 본적이 있을 것이다. 또한 커피가 없는 데에도 서비스 버튼에 불이 들어와 버튼을 누르면 맹물만 종이컵에 떨어져 있는 것을 본 적이 있을 것이다. 여러분들 중에는 이러한 경우를 직접 당해본 사람도 있을 것이다.

생각을 정리해 봅시다!

'커피 자동판매기'의 재료가 떨어졌다고 모든 커피 판매 서비스의 제공이 중단될 필요는 없다. 예를 들어, 프림 재료가 떨어졌어도 '블랙커피'와 '설탕커피'는 서비스할 수 있을 것이다. 그러나 '커피' 또는 '물'이 떨어졌다면 '커피 자동판매기'의 서비스는 중단되어야 한다.
이와 유사한 사례를 찾아보고, 그 내용을 정리해 봅시다.

Memo.

6.2 커피 자동판매기는 위생적이지 못하다!

혹시 위생상에 문제가 있다고 생각한 적은 없는가? 오래 전 TV 뉴스 시간에 '커피 자동판매기'의 위생 문제가 심각하다는 내용의 보도를 한 적이 있다. 장시간 밀폐된 기계장치 안에 커피 재료와 물통에 물이 보관된다면 위생적인 처치를 일정시간 단위로 시행할 필요가 있는 것이다.

그림 20 고객 안심 투명 자판기
(커피 자동판매기를 이용하는 고객들이 청결한 자동판매기의 내부를 확인함으로써 안심하고 이용하도록 제작한 '고객 안심 투명 자판기')

더 생각해 보기

일반적으로 커피 자동판매기가 위생적이지 못하다고 생각하는 이유는 무엇인가요? 비위생적이라고 생각하는 이유를 개선할 수 있는 방법은 무엇일까요? 창의적으로 생각해 봅시다.

6.3 커피 자동판매기는 나만의 커피를 제공하지 못한다!

'커피 자동판매기'마다 제공되는 커피 맛이 조금씩 차이가 나서, 어느 자동판매기의 커피 맛은 나의 입맛에 맞으나, 어떤 자동판매기의 커피 맛은 형편없는 경우가 있다. 가능하다면 나만의 맞춤형 커피를 먹고 싶다! 예를 들어, 밀크커피라 해도 '커피 2스푼', '프림 2스푼', '설탕 2스푼'이 일방적으로 들어가는 것이 아니라, 소비자가 원하는 만큼의 커피, 프림, 설탕의 양을 조절할 수 있다면 좋을 것이다.

그림 21 즉석 원두커피 자판기
(자동판매기 이용자의 고급화된 서비스 욕구 중 하나인 원두커피에 대한 요구를 충족시키기 위하여 제작한 '즉석 원두커피 자판기')

더 생각해 보기

여러분이 생각하는 나만의 커피는 무엇인가요? 자신만의 기준에 따른 나만의 커피를 창의적으로 생각해 봅시다.

6.4 또 다른 문제점들!

첫째, 이상과 같은 불편사항 또는 요구사항을 기반으로 '커피 자동판매기'의 서비스를 개선할 수 있을 것이다. 이외에도 몇 가지 개선 아이디어를 추가하면 다음과 같다.

여러분이 친구들의 주문을 받아 쟁반을 들고 '커피 자동판매기' 앞에 서 있다고 가정해 보자. 주문 내용은 다음과 같다. '밀크커피 4잔', '프림커피 3잔', '블랙커피 2잔', 총 9잔의 커피를 주문받은 것이다. 이와 같은 경우에는 정해진 커피 요금을 넣고 한 번에 주문할 수는 없을까? '밀크커피 4잔'을 주문하기 위하여 밀크커피가 한 잔 나오면, 다시 밀크커피 버튼을 누를 필요가 없으면 좋겠다!

둘째, 자동판매기의 커피 특히 밀크커피를 마실 때, 여러분들은 어떠한 생각이 드는가? 특히 여성들의 경우에는 어떠한가? 아마도 밀크커피가 다이어트의 적이라고 생각할 것이다. 그렇다고 달콤한 밀크커피의 유혹을 뿌리칠 의지도 부족하고, 내가 마시는 커피가 어느 정도의 칼로리를 포함하는지 알고 싶다!

셋째, 고객들에게 자신 있게 추천할 수 있는 메뉴들을 선별하여 제공할 수 있을 것이다.

넷째, '커피 자동판매기'의 사용자에게 마일리지 서비스를 제공할 수도 있을 것이다.

다섯째, 카드 결제가 가능한 '커피 자동판매기'를 고안할 수도 있을 것이다. 지금도 일부 자동판매기는 카드 결제 기능이 탑재되어 있다.

지금까지 논의한 내용들을 기반으로 '커피 자동판매기'의 기능 중 '위생적인 커피 자동판매기'를 구현하기 위한 '세정규칙 정하기'와 '나만의 커피 서비스하기'에 대하여 그 내용을 살펴봅시다!

생각을 정리해 봅시다!

다음 사진은 더운 여름철 시원한 아이스 커피를 서비스할 수 있는 '커피 자동 판매기'입니다. 아이스 커피를 찾는 고객들의 요구를 반영한 사례입니다. 지금까지 설명한 '커피 자동판매기'의 개선사항 이외에 어떤 것이 더 있을 수 있나요? 창의적으로 생각해 보고, 그 내용을 정리해 봅시다.

Memo.

7 생활 속 프로그래밍 사례 6 :
커피 자동판매기 문제점 개선하기! 세정규칙 정하기

커피 자동판매기의 위생 문제를 해결하기 위하여 '커피 자동판매기'를 세정하는 방법을 생각해 보자! 다음과 같이 크게 두 가지 방법으로 구분할 수 있을 것이다.

첫 번째 방법은 '일정 기간' 단위로 '커피 자동판매기'를 세정하는 것이다. 이 방법은 단순한 방법이다. 일정 기간 단위로 일정량의 커피가 판매된다고 가정할 때 적용이 가능한 것이다. 그러나 기대치보다 적은양의 커피가 판매된다면 어떤 결과가 발생하는가? 그것도 턱없이 부족하게 판매되었다면 아직 세정하지 않아도 되는 상황에서도 세정 작업을 시행하게 되는 경우가 발생할 것이다. 한마디로 불필요한 세정 작업을 빈번히 시행하게 되어 손실을 보게 되는 것이다. 이와는 반대로 기대치보다 많은 양의 커피가 판매되었다면 어떤 결과가 발생하는가? 정해진 세정 시간 이전에 세정 작업이 이루어졌어야 하는데, 이를 시행하지 못해서 위생상의 문제점이 발생할 수도 있을 것이다.

더 생각해 보기

커피 자동판매기의 세정 규칙 중 첫 번째 방법인 '일정 기간' 단위로 세정을 시행하는 것에 대한 절차적 표현 방법을 창의적으로 생각해 봅시다.

이상과 같은 문제점을 해결할 수 있는 방법은 무엇인가?

'커피 자동판매기'에서 커피의 '최대 판매량'을 정해놓고 최대 판매량에 도달하였을 때 세정 작업을 시행하는 것이다. 그러나 이 방법의 경우에도 문제점은 존재한다. 판매량이 저조한 지역의 '커피 자동판매기'는 오랜 기간이 지나야 '최대 판매량'에 도달할 수 있기 때문이다. 장기간 '커피 자동판매기'의 세정을 못하는 경우가 발생하여 위생상의 문제가 발생할 수 있기 때문이다.

생각을 정리해 봅시다!

커피 자동판매기의 세정 규칙 중 두 번째 방법인 '최대 판매량'을 기준으로 세정을 시행하는 것에 대한 절차적 표현 방법을 생각해 보고, 그 내용을 정리해 봅시다.

Memo.

이상과 같은 문제점을 해결할 수 있는 방법은 무엇인가?

한 가지 해결책은 일정 기간 동안의 커피 판매량 통계를 수집하여 평균값을 산출하는 것이다. 지역마다 평균값은 다른 것이고, 지역의 '커피 자동판매기'마다 세정 작업을 위한 '최대 판매량' 또한 다르게 설정하는 것이다. 결론적으로 '커피 자동판매기'의 주인은 세정 시간 값을 설정할 수 있는 기능을 활용할 수 있어야 한다.

다른 방법은 '일정 기간'마다 '최대 판매량'의 조건을 혼합하여 적용하는 것이다. 일종의 하이브리드 hybrid 방법인 것이다. 즉, 세정을 위한 '일정 기간'을 설정하되, 그 이전에라도 '최대 판매량'에 도달하면 세정 작업을 시행하는 것이다.

> **생각을 정리해 봅시다!**
>
> 커피 자동판매기의 세정 규칙 중 세 번째 방법인 하이브리드 방법에 대한 절차적 표현 방법을 창의적으로 생각해 보고, 그 내용을 정리해 봅시다.

Memo.

생각을 정리해 봅시다!

세상에는 다양한 조건을 혼합하여 사용하는 하이브리드 방식이 많이 있습니다. 어떠한 것들이 있는지 창의적으로 생각해 보고, 그 내용을 정리해 봅시다.
또한 세정 규칙 정하기 측면에서 하이브리드 방식을 적용할 수 있는 다양한 사례를 창의적으로 찾아보고, 그 내용을 정리해 봅시다.

Memo.

8 생활 속 프로그래밍 사례 7 : 커피 자동판매기 문제점 개선하기! 나만의 커피 서비스하기!

커피 자동판매기에서 '나만의 커피'를 서비스한다는 것은 무엇일까? 사용자가 선택하게 하는 것이다. 즉, 사용자가 커피, 프림, 설탕, 물 등의 양을 직접 조절할 수 있도록 지원하는 것이다. 그렇다면 '커피 자동판매기'에서 어떻게 조절 기능을 지원할 수 있을까?

가장 단순한 방법은 '버튼' 메뉴를 설치하는 것이다. '추가(+)' 버튼과 '제거(-)' 버튼을 설치하면 된다. '추가(+)' 버튼은 이해가 되지만, '제거(-)' 버튼은 왜 필요할까?

'커피 자동판매기'에서 밀크커피의 디폴트default 커피 재료양으로 설정한 값이 '커피 2스푼', '프림 2스푼', '설탕 2스푼', '물 1컵'이라고 가정하자. 그런데 나는 '커피 3스푼', '프림 1스푼', '설탕 1스푼', '물 1컵'의 배합을 원한다면, '커피'는 '추가(+)' 버튼을 1번 누르고, '프림'과 '설탕'은 '제거(-)' 버튼을 각각 1번씩 누르면 된다.

디폴트 커피 재료의 값을 제로 베이스zero base로 설정한다면 어떨까? 예를 들면, '커피', '프림', '설탕', '물'의 값을 '0'으로 설정하는 것이다. 이 경우에는 커피를 마시고자 하는 사용자들은 '추가(+)' 버튼만을 사용하게 될 것이다.

> **더 생각해 보기**
>
> 나만의 커피 자동판매기 서비스를 제공하기 위하여 '추가(+)' 버튼과 '제거(-)' 버튼을 이용하는 것에 대한 절차적 표현 방법을 창의적으로 생각해 봅시다.

더 생각해 보기

'커피 자동판매기' 재료의 디폴트 값을 '+'값으로 설정하는 것과 '0'으로 설정하는 방법 중 효과적인 것은 무엇일까요? 다양한 관점에서 창의적으로 생각해 봅시다.

사용자가 원하는 커피를 제공하기 위하여 '추가(+)' 버튼을 제공하는 것은 필요하나, 제약사항을 지정하지 않을 경우 문제가 발생할 수 있다. 즉, 재료비가 많이 소요되어 '커피 자동판매기' 사업에서 적자가 날 수도 있는 것이다. 어떤 사용자들은 '커피'와 기타 재료를 많이 투입하여 진한 커피를 제조한 후, 나누어 마실 수도 있을 것이다. 결과적으로 재료별로 '최대 스푼양'을 지정해야 할 것이다.

생각을 정리해 봅시다!

일상생활 속에서 디폴트 값을 사용하는 사례는 많이 있습니다. 어떤 것이 있는지 찾아보고, 그 내용을 정리해 봅시다.

Memo.

생각을 정리해 봅시다!

나만의 커피 자동판매기 서비스를 제공하기 위하여 '최대 스푼양'을 지정하는 것에 대한 절차적 표현 방법을 창의적으로 생각해 보고, 그 내용을 정리해 봅시다.

Memo.

생각을 정리해 봅시다!

지금까지 설명한 '커피 자동판매기'의 개선사항 이외에 다음 내용들에 대하여 처리 방법을 창의적으로 생각해 보고, 그 내용을 정리해 봅시다.
① 재료가 떨어지면 서비스가 중단되는 커피 자동판매기
② 여러 잔의 커피를 한 번에 주문 받을 수 있는 커피 자동판매기
③ 이용 마일리지를 제공할 수 있는 커피 자동판매기 등

Memo.

9 생활 속 프로그래밍 사례 8 : 키오스크 Kiosk

세상에는 다양한 키오스크가 존재한다. 필자가 미국의 Social Security국에 방문했을 때에도 방문자를 위한 키오스크가 설치되어 있었다. Customer Check-in Kiosk가 설치된 것이다. 만약에 이와 같은 키오스크 대신에 일반적인 번호표 발행기가 설치되어 있었다면 어떠했을까? 키오스크를 설치함으로써 얻는 장점은 무엇이 있을까?

사람들은 다양한 이유 또는 용건으로 미국의 Social Security국을 방문한다. 어떤 사람들은 연금 문제로, 어떤 사람들은 social security card를 발급 받기위하여, 자신의 social security card를 분실하여 재발급을 받기 위하여, 다른 사람들이 자신의 social security 번호를 사용하는 것이 대한 조사를 요청하는 등 그 이유는 매우 다양하다.

Customer Check-in Kiosk가 설치되어 있고, 이 키오스크에서 방문객의 방문 목적을 미리 파악하여 최적의 상담원에게 배치할 수 있다면 효과적이지 않겠는가? 상담원은 방문객의 방문 목적을 미리 파악한 후 상담을 진행할 수 있기 때문에 효과적일 것이다. 물론 키오스크에는 방문객의 기본적인 정보를 입력하게 된다. 예를 들면, 만약 social security number가 있다면 입력한 후 방문 목적 등을 입력한다. 단순히 번호표만을 발행할 경우에는 기대할 수 없는 서비스를 제공할 수 있게 된다.

> **더 생각해 보기**
>
> 복잡한 키오스크가 아닌 단순 번호표 발행기를 설치하는 것이 유리한 장소는 어디일까요? 창의적으로 생각해 봅시다.

생각을 정리해 봅시다!

일반적으로 번호표 발행기에서 발행된 번호표는 늦게 도착한 다른 사람이 사용해도 됩니다. 그렇다면, Social Security국에서 자신의 정보를 입력하고 발행한 티켓을 가지고 기다리다 시간이 없어 자신은 상담원과 만나지 못하고 자리를 뜰 경우에, 자신의 티켓을 다른 사람에게 주어도 될까요? 창의적으로 생각해 보고, 그 내용을 정리해 봅시다.

Memo.

그림 22 다양한 유형의 키오스크1
(KT 스마트 포스트)

그림 23 다양한 유형의 키오스크2
(공항 안내 시스템)

그림 24 다양한 유형의 키오스크3
(이마트에 설치된 쿠폰발행기)

그림 25 다양한 유형의 키오스크4
(지하철에 설치된 디지털뷰)

그림 26 다양한 유형의 키오스크5 (인천공항에 설치된 항공권 셀프체크인 키오스크)

그림 27 다양한 유형의 키오스크6 (대형 주차장에 설치된 차량 위치확인 키오스크)

그림 28 다양한 유형의 키오스크7 (지하 주차장에 설치된 주차요금 자동정산 키오스크)

그림 29 다양한 유형의 키오스크8 (대형종합병원에 설치된 카드수납 및 처방전 발행 키오스크)

그림 30 다양한 유형의 키오스크9 (대형빌딩에 설치된 무인우편창구)

그림 31 다양한 유형의 키오스크10 (미국 Palos Verdes 우체국에 설치된 무인우편창구)

생각을 정리해 봅시다!

요즘 주차장은 ICT가 적용된 스마트 주차장입니다. 스마트 주차장에 설치된 주차요금정산기는 기존 주차장에 설치된 주차요금정산기보다 다양한 기능들이 탑재되어 있습니다. 어떤 서비스들이 있는지 조사해보고, 추가될 수 있는 새로운 서비스는 무엇이 있는지 창의적으로 제안해 봅시다.

Memo.

생각을 정리해 봅시다!

① 여러분들이 경험한 키오스크에 대하여 생각해 봅시다.
② 키오스크를 설치할 경우 효과적일 것으로 판단되는 장소는 어디가 있을까요? 생각해 봅시다.
③ 여러분이 생각한 장소에 설치할 키오스크에는 어떤 기능을 수행하도록 설계할 것이지 생각해 봅시다.
④ 옆 사진은 '포토 메일 키오스크'입니다. 우리 주변에서 쉽게 찾아볼 수 없는 키오스크 중 하나입니다. 이처럼 세상에 없는 새롭고 창의적인 키오스크를 설계해 봅시다.

Memo.

10 생활 속 프로그래밍 사례 9 : 로봇 청소기

지금까지 살펴본 생활 속 프로그래밍 사례는 활용 중심의 사례였다. 일상생활 속에서 쉽게 발견할 수 있는 프로그램 활용 중심이 아니라, 프로그램 동작 중심의 사례를 살펴보자! 이번 절에서는 로봇 청소기의 동작원리 중심의 프로그래밍 사례를 설명한다.

10.1 로봇 청소기의 핵심 구성은?

로봇 청소기는 어떻게 구성되었을까? 로봇 청소기를 구성하고 있는 장치 중 핵심적인 장비는 무엇일까? 가장 기본적인 것이 로봇 청소기가 장애물을 피해서 이동할 수 있도록 장착된 장애물 감지 센서sensor일 것이다.

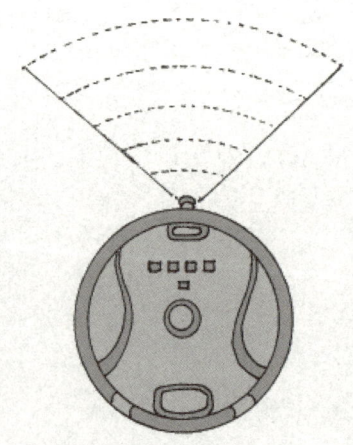

그림 32 로봇 청소기의 감지 센서

10.2 로봇 청소기가 직사각형 방의 왼쪽 하단 모퉁이에서 청소를 시작하는 사례

장애물을 감지하는 센서가 1개 장착된 로봇 청소기의 동작 원리를 생각해 보자. 가장 기본적으로 생각할 수 있는 것은 로봇 청소기가 장애물이 나오기 전까지 계속 직진해가면서 청소를 하는 것이다. 로봇 청소기가 청소를 하다가 장애물을 만나게 되면 '좌회전' 또는 '우회전'을 하여 청소를 계속하게 된다. 이와 같이 장애물을 감지하는 센서가 1개 장착된 로봇 청소기가 직사각형 방을 청소하기 위하여 이동하는 과정을 그림으로 표현한 것이 [그림 33]이다.

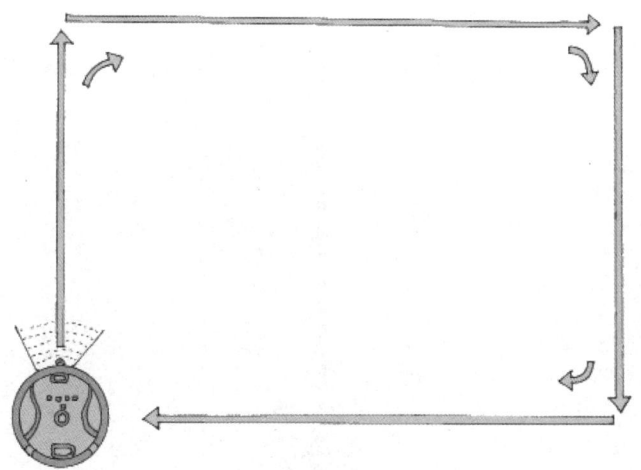

그림 33 로봇 청소기가 직사각형 방의 왼쪽 하단 모퉁이에서 청소를 시작하는 모습

[그림 33]과 같이 로봇 청소기가 이동하는 과정을 살펴보면 문제점을 쉽게 발견할 수 있다. 로봇 청소기가 계속해서 동일한 장소를 지나가게 된다는 것이다. 다시 이야기 하면 로봇 청소기가 동일한 장소만 청소를 하게 된다. 이와 같은 문제점을 해결할 수 있는 방법은 무엇인가? 로봇 청소기가 최초로 출발한 장소로 돌아오면 일정 거리를 이동하여 계속 청소를 위한 이동을 하면 될 것이다. 이러한 경우에 일정 거리를 이동한 '최초의 지점'은 로봇 청소기가 기억하고 있어야 한다.

10.3 로봇 청소기가 직사각형 방의 중앙 하단에서 청소를 시작하는 사례

그렇다면 로봇 청소기의 '최초 출발 지점'을 기억할 수 있는 방법은 무엇인가? 로봇 청소기가 직사각형 방안의 좌표 값을 기억하는 것이다. [그림 33]을 가정할 경우 우회전을 3번해서 장애물에 도착한 지점이 '최초 출발 지점'이 된다.

그러나 "로봇 청소기가 청소를 시작한 후 우회전을 3번해서 장애물에 도착한 지점이 '최초 출발 지점'이 된다"는 가정은 '최초 출발 지점'이 직사각형 방의 왼쪽 하단 귀퉁이 경우에만 적용되는 것이다. [그림 34]의 경우와 같이 로봇 청소기가 직사각형 방의 중간지점 하단에서 청소를 시작할 경우에는 적용될 수 없는 것이다.

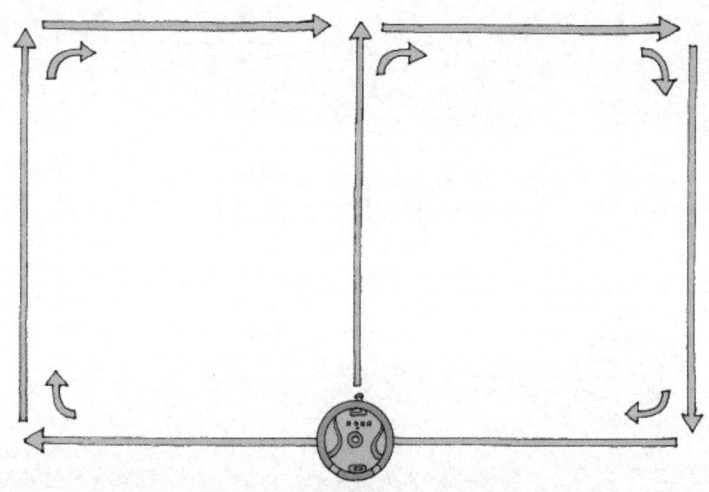

그림 34 로봇 청소기가 직사각형 방의 중앙 하단에서 청소를 시작하는 모습

[그림 33]과 [그림 34]의 차이점은 무엇인가? 로봇 청소기의 '최초 출발 지점'이 직사각형 방의 귀퉁이인가? 아닌가?의 차이다.

그렇다면 로봇 청소기의 '최초 출발 지점'이 '귀퉁이'가 좋은가? 아니면 '어디에서 출발하든' 상관이 없는가?

결론적으로 '귀퉁이'에서 출발하는 것이 로봇 청소기의 '최초 출발 지점'을 확인하기 좋다. [그림 34]와 같은 경우에 '최초 출발 지점'을 확인하는 것은 어렵기도 하고, 그럴 필요도 없다. 어떻게 하는 것이 좋을까? [그림 35]와 같이 로봇 청소기가 이동을 할 경우에는 로봇 청소기가 청소를 시작한 후 우회전을 5번해서 장애물을 만나는 지점을 '최초 출발 지점'으로 지정할 수 있다.

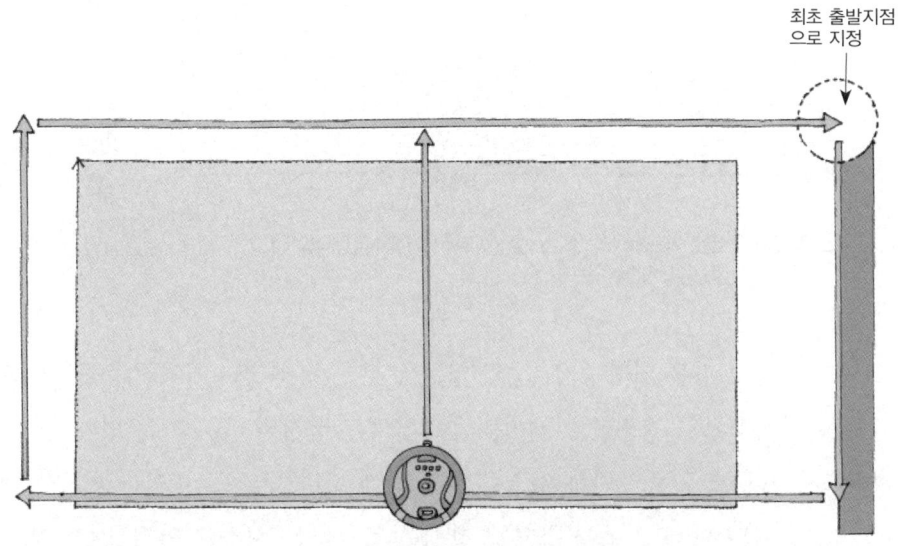

그림 35 로봇 청소기가 직사각형 방의 중앙 하단에서 청소를 시작한 후 '최초 출발 지점'을 지정하는 모습

'최초 출발 지점'이 지정되면 청소 구간이 변경된다. [그림 36]과 같이 청소 구간 변경은 로봇 청소기 크기만큼 이동한다. 이동이 완료된 후에는 로봇 청소기가 장애물을 만날 때까지 직진하면서 청소한 후에 우회전을 하면서 청소를 계속한다. 이 경우 '3번의 우회전'만으로 다음 청소 구간 변경 장소로 도착할 수 있다.

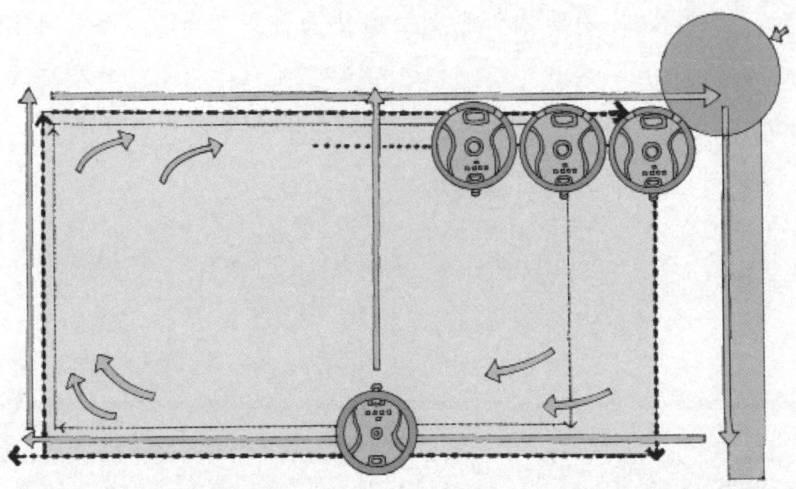

그림 36 로봇 청소기의 '최초 출발 지점'이 지정된 후 청소 구간을 변경하면서 청소를 해나가는 모습

직사각형 방의 경우 가장자리 4곳의 일정 부분은 로봇 청소기의 청소 구간 변경 횟수만큼 반복적으로 청소를 하게 된다. 그러나 가장자리 4곳 중 첫 번째 청소 구간 변경 시 이동한 구역은 반복 청소를 하지 않게 된다.

이와 같은 상황에서 로봇 청소기가 청소를 종료하는 시점은 언제인가? 청소해야 하는 구역이 로봇 청소기의 크기보다 작을 경우 로봇 청소기 작동을 중지할 수 있다.

10.4 로봇 청소기의 이동 방법 사례

지금까지 살펴본 로봇 청소기의 이동 방법이외에도 다양한 이동 방법을 적용할 수 있다. [그림 37]처럼 로봇 청소기가 직사각형 방의 중앙에서 청소를 시작하여 바깥쪽 방향으로 청소를 진행할 수 있으며, [그림 38]과 같이 직사각형 방의 한 쪽 모퉁이에서 로봇 청소기가 청소를 시작하여 지그재그 모양으로 이동하면서 청소를 할 수도 있고, [그림 39]와 같이 직사각형 방의 한 쪽 모퉁이에서 로봇 청소기가 청소를 시작하여 상하로 직진하면서 청소를 할 수도 있다.

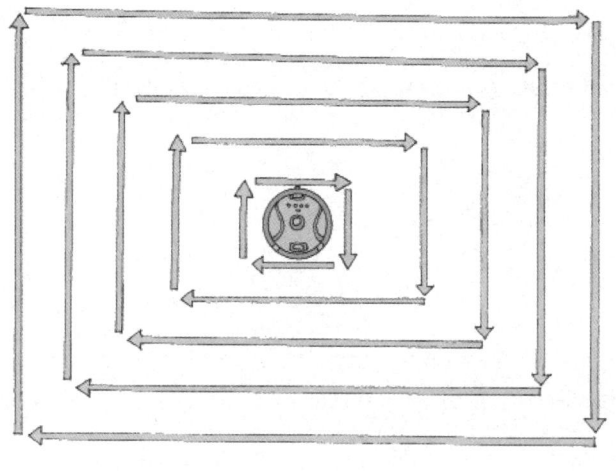

그림 37 로봇 청소기가 직사각형 방의 중앙에서 청소를 시작하는 모습

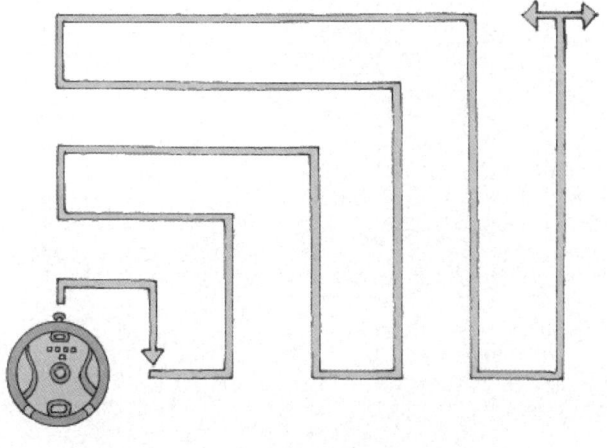

그림 38 로봇 청소기가 지그재그 모양으로 이동하면서 청소하는 모습

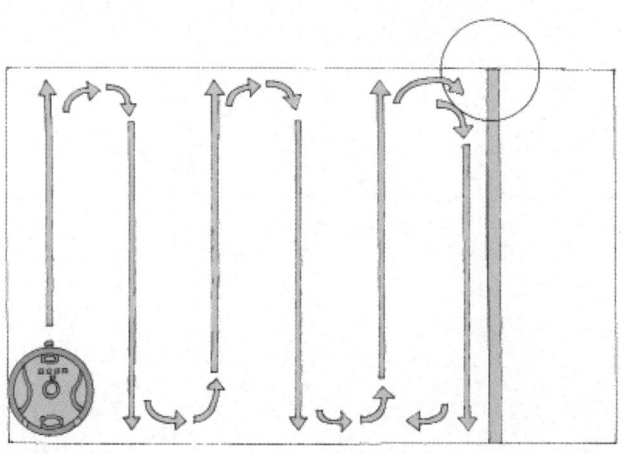

그림 39 로봇 청소기가 상하로 직진하면서 청소하는 모습

생각을 정리해 봅시다!

로봇 청소기의 다양한 이동 방법을 창의적으로 생각해 보고, 그 내용을 정리해 봅시다.

Memo.

10.5 우리가 사용할 수 있는 로봇 청소기는?

일상생활에서 우리가 사용할 수 있는 로봇 청소기는 어떠한 특성을 가지고 있는가? 로봇 청소기의 동작 원리에 대하여 확인할 수 있는 몇 가지 사항을 정리하면 다음과 같다.

① 로봇 청소기는 데크가 있다.
② 로봇 청소기 데크의 설치 지점이 로봇 청소기의 '청소 시작 지점'이며, '청소 종료 지점'이다.
③ 로봇 청소기가 청소를 해야 하는 공간은 직사각형의 방만 있는 것은 아니다.
④ 로봇 청소기가 청소를 해야 하는 공간에는 장애물이 벽만 있는 것은 아니다.
⑤ 로봇 청소기가 청소를 해야 하는 공간에는 다양한 장애물(예. 가구, 가전제품 등)이 있을 수 있다.
⑥ 로봇 청소기는 여러 개의 방을 이동하면서 청소를 할 수도 있다.
⑦ 로봇 청소기에는 장애물을 감지하는 센서가 여러 개 설치되어 있을 수 있다.

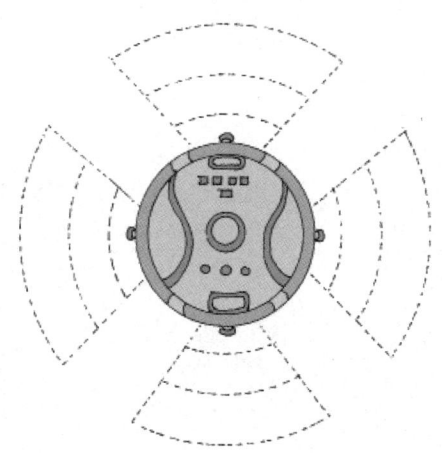

그림 40 여러 개의 센서가 장착된 로봇 청소기

생각을 정리해 봅시다!

일상생활에서 이용할 수 있는 로봇 청소기의 특성을 창의적으로 분석해보고, 그 로봇 청소기를 이용한 청소 방법을 정리해 봅시다.

Memo.

10.6 로봇 청소기의 명령어는?

로봇 청소기가 동작하기 위해서는 어떤 명령어가 있어야 할까? 기본적으로 필요한 명령어를 정리하면 다음과 같다.

① 시작
② 직진
③ 후진
④ 좌회전($90°$)
⑤ 우회전($90°$)
⑥ 방향전환($x°$)
⑦ 직진+청소
⑧ 시작 장소로 되돌아가기
⑨ 데크와 통신하기
⑩ 거리 계산하기
⑪ 종료

생각을 정리해 봅시다!

여러분이 로봇 청소기의 SW 개발자라면 어떤 명령어가 필요할까요? 창의적으로 생각해 보고, 그 내용을 정리해 봅시다.

Memo.

생각을 정리해 봅시다!

로봇 청소기의 동작 명령어를 활용하여 자신의 방을 청소할 수 있는 프로그램을 창의적으로 표현해 봅시다.

Memo.

11 생활 속 프로그래밍 사례 10 : 횡단보도 신호등 시스템

여러분이 신호등 시스템 SW 개발자라고 가정하고, 신호등 시스템이 교대로 신호등 불빛을 바꾸는 프로그램을 표현해 보자.

11.1 자연어를 이용하여 표현하기

횡단보도 신호등 시스템 프로그램을 표현하기 위해서는 다음과 같은 몇 가지 가정이 필요하다.

첫째, 신호등 시스템이 교대로 불빛을 변경하는 시간 단위는 30초로 가정한다.

둘째, 최초로 신호등이 작동할 때의 신호등 색깔은 '녹색'이라고 가정한다.

이와 같은 가정을 이용하면 다음과 같은 프로그램 표현이 가능하다.

① 신호등 불빛은 녹색불이 켜진 상태에서 시작한다.
② 30초가 경과하면 신호등 불빛을 변경한다.

[프로그램] 자연어를 이용한 횡단보도 신호등 시스템(1)

그런데 이것을 프로그램 표현이라고 하기에는 뭔가 조금 부족한 듯하다. 왜 그럴까?

"30초가 경과하면 신호등 불빛을 변경한다."라는 한 줄 표현에 많은 의미가 함축적으로 담겨져 있기 때문이다.

함축되어 있는 많은 의미를 세분화(정교화) 시킬 필요가 있다.

지금부터 세분화 시켜보자.

① 신호등 불빛은 녹색불이 켜진 상태에서 시작한다.
② 경과시간이 30초가 지났는가? 검사한다.
　(2-1) 30초가 지났을 경우,
　　　현재 신호등 불빛을 다른 불빛으로 변경한다.
　(2-2) 30초가 지나지 않았을 경우,
　　　다시 경과시간 검사를 시행한다.

[프로그램]　자연어를 이용한 횡단보도 신호등 시스템(2)

어떠한가? 조금은 나아졌다. 그러나 아직도 뭔가 부족하다는 느낌이 든다.
왜 그러한가?
지금 표현한 프로그램은 신호등 불빛이 한 번 바뀌면 다시는 변경되지 않는다. 계속 반복해서 작동하지 않는다는 것이다.
이유는 "(2-1) 30초가 지났을 경우, 현재 신호등 불빛을 다른 불빛으로 변경한다." 이후에 경과시간을 검사하지 않기 때문이다.
지금부터 보완해 보자.

① 신호등 불빛은 녹색불이 켜진 상태에서 시작한다.
② 경과시간이 30초가 지났는가? 검사한다.
　(2-1) 30초가 지났을 경우,
　　　현재 신호등 불빛을 다른 불빛으로 변경한다.
　　　경과시간 검사를 시작하는 ②번 줄 내용을 시행한다.
　(2-2) 30초가 지나지 않았을 경우,
　　　다시 경과시간 검사를 시행한다.

[프로그램]　자연어를 이용한 횡단보도 신호등 시스템(3)

이제야 프로그램 표현다워졌다.

11.2 명령어를 이용하여 표현하기

지금부터는 새롭게 정의한 프로그램 명령어를 이용하여 더 정교하게 프로그램을 표현해 보자.

지금까지 표현한 프로그램을 명령어를 이용하여 정교하게 표현하기 위해서는 어떤 종류의 프로그램 명령어가 필요할까? 기본적인 내용부터 생각해 보자.

① 신호등을 켜야 한다.
② 신호등 불빛을 변경해야 한다.
③ 정해진 시간이 경과했는지 조건을 검사해야 한다.
④ 신호등 시스템을 쉬지 않고 무한반복 해야 한다.

[프로그램] 프로그램 명령어(1)

이상과 같은 기본적인 프로그램 명령어를 다음과 같이 정의하자.

① ON(x) : 괄호안의 x빛으로 신호등을 켠다.
② CHANGE(x) : 괄호안의 x빛을 변경한다.
③ IF(x) : 괄호안의 조건(x)을 검사한다.
    THEN : 조건을 만족할(참, TRUE) 경우 시행한다.
    ELSE : 조건을 만족하지 않을(거짓, FALSE) 경우 시행한다.
④ WHILE(x) ~ DO : 괄호안의 조건(x)이 '참'인 동안 계속 시행한다.

[프로그램] 프로그램 명령어(2)

이제 기본적인 명령어는 준비되었다.

그러나 지금 정의한 프로그램 명령어를 이용하여 정교한 프로그램 표현을 할 수는 없다.

무엇이 필요한가? 하나씩 살펴보자.

① 신호등 불빛을 변경하는 조건은 '30초가 경과된 경우'이다. '30초'는 결정되었으니, 신호등 시스템이 시작하면서부터 시간을 초 단위로 계산할 수 있는 값이 필요하다. 그런데 그 값은 말 그대로 '초 단위로 계속 변하게 된다' 그래서 이러한 특성을 지니는 값을 변하는 수를 의미하는 '변수 variables'라 한다. '경과시간'을 의미하는 변수 이름을 무엇으로 정의할까? 'DURATION'으로 정의하자.

② 신호등 불빛은 '초록'과 '빨강' 두 종류이다. '초록'과 '빨강'을 표현할 수 있는 변수가 필요하다. '신호등 불빛'을 의미하는 변수 이름을 무엇으로 정의할까? 'LIGHT'로 정의하자.

③ 변수는 변하는 수이다. 그렇다면 변하지 않는 수는 무엇인가? '상수 constant'이다. 신호등 빛인 '초록'과 '빨강'은 변하지 않는 상수이다. 무엇으로 정의할 수 있을까? 'GREEN'과 'RED'로 정의하자.

④ 신호등이 시작할 때 환경을 생각해보자. 초기 환경은 어떠한가? 신호등 빛은 '초록'으로 시작하며, 경과시간은 '0'으로 시작한다. 이러한 내용은 '초기값 initial value'으로 지정할 수 있다.

⑤ 조건 값이 '참' 또는 '거짓'인 경우는 무엇으로 표현할까? 'TRUE'와 'FALSE'로 표현하자.

[프로그램] 프로그램 표현 준비사항(변수, 상수, 초기값)

이제 프로그램 명령어를 이용하여 프로그램을 표현할 준비가 되었다.
지금부터 표현해 보자.

① RED
② GREEN
③ LIGHT ← GREEN
④ DURATION ← 0
⑤ ON (LIGHT)
⑥ WHILE (TRUE)
⑦   IF (DURATION >= 30)
⑧   THEN {CHANGE (LIGHT),
⑨   DURATION ← 0}
⑩   ELSE (DURATION ← DURATION + 1)
⑪ DO

[프로그램] 명령어를 이용한 횡단보도 신호등 시스템

명령어만 있으니, 내용을 이해하기 어려운가?
프로그램 작성 시에 프로그램 명령어 이외에 설명 부분을 추가할 수 있다.
이를 주석comments이라 한다.
그러면, 어떻게 프로그램 명령어인지, 프로그램을 설명하는 주석인지를 구분할 수 있을까?
특수한 기호의 사용을 약속해야 한다.
프로그램 언어마다 다를 수 있으나, 일반적으로 '/*'으로 시작하고 '*/'으로 끝나는 부분에 작성한다.
주석을 포함하는 프로그램을 표현해 보자.

① RED

　/* 빨간 신호등 값 */

② GREEN

　/* 초록 신호등 값 */

③ LIGHT ← GREEN

　/* 신호등 빛의 초기 값을 '초록'으로 지정 */

④ DURATION ← 0

　/* 경과시간의 초기 값을 '0'으로 지정 */

⑤ ON (LIGHT)

　/* 신호등 켜기 */

⑥ WHILE (TRUE)

　/* ⑦부터 ⑩까지의 내용을 무한반복으로 시행 */

⑦ IF (DURATION >= 30)

　/* 경과시간이 '30'이상인가? 검사 */

⑧　　THEN {CHANGE (LIGHT),

　/* 경과시간이 '30'이상일 경우, 신호등 빛을 변경 */

⑨　　　　　　DURATION ← 0}

　/* 경과시간이 '30'이상일 경우, 경과시간 값을 '0초'로 지정 */

⑩　　ELSE　(DURATION ← DURATION + 1)

　/* 경과시간이 '30'이상이 아닐 경우, 경과시간 값을 '1초' 증가 */

⑪ DO

　/* ⑦번 내용 시행 */

[프로그램] 명령어와 주석을 이용한 횡단보도 신호등 시스템(1)

주석이 포함된 프로그램이 완성되었다.

프로그램에 주석을 포함시키는 이유는 프로그램 개발자가 향후 프로그램 수정 작업을 용이하게 처리하려는 것이다.

'경과시간' 제한조건인 '30초'를 프로그램의 시작 부분에 정의하는 것이 향후 프로그램 수정 작업을 용이하게 처리할 수 있을 것이다. 만약 대형 프로그램이라면 더더욱 그렇다.

'경과시간' 제한조건을 프로그램 시작부분에 정의해 보자.

```
① RED
② GREEN
③ LIGHT ← GREEN
④ LIMIT ← 30
        /* LIMIT 변수에 시간 경과 제한조건인 30을 지정 */
⑤ DURATION ← 0
⑥ ON (LIGHT)
⑦ WHILE (TRUE)
⑧     IF (DURATION >= LIMIT)
    /* 경과시간이 'LIMIT' 이상일 경우, 신호등 빛을 변경 */
⑨         THEN  {CHANGE (LIGHT),
⑩                DURATION ← 0}
⑪         ELSE  (DURATION ← DURATION + 1)
⑫ DO
```

[프로그램] 명령어를 이용한 횡단보도 신호등 시스템

생각을 정리해 봅시다!

지금까지 설명한 '횡단보도 신호등 시스템'에서는 '초록'과 '빨강' 신호의 대기시간이 '30초'로 동일하였습니다. 지금부터 '초록'과 '빨강' 신호의 대기시간을 다르게 할 경우를 생각해 보고 프로그램 표현 방법을 정리해 봅시다.

Memo.

생각을 정리해 봅시다!

지금까지 설명한 '횡단보도 신호등 시스템'을 확장하여 '교차로 신호등 시스템'을 생각해 보고, 프로그램 표현 방법을 정리해 봅시다.

Memo.

생각을 정리해 봅시다!

교통 신호 시스템이 잘 정비된 세계 유수의 대도시에는 지능형 교통 시스템Intelligent Transportation System : ITS이 구축되어 있습니다. 이 시스템에는 차량의 흐름을 분석하여 교통 체증을 최소화할 수 있는 방안들이 포함되어 있습니다. 지능형 교통 시스템을 구축할 때 고려되어야 할 사항들을 창의적으로 생각해 보고, 그 내용을 정리해 봅시다.

Memo.

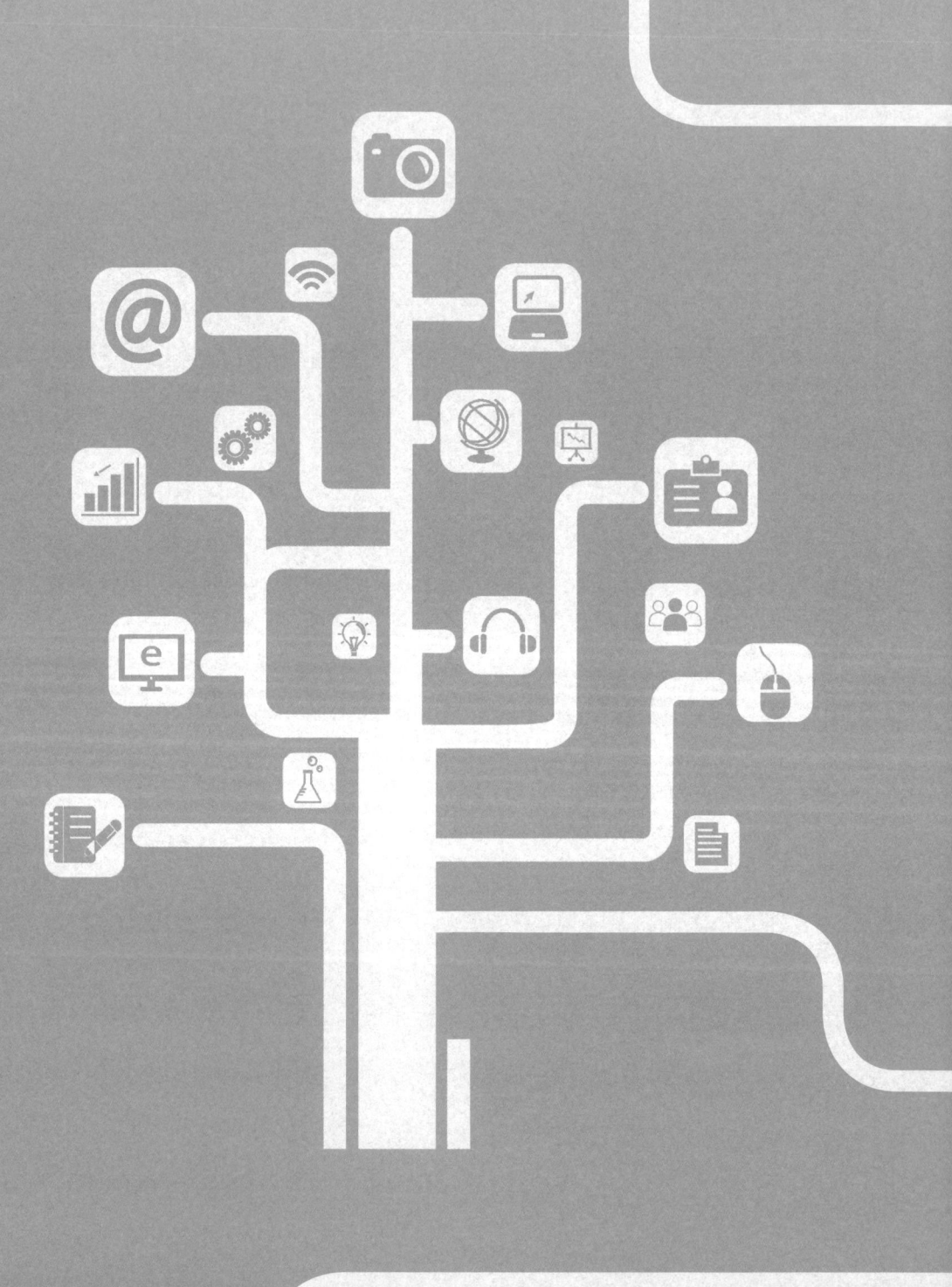

제8장

생활 속 스케줄링!

1 왜 생활 속 스케줄링인가?

우리는 살아가면서 수 없이 많은 스케줄schedule을 세우게 된다. 짧게는 하루의 스케줄부터 길게는 년 단위의 스케줄까지 매우 다양한 스케줄을 계획하고 수립한다. 스케줄의 종류도 다양하다. 기본적인 생활 내용에 대한 스케줄과 특별한 생활 내용에 대한 스케줄까지 여러 종류가 있을 수 있다. 다양한 유형의 예를 들어보자.

첫째, 수능시험을 앞둔 수험생들은 년간 학습계획스케줄에 따라 체계적인 공부를 하고자 할 것이다. 결과적으로는 자신이 원하는 대학의 학과에 입학하고자 할 것이다.

둘째, 자동차 영업 사원의 경우에는 자동차를 구매할 가능성이 높은 잠재 고객들을 대상으로 방문계획스케줄에 따라 자동차 판매왕이 되고자 꿈을 꿀 것이다.

셋째, 가정주부의 경우에도 사랑하는 가족들의 건강을 위한 주간 식단 스케줄에 따라 가족들의 식사를 준비할 수 있을 것이다.

이와 같이 다양한 목적에 따라 스케줄을 수립하는 과정을 스케줄링scheduling이라 한다. 컴퓨터의 작동을 책임지는 운영체제Operating System : OS 입장에서 가장 중요한 핵심 기능 중 하나가 스케줄링이다. 세상에서 성공한 사람들의 특성을 주의깊게 살펴보라. 대부분의 성공한 사람들은 자신이 해야 할 일에 대한 철저한 스케줄 관리를 시행하는 특성을 발견할 수 있다.

> **더 생각해 보기**
> 일상생활 주변의 스케줄링 사례에는 어떤 것이 있을까요? 다양한 사례들을 찾아봅시다.

스케줄링 시에 중요하게 고려해야 되는 요소들이 있다. 수험생일 경우를 예로 들면 선호하는 과목, 부족한 과목, 배점 비율이 높은 중요한 과목, 전략 과목 등과 자신의 생체리듬에 따른 새벽형 또는 저녁형 학습계획 등이 될 수 있을 것이다.

그렇다면 이와 같은 여러 가지 요소들 중에서 가장 중요한 것은 무엇인가? 또는 가장 중요성이 떨어지는 요소는 무엇인가? 이러한 질문에 대한 답은 사람마다 상황에 따라 약간의 차이가 있을 것이다. 즉, 우선순위priority가 다를 수 있을 것이다. 우선순위를 잘 고려하여 체계적인 스케줄링을 할 경우 계획한 목표가 성공적으로 이루어 질 가능성이 높다.

연예인의 경우에는 매니저가 주로 스케줄링을 하게 된다. 해당 연예인과 매니저의 성향에 따라 성공할 수도 있고, 그저 그런 연예인으로 남을 수도 있다. 연예인들의 스케줄을 수립할 때 고려할 수 있는 요소들은 무엇일까? 개런티, 인기 프로그램의 여부시청률, 소요시간, 참여시간 대새벽 또는 저녁시간, 이동하는 거리, 요청 순서 등 다양할 것이다.

생각을 정리해 봅시다!

여러분이 매니저라면 연예인의 스케줄링에서 무엇을 가장 높은 우선순위로 생각할 것인가요? 그 이유는 무엇인가요? 창의적으로 생각해 보고, 그 내용을 정리해 봅시다.

Memo.

생각을 정리해 봅시다!

여러분들은 일상생활 중에 어떤 스케줄을 계획하고 수립하나요? 스케줄링 시에는 어떤 요소들을 고려하나요? 창의적으로 생각해 보고, 그 내용을 정리해 봅시다.

Memo.

2 자원 할당 프로그램 사례 : 줄 서기!

자원Resource이란 특정한 일을 수행하기 위해서 필요한 것을 의미한다. 일반적으로 자원은 한정적이며 제한적이다. 즉, 필요로 하는 곳은 많이 있으나, 동시에 모든 곳에 자원을 제공할 수는 없다는 것이다. 예를 들어보자!

휴일 또는 명절 대목 시에 대형 마트의 계산대를 상상해 보자! 자신이 구매한 물품을 계산하고자 하는 고객들은 많으나, 계산대는 부족하다. 이러한 경우에 계산대counter 는 자원인 것이다.

중요한 자원인 계산대를 체계적이고 효과적으로 고객들이 이용할 수 있도록 하는 것은 매우 중요하다. 계산대를 고객에게 할당하는 자원 할당resource allocation 프로그램인 계산대 할당 프로그램이 필요한 것이다.

자원 할당 프로그램은 어떻게 작동하는가? 지금부터 알아보자!

그림 1 대형 마트의 계산대

생각을 정리해 봅시다!

우리 주변에는 수 없이 많은 자원들이 있습니다. 스케줄링을 하기 위하여 고려해야 하는 자원들은 무엇이 있을까요? 창의적으로 생각해 보고, 그 내용을 정리해 봅시다.

Memo.

2.1 알아서 줄 서기!

출퇴근 시에 환승객들로 붐비는 지하철역의 공중화장실은 어떠한가? 화장실의 변기 또한 자원이다. 화장실을 이용하고자 하는 사람들은 많고 변기는 한정되어 있다면, 사람들이 칸칸이 들어선 변기 앞에 줄을 서서 기다린다.

새롭게 화장실로 들어선 사람들은 줄이 짧은 곳에 가서 기다리게 된다. 처음 줄을 서서 기다릴 때 제일 짧았던 줄이 나중에는 제일 오래 기다려야 하는 경우가 종종 있다. 일종의 머피의 법칙이 적용되는 것이다.

> **생각을 정리해 봅시다!**
>
> 알아서 줄 서기를 적용하기에 적합한 사례는 무엇이 있을까요? 창의적으로 생각해 보고, 그 내용을 정리해 봅시다.

Memo.

2.2 한 줄 서기!

알아서 줄 서기와 같은 문제를 해결할 수 있는 방법은 무엇인가? 한 줄로 서는 것이다! 줄이라는 것은 먼저 도착한 사람이 자원을 먼저 사용하는 구조First In First Out : FIFO이다. 컴퓨터과학의 자료구조data structure 중 큐Queue에 해당한다. 한 줄로 서서 기다리면, 늦게 온 사람이 먼저 서비스를 받는 일은 없게 된다. 공정한 규칙을 찾게 된 것이다. 한 줄 서기는 이제 우리 주변에서 쉽게 찾아볼 수 있다. 해외여행을 가기 위하여 국제공항에 도착하면 내가 예약한 항공사의 티켓 발권 창구에는 도착한 순서대로 긴 줄을 서게 된다. 한 줄 서기인 것이다.

그림 2 인천공항의 한 줄 서기 사례   그림 3 영화관의 한 줄 서기 사례

더 생각해 보기

한 줄 서기를 적용하기에 적합한 사례와 불편한 사례는 무엇이 있을까요? 창의적으로 생각해 봅시다.

2.3 가상의 줄! 번호표 발행기

'한 줄 서기'의 문제점은 없는가? 줄이 긴 경우에는 어떠한가? 한참 바쁘고 분주한 시간대에 은행 창구라던가, 명절 휴일에 영화관 매표소 앞의 경우를 상상해 보라! 엄청나게 긴 줄일 것이다. 서서 기다리는 사람들의 경우는 어떠한가? 지루하기도 하거니와 다리가 아플 것이다. 이를 개선할 수 있는 방법은 무엇인가?

대기 순서를 인쇄하는 '번호표 발행기'를 사용하는 것이다. 한 줄 서기의 개념과 같으나, 물리적인 줄을 서는 것이 아니라 개념적인 가상의 줄을 서는 것이다.

생각을 정리해 봅시다!

가상의 줄인 번호표 발행기가 설치된 장소는 매우 많습니다. 기존에 쉽게 찾아볼 수 없거나 새롭게 설치하면 좋을 것 같은 장소는 어디가 있을까요? 창의적으로 생각해 보고, 그 내용을 정리해 봅시다.

Memo.

그림 4 순번대기 번호표 발행기
(종합병원 창구의 서비스를 대기하는 순번대기 번호표 발행기)

그림 5 용도에 따라 두 개의 순번대기 번호표 발행기를 설치한 사례
('교환/환불'용 순번대기표와 '상품권 구매/포인트 교환'용 순번대기표를 설치한 사례)

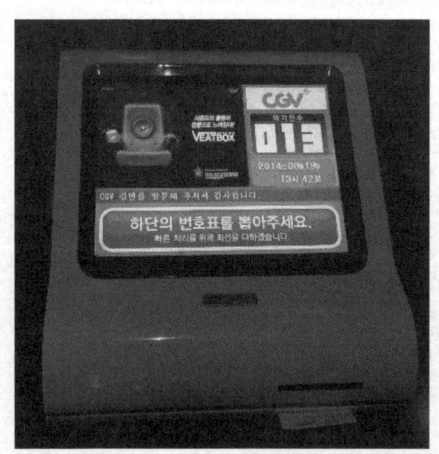
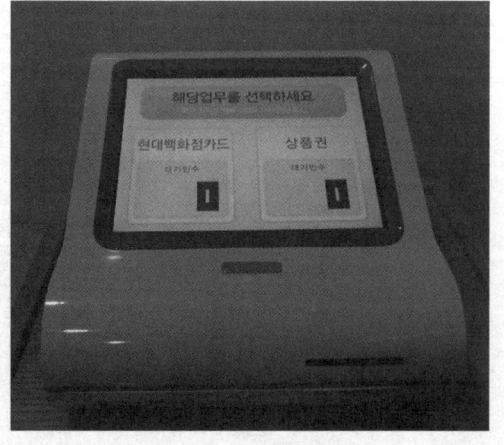

그림 6 순번대기 번호표 발행기
(영화관 창구의 서비스를 대기하는 순번대기 번호표 발행기 사례, 대기 인원 수를 화면에서 표시하고 있음)

그림 7 하나의 순번대기 번호표 발행기에서 두 개의 업무를 처리할 수 있도록 구현한 사례
('백화점카드'용 순번대기표와 '상품권'용 순번대기표 번호표 발행기)

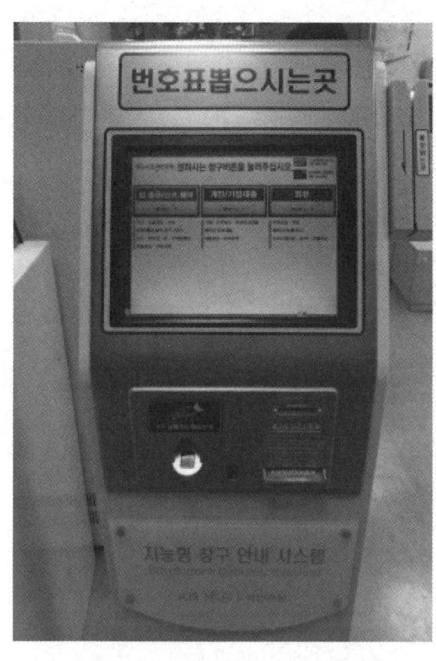

그림 8 다양한 용도를 한 대의 지능형 순번대기 번호표 발행기로 구현한 사례
('입·출금/신규·해약 창구', '개인/기업 대출 창구', '외환 창구' 등을 구분하여 순번대기표를 발행할 수 있는 지능형 순번대기 번호표 발행기)

생각을 정리해 봅시다!

[그림 4]부터 [그림 8]까지의 순번대기 번호표 발행기를 살펴보았나요? 단순한 기능부터 복합기능까지 그 종류가 다양합니다. 여러분들이 순번대기 번호표 발행기를 개발할 경우에는 어떻게 할 것인지 생각해 보고, 그 내용을 정리해 봅시다.

Memo.

2.4 세상은 공평하지 않다! 우선순위의 개념

지금까지 살펴본 줄 서기의 개념은 도착순 또는 선착순 규칙을 지키는 것이다. 이러한 방법은 공평한 것이다. 그러나 세상은 그리 공평하지만은 않다! 세상에 공평한 줄 서기만 있는가? 그렇지 않다. 지금부터 중요하거나 의미 있는 내용들을 먼저 처리하도록 하는 방법을 알아보자. 즉, 빠른 줄 서기 방법에 대하여 알아보자.

(1) 소량 구매자는 계산도 빨리!

대형마트의 경우 일반적으로 5개 이하의 물품을 구매한 고객들을 위한 '소량 결재 전용 계산대'를 운영하고 있다. 소량의 물품을 구매한 고객들이 긴 대기 시간을 기다리는 것은 불합리하다고 판단한 것이다. 결과적으로 빨리 계산을 할 수 있는 특수한 빠른 줄 fast lane 을 고안한 것이다.

그림 9 소량 상품전용 계산대
(5개 이하의 상품을 구매한 고객 대상)

(2) 빠른 줄 티켓 판매!

빠른 줄 서기의 개념은 놀이공원에서도 제공된다. 휴일 놀이공원의 인기 있는 놀이기구를 타기 위해서는 엄청난 인내심이 필요하다. 만약 정식 입장료가 $100일 경우 빠른 줄 서기가 가능한 입장권빠른 줄 티켓, fast lane ticket을 $200에 판매한다면 어떻겠는가? 경제적인 여유가 있으나 시간적인 여유가 없는 고객들에게는 유용할 것이다. 빠른 줄 티켓 판매로 발생한 이윤은 놀이공원 시설 개선이나 고객 서비스 개선 등을 위하여 사용하면 좋을 것이다. 미국의 디즈니랜드나 유니버설스튜디오와 같은 해외 유명 놀이공원에서는 적용하고 있는 줄 서기 개념이다.

항공기 티켓의 경우 가격 차이에 따른 일반석economy class과 비즈니스석business class 또는 일등석first class 간의 차이점은 좌석의 배치와 공간의 차이, 서비스 질 차이, 해당 항공사 라운지 이용 여부뿐만 아니라 보딩 패스boarding pass 발권 시에도 별도의 빠른 줄을 이용할 수 있는 차이점이 존재한다.

그림 10 비즈니스석과 일등석 전용 카운터(인천공항)
(일반석 카운터가 붐비는 경우에도 신속한 처리가
가능하도록 빠른 줄 서비스를 제공)

(3) VIP 창구!

은행 업무를 보기위해서는 번호표를 뽑아 기다려야 한다. 그러나 VIP 고객들은 어떠한가? 별도의 VIP 룸에서 빠른 줄 서비스를 이용할 수 있다. VIP 전용의 빠른 줄 서비스를 적용하는 곳은 은행뿐만이 아니다. 해외여행 시 시내에 위치한 면세점에서 물건을 구매할 경우 공항에서 픽업해야 한다. 시내 면세점에서 물건을 구매하여 외국으로 출국하는 사람들이 많을 경우에는 공항의 면세품 픽업 창구는 매우 붐비게 된다. 이 경우에도 VIP 전용 서비스예, 롯데면세점의 LVIP 서비스를 제공하고 있다.

그림 11 은행의 VIP 고객 전용 창구

더 생각해 보기

기존에는 없지만 새롭게 VIP 창구를 설치하면 좋을 것 같은 장소는 어디가 있을까요? 창의적으로 생각해 봅시다.

(4) VIP 주차 서비스

휴일 도심에 위치한 대형 백화점에 자동차를 가지고 갈 경우를 상상해 보자! 주차장에 자동차를 주차하고 쇼핑을 시작하려면 기운이 빠지는 상태가 된다. 그 만큼 휴일 도심 백화점의 주차장에 주차하는 것은 전쟁인 것이다. 그렇기 때문에 도심의 대형 백화점의 경우 VIP 고객만을 위한 발렛 파킹 서비스valet parking service를 제공하고 있다. 주차를 위한 빠른 줄을 제공한 것이다.

그림 12 백화점 VIP 고객 전용 발렛 파킹 서비스 창구

더 생각해 보기

세상에 없는 ICT 기반의 VIP 서비스를 만들고자 할 때 어떤 것을 만들면 좋을까요? 창의적으로 생각해 봅시다.

(5) 고속도로 하이패스!

줄 서기는 사람들에게만 적용되는 것은 아니다! 차량들에게도 적용될 수 있다. 고속도로와 같이 유료도로의 경우 톨게이트가 설치되어 있다. 우리나라의 경우 하이패스hi-pass 서비스에 가입된 단말기가 설치된 차량은 빠른 줄 서기가 가능하다.

그림 13 하이패스 차선이 있는 고속도로 톨게이트

이상과 같은 빠른 줄 서기의 개념은 우선순위priority 개념을 적용한 것이다. 우선순위란 평등사상과는 반대되는 개념이다. 어떤 일을 수행할 때 중요도에 따라 우선순위를 부여하는 것이다. 우선순위를 결정하는 중요도는 다양하여 시간시급성, 예산, 건강, 친밀도 등 여러 가지가 있을 수 있으며, 상황에 맞도록 설정하면 된다.

더 생각해 보기

지금까지 살펴 본 빠른 줄 서비스에는 어떤 내용들이 더 있을까요? 우리의 생활 주변에서 찾아봅시다!

3 세상은 공평하지 않다! 약수터 우선순위

여러분은 혹시 수질이 좋은 약수터에서 물을 받아가기 위하여 줄을 서 본 경험이 있는가? 경험이 있다면 조금은 불합리하다고 생각한 적은 없는가?

그렇다! 나는 1.5리터짜리 하나의 작은 생수병을 가져왔는데, 내 앞에 줄을 서 있는 사람들은 엄청나게 큰 대형 물통을 여러 개 가져온 것이다. 정말 불공평하다! 나는 30초면 생수병에 약수물을 채우고 갈 수 있는데, 저 사람들은 5분에서 10분까지도 걸릴 수 있으니 얼마나 불공평 한 것인가?

재수가 좋다면 착한 사람들이 앞줄에 서 있어서 나에게 양보하는 경우도 있을 수 있다. 이 경우에 앞에 서 있던 사람이 나에게 먼저 물을 떠갈 수 있도록 양보한 이유근거는 무엇인가? 얼굴이 예뻐서? 아니다! "약수물을 받는 데 걸리는 시간이 짧기 때문이다!" 그 정도는 참을만 하다는 것이다.

조금만 생각해 보면 약수터에서 뒷사람에게 양보하는 것과 같이 '특정한 일을 수행할 때 걸리는 시간'이 짧은 것에 우선순위를 높게 부여하는 사례를 어렵지 않게 찾아볼 수 있다. 이와 같이 짧은 시간에 높은 우선순위를 부여하는 스케줄링 전략은 '짧은 일 먼저 하기Shortest Job First : SJF'라고 정의할 수 있을 것이다.

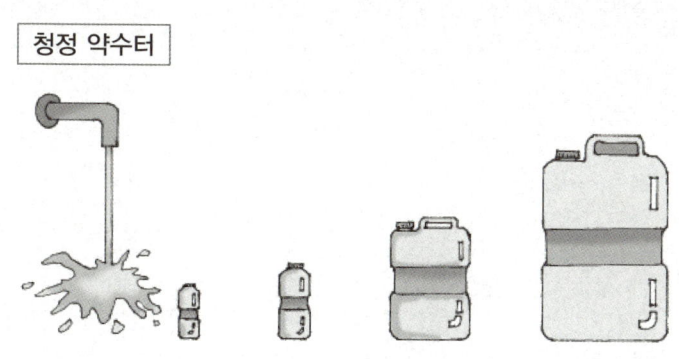

제8장 생활속 스케줄링!

생각을 정리해 봅시다!

우리 주변에서 확인할 수 있는 '짧은 일 먼저 하기'의 사례를 찾아보고, '짧은 일 먼저 하기'의 장점과 단점을 정리해 봅시다.

Memo.

생각을 정리해 봅시다!

역발상을 해봅시다! '오래 걸리는 일 먼저 하기' 즉, LJF Longest Job First 의 사례를 우리가 살아가는 현실세계 찾아보고, '오래 걸리는 일 먼저 하기'의 장점과 단점을 정리해 봅시다.

Memo.

4 우선순위 정책 사례!

주차공간의 경우에도 우선순위 정책이 적용된다. 대부분의 주차장에는 '장애인 우선 주차구역' 또는 '장애인 전용 주차구역'이 지정되어 있다. 만약 비장애인이 장애인 전용 주차구역에 주차를 할 경우 범칙금을 받게 된다. 대표적인 주차공간에 대한 우선순위 작용 사례이다.

그림 14 장애인 우선 주차구역

이 외에도 대학 캠퍼스의 주차공간에는 '교직원 전용 주차구역'이 지정된 곳이 있다. 교직원들에게 주차 우선권을 부여한 것이다.

그림 15 교직원 우선 주차구역

대규모 아파트 단지나 주상복합빌딩의 경우에도 '거주자 우선 주차구역' 또는 '거주자 전용 주차구역'이 지정되어 있다. 해당 빌딩에 거주하고 있는 주민들에게 주차 우선권을 부여한 사례이다.

그림 16 거주자 우선 주차구역(입주회원전용)

제8장 생활속 스케줄링! 301

주차 공간 우선순위 정책의 경우 다른 정책과 연동되어 결정되기도 한다. 예를 들면, 에너지 절감 정책의 추진에 따라 경차, 하이브리드 자동차, 전기차 등에게 전용 주차 공간을 부여하기도 한다.

그림 17 경차 전용 주차구역

자동차 운행 차선의 경우를 상상해 보자. 1차선, 2차선, 3차선, 4차선… 일반적으로 1차선은 빠른 속도로 진행하는 차량들의 몫이다. 어떤 경우에는 1차선을 '추월차선'이라고도 한다. 그리고 가장 마지막 차선은 저속 차량의 몫이라고 생각한다. 이와 같은 생각은 묵시적으로implicitly 인정되고 있다.

사람들은 묵시적인 관계는 지켜도 그만 지키지 않아도 그만이라고 생각한다. 이를 개선하기 위하여 명시적으로explicitly 차선의 용도를 지정하기도 한다. 대표적인 사례가 도심의 '버스 전용차선'이다. 도로의 특정 차선서울시의 경우는 주로 1차선을 버스만이 통행할 수 있도록 지정한 것이다.

고속도로에도 '버스 전용차선' 구간이 존재한다. 교통량이 많은 구간에 '버스 전용차선'을 지정함으로써 많은 인원이 탑승한 차량들의 소통을 원활하게 진행시키고자 하는 것이다.

1차선 도로 또는 언덕이 있는 지방도로 구간에는 '추월차선'이 존재한다. 1차선 도로를 상상해 보자. 맨 선두에는 세상에서 가장 느린 트랙터가 지나가고 있다. 그 뒤쪽으로는 신나게 속도를 내서 달리고 싶은 잘빠진 세단과 스포츠카들이 뒤따르고 있다. 얼마나 답답하겠는가? 중간 중간 '추월차선'은 필요한 것이다.

> **생각을 정리해 봅시다!**
>
> 우선순위 정책을 적절히 사용할 경우 그 효과가 크다는 것을 알 수 있습니다. 세상에 존재하지 않는 우선순위 정책을 창의적으로 생각해 보고, 그 내용을 정리해 봅시다.

Memo.

5 우선순위 정책의 변화 사례!

미국 캘리포니아 소재 LA 지역 highway의 'car pool lane'은 'express lane'으로 변경되었다. 'car pool lane'은 3인 이상 승차한 자동차에게 우선순위를 부여하여 전용으로 달릴 수 있도록 지정한 우선순위 차선이다. 이와 같은 'car pool lane' 정책이 'express lane' 정책으로 변경되었다. 'express lane'은 'express lane 전용 단말기'를 설치한 차량에 한하여 지정된 우선순위 차선을 통행할 수 있도록 허용하는 것이다. 마치 우리나라의 하이패스 전용 단말기와 같다.

'express lane'의 경우 요금 정책은 어떻게 결정할 수 있는가? 첫째, 일정 기간(예, 주, 월, 년 단위) 동안 정해진 요금을 부과할 수 있을 것이다. 둘째, 단말기를 장착한 차량은 'express lane'을 통과한 거리와 횟수 등을 고려하여 요금을 부과할 수 있을 것이다.

요금 정책 수립 시에 우선순위를 고려하는 경우도 있다. 장애인 차량, 국가유공자 차량, 경차 등에 통행료 또는 주차비용에 혜택을 주는 것은 우선순위 정책을 적용하는 것이다.

그림 18 LA 지역 highway의 express lane 표지판 (2014년 봄)

6   몸은 하나인데, 할 일은 여러 가지! 여러 가지 일들을 조금씩 나누어 하자! : 시분할 time sharing

앞에서 이야기 했듯이 모든 일에는 중요도에 따라 우선순위를 지정할 수 있다. 그렇지만 중요도가 비슷한 여러 가지 일들을 한 사람이 동시에 처리할 수는 없을까? 지금부터 생각해 보자!

여러 가지 일들을 일정 시간을 정하여 조금씩 나누어 일을 처리할 수 있다. 즉, '시간을 분할에서 사용하는 스케줄링'이며, 이를 간단히 시분할 time sharing 방식이라 한다. 예를 들어, 4가지 일들을 동시에 처리할 경우 1번부터 4번까지 정해진 시간 단위로 쪼개어 일을 처리하게 된다. 이렇게 일을 처리하다 보면 짧은 일들은 먼저 일처리가 끝날 것이고, 긴 일들은 나중에 일이 끝나게 될 것이다. 매우 평등한 방법인 이와 같은 스케줄링 전략을 라운드로빈 round-robin 방식이라 한다. 세상에서 제일 평등한 전략인 것이다.

[그림 19]는 동시에 도착한 4개의 작업을 '일정 시간' 단위로 나누어 라운드로빈 방식으로 처리하는 것을 개념적으로 표현한 것이다. '작업 1'은 5번으로 나누어 처리되어야 하고, '작업 2'는 3번, '작업 3'은 2번, '작업 4'는 1번에 처리될 수 있는 작업 분양이다. '작업 1'부터 '작업 4'까지 순서대로 '작업 처리기'가 일을 할 경우 그림에 표시한 '숫자'는 '작업 처리기'가 일을 처리하는 순서가 된다.

[그림 19]에서 가장 먼저 작업이 종료되는 것은 '작업 4'이고, '작업 3', '작업 2', '작업 1'의 순서로 작업이 종료된다.

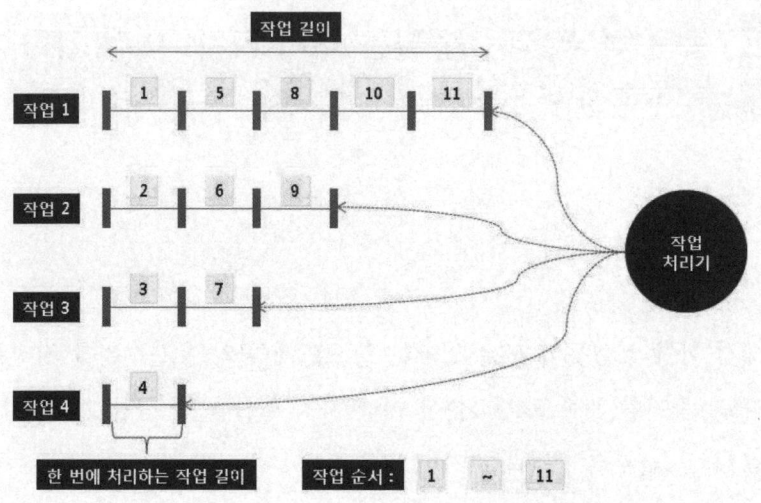

그림 19 4개 작업을 라운드로빈 방식으로 처리하는 개념(작업들의 도착 순서가 같은 경우)

[그림 20]의 경우와 같이 작업들의 도착 순서가 다르다면 어떻게 될까?

[그림 20]에서는 '작업 1', '작업 2', '작업 3', '작업 4'의 순서로 도착한 것을 나타내었다. 이와 같은 경우에 작업이 종료되는 순서는 '작업 2', '작업 3', '작업 4', '작업 1'이다.

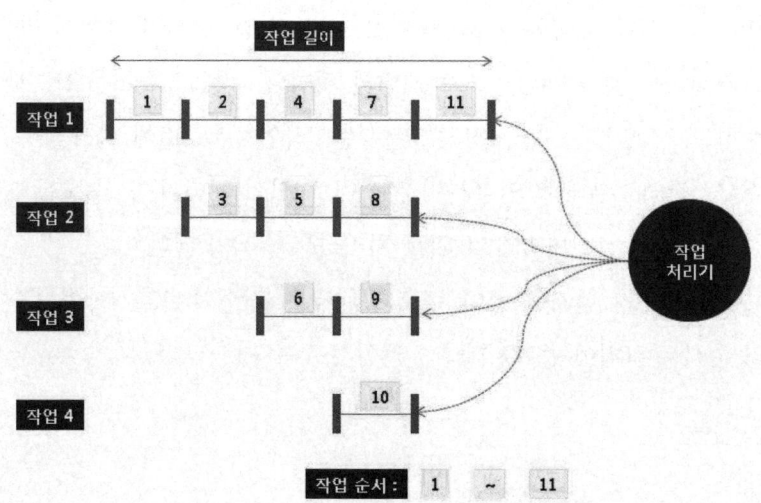

그림 20 4개 작업을 라운드로빈 방식으로 처리하는 개념(작업들의 도착 순서가 다른 경우)

생각을 정리해 봅시다!

일상생활 중에 일처리를 할 경우에 라운드로빈 방식을 적용하면 효과적인 것은 무엇이 있을까요? 창의적으로 찾아 보고, 그 내용과 이유를 정리해 봅시다.

Memo.

그러나 현실세계의 일들은 그러한가? 물론 아니다. 수험생들의 공부 방식을 예로 들어보자! 여러 과목을 공부해야 한다. 그런데 정해진 기간 내에 최대한 점수를 올려야 하는 상황에서 합격 여부를 좌우할 수 있는 중요한 과목과 공부가 더 필요하고 부족한 과목들이 있는데, 상대적으로 덜 중요하거나 충분한 실력을 갖춘 과목과 동일하게 시간을 할당하는 것은 매우 어리석은 짓이다. 그렇다면 어떻게 할 것인가?

수학이 중요하다고 매일 수학만 할 것인가? 중요도가 유사한 과목끼리 그룹핑하여 시간 단위를 달리한 후 공부하면 좋을 것이다. 중요한 과목들의 그룹에는 긴 시간 단위를 할당하고, 상대적으로 중요도가 떨어지는 과목들의 그룹에는 짧은 시간 단위를 할당하는 것이다. 예를 들면, 국어, 수학, 영어 등의 과목들의 그룹은 제일 높은 우선순위를 부여하여 매일 1시간씩 배정하고, 사회, 과학 등의 과목들의 그룹에는 조금 낮은 우선순위를 부여하여 1주일에 2시간씩 배정하여 공부할 수 있다. 물론, 수험생들의 상황에 따라 과목 배정, 시간 배정 등을 달리해야 한다. 즉, 스케줄링이 달라지는 것이다.

이번에는 직장인의 업무처리 과정을 생각해 보자. 매일 매일 여러 가지 업무를 처리해야 하는데, 그 중에는 지금 당장 처리해야 하는 일들도 있고, 어느 정도 처리해야 할 시간적인 여유가 있는 일들도 있다. 시급성긴급성에 따라 우선순위가 나누어지는 것이다. 결과적으로 빨리 처리해야 하는 일들부터 업무를 처리하게 된다.

이와 같은 경우에 시급성이 떨어지는 일들 중에는 시간에 쫓겨 일을 못하고 지나가는 경우도 종종 발생한다. 대부분 사소하다고 생각하는 일들이 이런 부류에 해당한다. 만약 계속해서 우선순위에 밀려 일처리를 못하다, 평생 일처리를 못한다면 어떻게 하는가? 일처리를 기다리다 굶어죽는 사태가 발생한다. 즉, 아사 starvation하는 일이 벌어지는 것이다.

아무리 사소한 일이라도 불쌍한 느낌이 들지 않는가? 어떻게 하면 이러한 일들이 발생하지 않도록 할 수 있을까? 시간이 지나가면 갈수록, 사소한 일들에게 우선순위를 조금씩 높여준다면 나중에는 사소한 일들도 일처리를 할 수 있게 될 것이다. 그래서 처음에는 사소했던 일들이 시간이 지날수록 차츰 우선순위가 높아진다. 언젠가는 가장 높은 우선순위를 가져 일처리를 마무리하게 될 수 있다.

여러분들도 이러한 경험이 있지 않은가? 불공평한, 평등하지 않은 세상살이라고 할지라도 제도 또는 전략을 어떻게 수립하고 실천하는가에 따라 약간은 개선할 수 있는 여지가 있다. 우리가 잘 알고 있는 운영체제 중 하나인 UNIX 시스템에서는 이와 같은 전략을 처음으로 차용하였으며, 이를 에이징aging 전략이라 명명하였다.

중요도에 따라 한 번에 일하는 단위시간 조각을 더 많이 지정하는 방식을 생각해 보자!

예를 들어, 3개의 작업 중 중요도가 가장 높은 작업은 3개의 시간 조각을 배정하고, 두 번째로 중요도가 높은 작업은 2개의 시간 조각을 배정하며, 나머지 중요도의 작업은 모두 1개의 시간 조각을 배정한다고 가정해 보자.

[그림 21]의 경우가 지금까지 가정한 내용에 따라 동시에 도착한 4개의 작업을 처리하는 순서를 표시한 것이다.

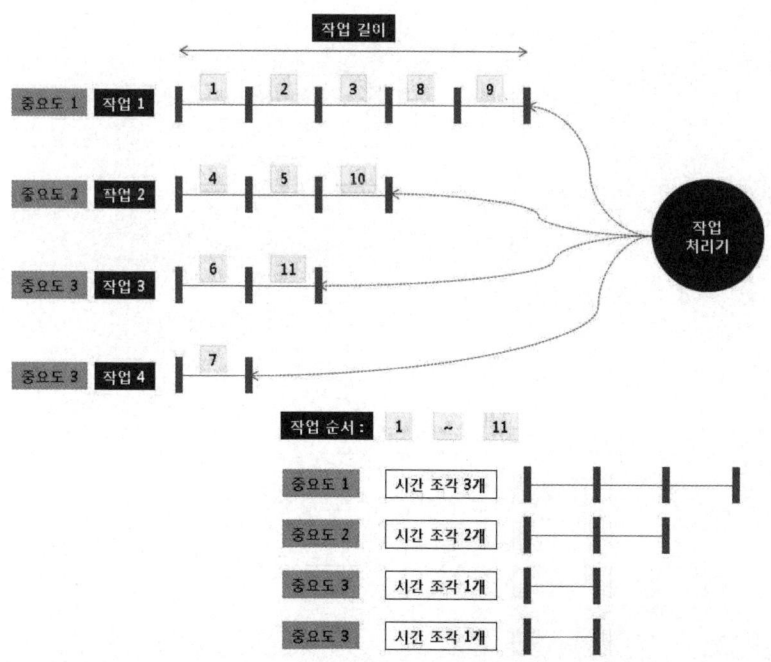

그림 21 4개 작업을 중요도에 따라 시간 조각을 다르게 배정한 후 라운드로빈 방식으로 처리하는 개념(작업들의 도착 순서가 같은 경우)

어떠한가? 앞에서 설명한 [그림 19]와 [그림 20]보다 작업 순서가 복잡하지 않은가? 복잡하다는 것은 무엇을 의미하는가? SW 구현 시 난이도가 증가한다는 것을 의미한다. SW 구현이 어려울수록 좀 더 합리적인 스케줄링 전략일 가능성은 높아진다.

> **생각을 정리해 봅시다!**
>
> 여러분들은 일상생활 중에 일처리를 할 경우 시간 분할 전략을 사용하나요? 그러한 경우 시간 분할을 어떠한 기준에 따라 시행하나요? 혹시 개선할 점은 없나요? 창의적으로 생각해 보고, 그 내용을 정리해 봅시다!

Memo.

7 일처리를 위한 시간 단위의 길이는 어느 정도가 적절한가?

여러 가지 일을 한 사람이 동시에 처리하는 방법을 시분할 방식이라 했다. 정해진 시간 단위로 시간을 분할 또는 쪼개어 처리하는 것이다. 그렇다면 시간 단위를 어느 정도로 쪼개는 것이 좋을까? 긴 것이 좋은가? 아니면 짧은 것이 좋은가? 당연히 적당한 것이 좋다! 그러면 어느 정도가 적당하다는 것인가?

이러한 것을 결정하기 위해서는 고려해야 할 것들이 있다. 어느 한 일을 처리하다가 다른 일을 처리한다고 가정하자! 바로 다음 일을 시작 처리할 수 있는가? 그렇기는 쉽지 않다. 약간의 준비 시간이 필요하다. 좀 더 정확히 이야기하자면 교체 시간switching time이 필요한 것이다.

> **무엇을 교체한다는 것인가?**
>
> 지금까지 작업해오던 일들에 대한 생각들을 새로운 작업에 대한 생각으로 전환해야 하는 것이다. 생각에는 다양한 자료, 지식, 업무 흐름 등이 포함된다. 이러한 내용을 문맥context이라 한다. 즉, 문맥 교환context switching이 이루어지는 것이다.

> **더 생각해 보기**
>
> 일상생활 중에서 여러분들이 경험한 문맥 교환의 사례를 창의적으로 찾아봅시다!

시간 단위가 짧을수록 교체 시간은 더 많이 필요하게 된다. 만약에 어떤 일을 처리할 때 쉬지 않고 끝날 때까지 쭉 일을 하게 되면 이와 같은 교체 시간은 필요 없다. 어찌 보면 불필요한 시간이라고 볼 수도 있는 것이다. 그렇다고 교체 시간을 아예 없애버린 다면 일처리 효율성이 떨어지게 된다. 한 가지 일만 계속한다고 생각해 보라. 지루하고 능률은 오르지 않을 것이다. 또한 앞서 이야기한 평등사상에 위배되기도 한다.

이와 같은 이유로 인하여 일처리 시간을 나누어 결정하는 것은 자체적인 업무 효율성의 증진을 위하여 심사숙고해야 하는 것이다. 이 때 쪼개놓은 시간 단위를 시간 조각 time slice 또는 time quantum이라 한다.

[그림 22]는 시간 조각의 크기에 따라 문맥 교환 횟수의 차이가 나는 것을 표현한 것이다. 시간 조각의 크기가 절반으로 줄어들면, 문맥 교환 횟수는 2배가 되는 것을 알 수 있다.

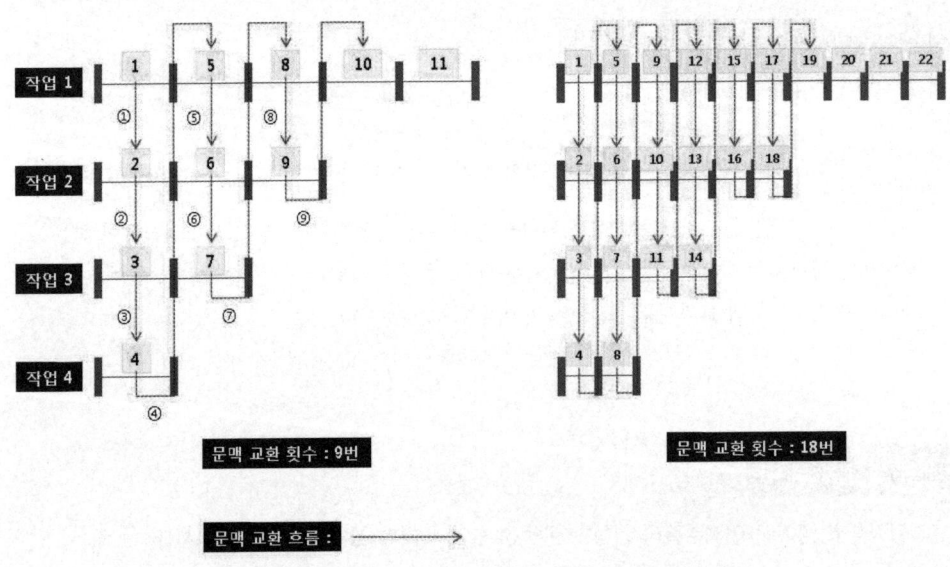

그림 22 시간 조각의 크기에 따른 문맥 교환 횟수의 차이

생각을 정리해 봅시다!

일상생활 중에서 일을 처리할 때 시간을 쪼개는 단위인 시간 조각의 크기는 어느 정도가 적당할까요? 시간 단위가 큰 것이 좋을까요? 아니면 작은 것이 좋을까요? 실제 사례를 찾아보면서 창의적인 방법을 생각해 보고, 그 내용을 정리해 봅시다.

Memo.

8 쇼핑에도 전략적 사고가 필요하다!

8.1 쇼핑의 시작! 쇼핑 리스트 작성

쇼핑 시에도 전략적 사고 strategic thinking 과정이 필요하다. 즉, 쇼핑을 위한 프로그램을 구성할 수 있다.

쇼핑의 시작은 무엇부터 인가? 쇼핑에 필요한 물품을 정리한 쇼핑 리스트를 작성하는 것이다. 그렇다면 쇼핑 리스트에는 무엇을 기록하는가? 품목이 결정되어야 하고, 자신이 선호하는 제품의 이름을 기록할 수도 있다. 이외에도 필요한 제품의 수량, 예상 소요 금액 등이 기록될 수 있을 것이다.

생각을 정리해 봅시다!

여러분들은 쇼핑 시작 전에 리스트를 작성하나요? 작성한다면 그 기준은 무엇인가요? 개선할 사항은 없나요? 창의적으로 생각해 보고, 그 내용을 정리해 봅시다.

Memo.

8.2 쇼핑 리스트 작성 시 제품명 결정하기!

쇼핑 리스트에서 특정 제품명이 결정되는 과정은 어떠한가?

첫째, 자신이 사용한 경험에 의하여 결정될 수 있을 것이다.

둘째, 관련 제품을 실제 사용한 경험이 있는 지인이나 전문가의 추천에 의하여 결정될 수 있을 것이다.

셋째, 특정 기간에 프로모션을 실시하는 제품의 정보에 따라 결정될 수 있을 것이다.

생각을 정리해 봅시다!

여러분들은 쇼핑 리스트 작성 시 제품명은 미리 결정하나요? 결정한다면 그 기준은 무엇인가요? 개선할 사항은 없나요? 창의적으로 생각해 보고, 그 내용을 정리해 봅시다.

Memo.

8.3 쇼핑 장소에서 제품 결정하기!

그렇다면 특정 제품에 대한 상호명제품명이 결정되지 않고, 쇼핑 현장에서 결정할 때의 기준은 무엇이 있는가?

첫째, '가격'이 중요한 결정 요소일 것이다. 대부분의 소비자들은 비슷한 품질이라고 판단될 경우에는 '저렴한 것'을 구매할 것이다. 그러나 어떤 고객들은 무조건 '고가의 것'을 구매하는 경우도 있을 것이다. 두 경우 모두 구매를 위한 기준은 '가격'이다.

둘째, '부피'도 결정 요소가 될 수 있다. 부피가 상대적으로 큰 상품은 집으로 운반하는 데 어려움이 있을 수 있으며, 보관하는 데에도 불편함이 있을 수 있다. 또한, 포장재의 비중이 다른 제품에 비하여 많을 수도 있기 때문에 불필요한 쓰레기가 발생할 수 있다.

셋째, '무게'도 결정 요소 중 하나이다. '부피'와도 연관이 있을 수 있는 요소이며, 무게가 많이 나가는 것 역시 운반 시에 어려움을 겪을 수 있다.

넷째, '프로모션' 또는 '할인' 행사도 결정 요소가 될 수 있다. '1+1'이나 '2+1'과 같은 행사를 진행하는 제품, 특별 할인을 시행하는 제품을 구매하는 것이다.

생각을 정리해 봅시다!

여러분들은 쇼핑 현장에서 제품을 결정하는 기준은 무엇인가요? 개선할 사항은 없나요? 창의적으로 생각해 보고, 그 내용을 정리해 봅시다.

Memo.

8.4 쇼핑 장소 결정하기!

이제 쇼핑할 장소를 결정하는 요소를 알아보자. 쇼핑 장소 결정 기준은 무엇인가?

첫째, '교통수단'에 따라 쇼핑 장소 결정이 될 수 있을 것이다. 대중교통을 이용하느냐 또는 자가용을 이용하느냐에 따라 쇼핑 장소가 달라질 수 있을 것이다.

둘째, 자가용을 이용할 경우 '주차공간', '주차비용', '주차편의' 등의 요소에 따라 쇼핑 장소가 결정될 수 있을 것이다. 어떤 고객은 발렛 파킹 서비스가 제공되는 쇼핑 장소를 선호할 수 있다.

셋째, 쇼핑 장소의 '편의시설'도 중요한 요소일 수 있다. 휴게 공간이 잘 마련되어 있는가, 좋은 식당이 입주하였는가, 어린이 놀이 공간 등의 장소가 있는가에 따라 쇼핑 장소를 결정할 수 있을 것이다.

넷째, 쇼핑 장소에서 구비하고 있는 상품의 '다양성', '품질', '가격' 등이 결정 요소일 수 있을 것이다.

생각을 정리해 봅시다!

여러분들이 쇼핑 장소 결정 기준은 무엇인가요? 개선할 사항은 없나요? 창의적으로 생각해 보고, 그 내용을 정리해 봅시다.

Memo.

8.5 쇼핑 순서 결정하기!

마지막으로 쇼핑할 순서를 결정하는 기준은 무엇인가? 쇼핑할 물건의 리스트를 작성한 후에는 쇼핑 동선을 결정하는 것이다. 고려사항들은 무엇이 있는가?

첫째, 조기에 품절될 가능성이 있는 물건을 가장 먼저 구매할 것이다. 큰 폭으로 할인하는 물건들이 해당될 수 있을 것이다.

둘째, 부피가 작은 물건부터 사고자 할 수 있을 것이다. 특히 쇼핑 시간이 길수록 부피가 크고 무게가 무거운 물건을 나중에 사는 것이 유리할 것이다.

셋째, 신선도 유지가 필요한 물건은 가능한 쇼핑의 마지막 시기에 구매하는 것이 필요하다. 쇼핑 시간이 길어질 경우 신선도 유지가 어렵기 때문이다.

> **더 생각해 보기**
>
> 여러분들은 쇼핑 시에 어떤 전략을 사용하나요? 지금까지 설명한 내용과는 다른 창의적인 내용들을 생각해 봅시다!

생각을 정리해 봅시다!

여러분들의 쇼핑 순서 결정 기준은 무엇인가요? 개선할 사항은 없나요? 창의적으로 생각해 보고, 그 내용을 정리해 봅시다.

Memo.

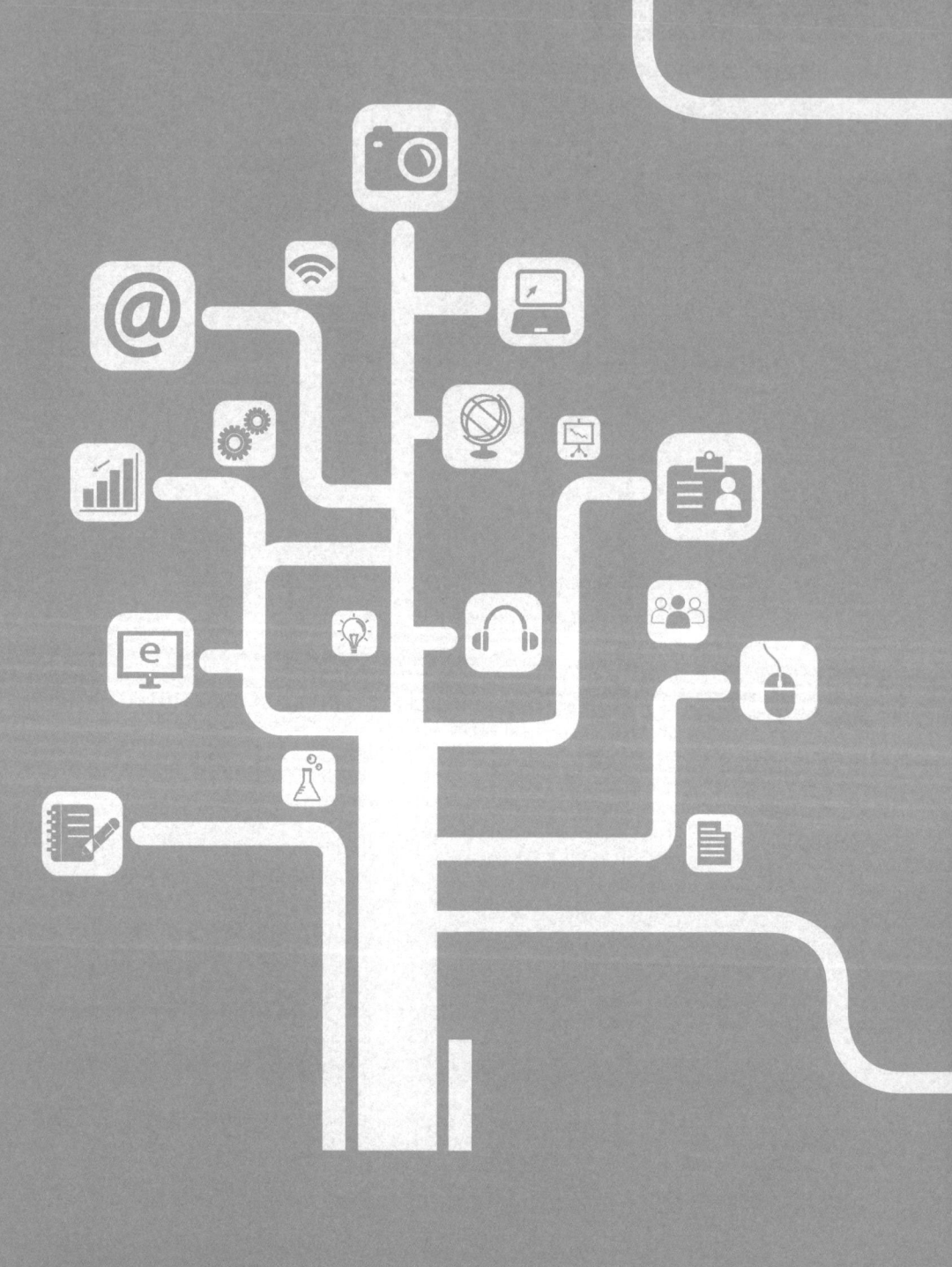

1 자료구조는 왜 필요한 것인가?

프로그램은 자료구조와 알고리즘의 조합이라고 했다. 프로그램을 개발하는 것은 주어진 문제를 해결하기 위하여 알고리즘을 개발하는 것이라 생각할 수 있다. 그러나 프로그램은 알고리즘의 개발만으로는 완성될 수 없다. 개발하고자 하는 알고리즘이 최적의 성능을 발휘하기 위해서는 검증된 구조물이 필요하다.

자료구조data structure는 어떤 역할을 하는가?

SW 프로그램은 아름답게 설계된 건축물과 유사하다. 프로그램은 정교한 구조물 architecture인 것이다. 프로그램을 구성하는 자료구조는 개념적인 구조물 역할을 하게 되며, 구조물이란 틀framework을 의미한다.

프로그램의 핵심은 데이터 처리이다!

컴퓨터로 대표되는 정보기기의 주요 용도 중 하나는 데이터를 처리하는 것이다. 데이터의 종류가 다양하고, 처리 방식이 다양할 뿐이지 그 목적은 일반적으로 유사하다. 그렇다면 컴퓨터가 동작할 수 있도록 제작되는 SW 프로그램의 주요 용도 역시 데이터 처리일 것이라고 예상할 수 있다.

데이터 처리를 위해서는 무엇이 필요한가?

SW 프로그램이 효과적인 데이터 처리를 위해서는 무엇이 필요하다고 생각하는가? 데이터와 관련된 지원 체제가 필요하다. 지원 체제 중 대표적인 것이 자료구조인 것이다. 프로그램 개발을 지원하는 자료구조 중 검증되고 널리 알려진 것은 많이 있다. 또한 기존의 자료구조를 응용하거나 확장한 새로운 자료구조들이 개발되고 있다.

생각을 정리해 봅시다!

IBM의 Ginni Rometty 회장은 2014년 초 "데이터는 21세기의 새로운 천연자원"이라고 강조해 전 세계적으로 주목을 받았습니다. 18세기의 증기 기관, 19세기의 전기, 20세기의 석유 및 천연가스와 마찬가지로 데이터가 21세기 혁신을 주도할 주요한 자원이 될 것이라는 예측입니다.[1] 우리는 일상생활 속에서 다양한 ICT 활동(예, SNS하기, e-mail하기, 전화통화하기, 쇼핑하기, 영화 예약하기, 숙제하기 등)을 하면서 자신도 모르는 사이에 수많은 데이터를 생성하고 수집하며 저장합니다.

여러분들이 일상생활을 하면서 시행하는 데이터 처리는 어떤 것이 있나요? 창의적으로 찾아보고, 그 내용을 정리해 봅시다.

Memo.

---

[1] 셜리 위-추이(2014). [오피니언] 빅데이터는 21세기 신종 천연자원이다. 중앙일보. 2014. 8. 22.

2 스택

스택Stack은 후입선출後入先出 형태의 자료구조이다. 먼저 도착한 것이 가장 늦게 나가는 또는 서비스를 받는 구조이다. 그래서 스택을 LIFOLast In First Out 구조라고 한다.

개념적으로 상상해 본다면 데이터가 도착해서 들어가는 입구入口와 필요한 데이터가 나오는 출구出口가 같다는 것이다. 데이터가 들어간 곳에서 나와야 하니, 데이터가 들어가는 반대 방향은 막혀있어야 한다. 현실세계의 막다른 골목deadend 구조인 셈이다.

출처: https://marketplace.secondlife.com/p/Dead-end-sign/2967490?id=2967490&slug=Dead-end-sign

그림 1 막다른 골목 사진

일상생활에서 막다른 골목 구조는 많이 쓰이는 구조는 아니다. 대표적인 것은 사례를 찾아보자!

첫째, 유명한 과자 제품의 용기가 대표적인 스택 구조이다. 원통형 구조물로 용기가 제작된 이 과자를 먹기 위해서는 위쪽 개폐장치를 뜯어야 하고, 개폐장치를 뜯은 후에는 위쪽부터 하나씩 과자를 먹게 된다. 막다른 골목길의 구조물인 것이다.

그림 2　현실세계의 대표적인 LIFO 구조물 사례

둘째, 택시 기사님들이 동전을 손쉽게 구분하여 관리할 수 있는 동전통이다. 통전통을 보면 동전 금액에 따라 통이 다르다. 결과적으로 여러 개의 스택 구조가 모여 있게 된다.

스택 구조는 꼭 하나일 필요는 없다. 이와 같이 여러 가지 스택이 모여 있는 것을 다중 스택multiple stack이라 한다.

출처: http://itempage3.auction.co.kr/DetailView.aspx?itemno=A078087974&frm=itempage

그림 3　다중 스택의 예 : 동전통

생각을 정리해 봅시다!

일상생활 속에서 사용하고 있는 스택 구조는 무엇이 있을까요? 창의적으로 찾아보고, 그 내용을 정리해 봅시다.

Memo.

후입선출Last In First Out : LIFO 구조물인 스택stack은 SW 프로그램에서 과연 어떠한 역할을 할 수 있을까?

개념적인 구조물 측면을 고려하여 상상해 보자. 컴퓨터 프로그램에서 부프로그램subprogram 또는 함수function 프로그램 등을 호출call하는 경우가 발생한다. 만약 입력값을 읽어 들이는 부프로그램을 READ라 하고, 원하는 값을 출력하는 부프로그램을 PRINT라 명명하였다고 가정하자. 아래에 표현한 그림을 자세히 살펴보자(그림에 표시한 번호는 실행 순서이다).

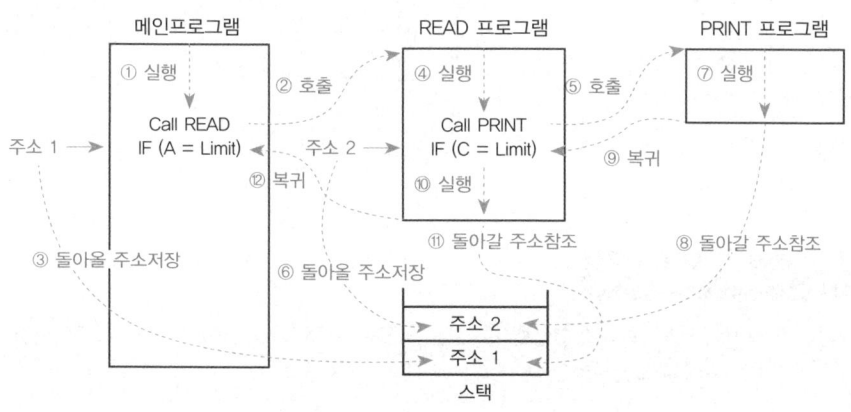

그림 4 부프로그램 호출 사례

메인 프로그램이 실행 중이다.

실행하다 READ 함수를 호출한다.

READ 함수를 실행한 후에는 다시 메인 프로그램으로 돌아와야 한다.

READ 프로그램 실행 중에는 PRINT 함수를 호출한다.

마찬가지로 PRINT 함수를 실행한 후에는 다시 READ 프로그램으로 돌아와야 한다.

그렇다면 컴퓨터 프로그램 입장에서 다시 돌아가야 할 장소는 어떻게 기억하는 것이 좋겠는가? 프로그램의 호출 순서와 되돌아가는 순서는 일치하는가?

이 경우에는 가장 늦게 호출한 곳으로 가장 먼저 되돌아가게 된다. 즉, 스택 구조를 개념적으로 이용한다면 좋을 것이다.

더 생각해 보기

아래 그림은 메인 프로그램에서 부프로그램을 호출하고, 호출 당한 부프로그램은 다시 다른 부프로그램을 호출한 후 일처리가 끝나면 최초 호출 장소 다음 줄로 되돌아 가는 것입니다. 이러한 상황에서 스택을 이용하여 되돌아 갈 주소를 저장하고 활용하는 방법을 생각해 봅시다.

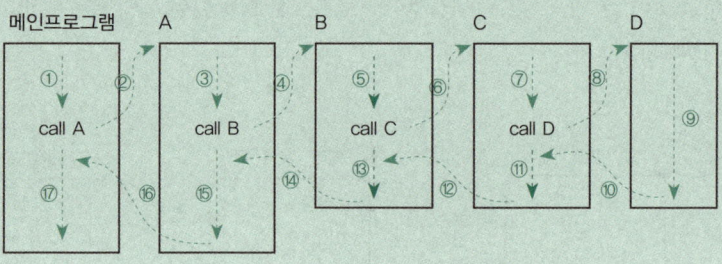

생각을 정리해 봅시다!

일상생활 속에서 스택 구조를 활용할 수 있는 용도는 무엇이 있을까요? 창의적으로 찾아보고, 그 내용을 정리해 봅시다.

Memo.

3 큐

큐 Queue는 선입선출先入先出 형태의 자료구조이다. 즉, 선착순 구조인 것이다. 먼저 도착한 것이 먼저 나가는 또는 먼저 서비스를 받는 구조이다. 그래서 큐를 FIFO First In First Out 구조라고도 한다. 개념적으로 상상해 본다면 데이터가 도착해서 들어가는 입구와 필요한 데이터가 나가는 출구가 다르다는 것이다.

큐 구조도 제약사항은 있다. 입구와 출구가 구분된다는 것이다. 스택의 경우는 입구와 출구가 같은 곳이었으나, 큐 구조는 다르다는 차이가 있다.

스택 구조와는 달리 큐 구조는 일상생활에서 흔히 발견할 수 있다. 대표적인 사례를 찾아보자!

첫째, 주말에 친구 또는 연인이랑 극장에 갔을 때, 티켓을 구매하고자 하는 줄이 길 경우에 '큐가 길다'라는 용어를 사용한다.

둘째, 일상생활에서의 줄 시기는 컴퓨터 실행 측면에서도 가장 기본적인 전략으로 사용된다. 프린터 사용을 가정해 보자. 여러 개의 문서를 동시에 출력하고자 프린터 사용을 신청한다면, 당연히 프린터 사용 신청 순서에 따라 출력하게 된다. 즉, 큐 구조를 이용한다.

셋째, 고속도로 톨게이트도 큐 구조이다. 고속도로 톨게이트를 상상해 보자! 하이패스 단말기가 설치된 차량들을 위한 전용구간, 일반차량 구간, 화물차의 적재무게를 측정할 수 있는 구간 등 종류가 다양하다. 즉, 다중 큐 multiple queue 구조인 것이다.

그림 5 다중 큐 구조의 사례(고속도로 톨게이트)

생각을 정리해 봅시다!

일상생활 속에서 사용하고 있는 큐 구조는 무엇이 있을까요? 창의적으로 찾아보고, 그 내용을 정리해 봅시다.

Memo.

큐와 스택의 특징을 조합하면 어떨까?

스택은 같은 곳에 입구와 출구가 있으나 한 쪽만 사용이 가능하고, 큐는 양 쪽을 사용할 수 있다. 이러한 구조를 조합하면 어떨까? 안될 이유가 없다. 새로운 자료 구조가 만들어진다. 바로 데크Deque인 것이다.

생각을 정리해 봅시다!

일상생활 속에서 큐 구조를 활용할 수 있는 용도는 무엇이 있을까요? 창의적으로 찾아보고, 그 내용을 정리해 봅시다.

Memo.

4 트리

트리 구조는 우리들에게 익숙한 구조이다. 트리 구조의 가장 큰 특징은 위계 구조 또는 계층 구조 hierarchical structure라는 것이다. 계층 구조란 조상 ancestor과 후손 descendant 또는 아버지와 아들 간의 관계가 형성되는 것을 의미한다.

트리 구조는 노드들로 구성된다. 트리 구조의 가장 위쪽에 위치한 노드를 루트 노드 root node라 하고, 아래쪽 끝에 위치한 노드를 단말 노드 terminal node라 한다.

루트 노드에서 시작하여 자식 노드들이 연결된다. 자식 노드는 없을 수도 있으나, 여러 개가 있을 수도 있다.

자식 노드의 개수가 정해져 있는 것이 좋을까, 아니면 자식 노드의 개수에는 제한이 없는 것이 좋을까?

사람들은 자식 노드의 개수가 정해질 필요가 없다. 한 눈에 알아볼 수 있기 때문이다. 그러나 컴퓨터의 입장에서는 자식 노드의 개수가 미리 정해져 있는 것이 좋을 것이다. 왜일까? 컴퓨터의 입장에서 생각해 보자!

자식 노드의 개수에 제한이 없다는 것은 자식 노드가 몇 개가 있을 지를 예상할 수 없다는 것이다. 예상할 수 없는 것뿐만 아니라, 몇 개인지 확인하는 과정도 복잡하다. 그 뿐인가? 노드에서 자식 노드로 연결하는 선이 몇 개인지 결정되지 않았기 때문에, 트리를 구성하는 노드는 제각각이며 크기도 다를 것이다. 또한 많은 수의 자식 노드를 가진 트리는 복잡하기도 할 것이다.

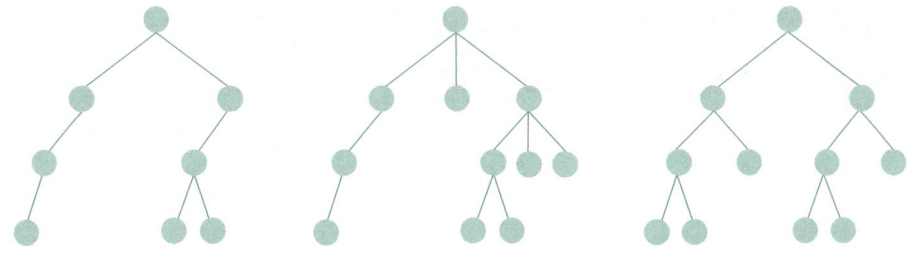

그림 6 트리 구성 예(어떤 트리가 잘 생겼나?)

이것은 무슨 뜻인가? 어떤 트리가 컴퓨터 입장에서 예측하기가 수월한가? 어떤 트리가 SW 제작에 용이한가? 등으로 해석할 수 있다.

자식 노드의 개수를 예측할 수 있는 것이 훨씬 유리하다. 자식을 가질 경우에는 2개의 자식 노드를 가져야 한다는 제약사항이 있다면, 이와 같은 트리를 이진트리binary tree라 한다. 만약 3개의 자식 노드를 가져야 한다면 삼진트리ternary tree가 된다.

이진트리 중에서 단말 노드를 제외한 모든 노드는 2개의 자식 노드를 가진다면 어떠한가? 결론적으로 훨씬 예측이 쉬울 것이다. 이와 같은 트리는 완전이진트리 complete binary tree라 한다. 이진트리보다 완전이진트리는 제약사항이 더 많고, 이와 같이 제약사항이 더 많다는 것은 그만큼 예측이 용이하다는 것을 의미한다.

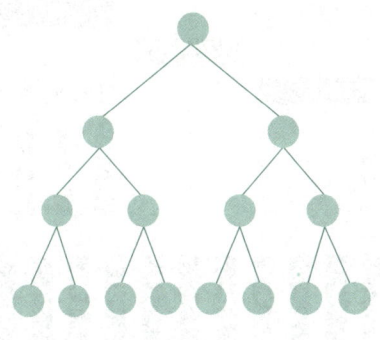

그림 7 완전이진트리 구성 예

계층적인 구조물인 트리 구조는 SW 프로그램에서 어떻게 이용할 수 있을까? 대표적인 사례는 수식을 표현하는 것이다.

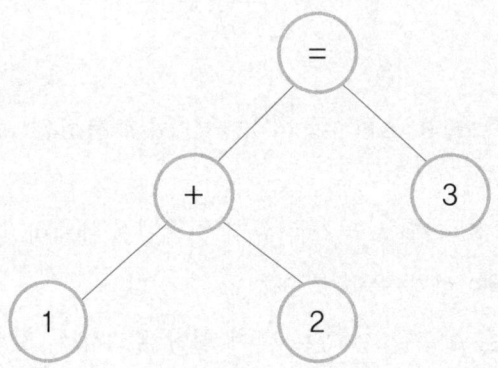

그림 8 트리 구조를 이용한 수식 표현 예(1+2=3)

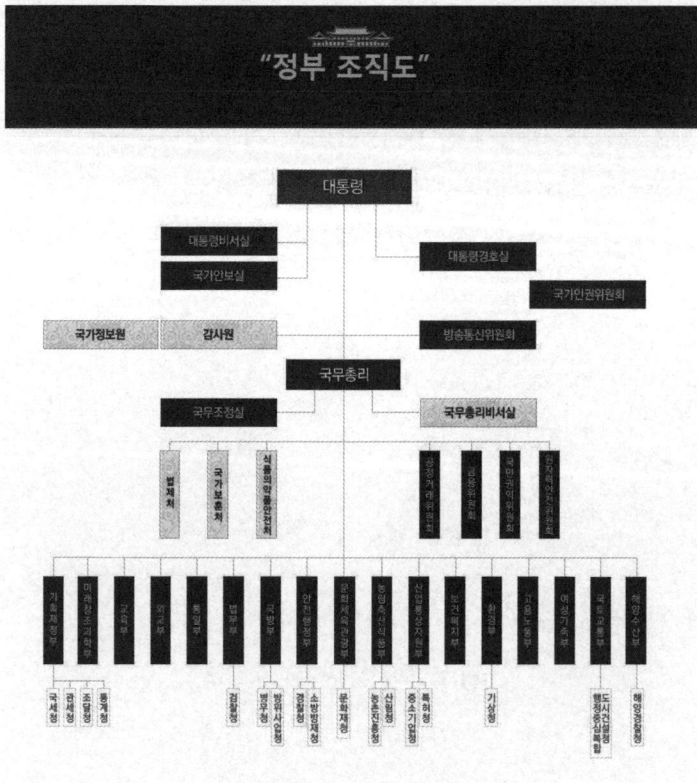

그림 9 실생활 트리 구조(정부 조직도)

생각을 정리해 봅시다!

일상생활 속에서 사용하고 있는 완전이진트리 구조는 무엇이 있을까요? 창의적으로 찾아보고, 그 내용을 정리해 봅시다.

Memo.

트리 구조 표현을 위하여 노드 구조는 어떤 모습이어야 하는가?

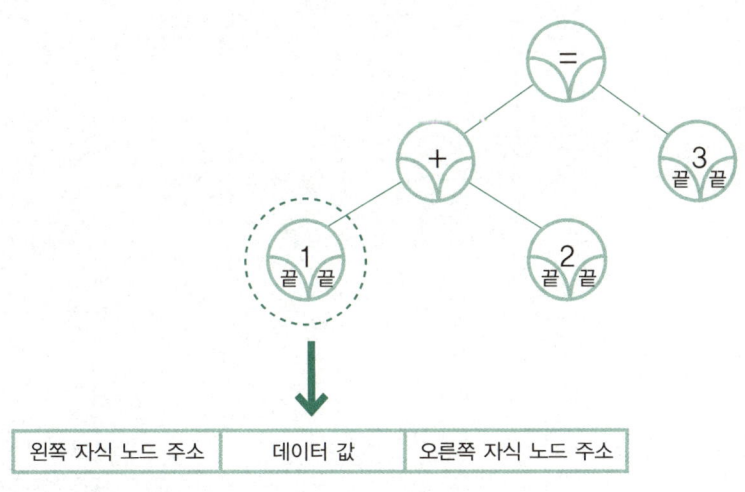

그림 10 　트리 구조 표현을 위한 노드 구조

우리 눈에는 '데이터 값'만이 관심이나, 실제적으로 노드에는 자식을 가리키는 '왼쪽 자식 주소'와 '오른쪽 자식 주소'까지 포함된다.

생각을 정리해 봅시다!

일상생활 속에서 이진트리 구조를 활용할 수 있는 용도는 무엇이 있을까요? 창의적으로 찾아보고, 그 내용을 정리해 봅시다.

Memo.

생각을 정리해 봅시다!

일상생활 속에서 완전이진트리 구조를 활용할 수 있는 용도는 무엇이 있을까요? 창의적으로 찾아보고, 그 내용을 정리해 봅시다.

Memo.

5 연결 리스트

자료구조 중 가장 널리 사용되는 것은 무엇인가? 자료구조 중 가장 보편적인 또는 대중적인 것은 무엇인가? 아마도 리스트list 구조일 것이다. 리스트 구조는 우리가 일상 생활에서 사용하는 보편적인 자료구조이다. 리스트 구조를 구성하는 노드에 다음 노드를 연결하는 공간을 배치한다면 연결 리스트linked list 구조가 된다.

5.1 연결 리스트의 구조는?

연결 리스트는 노드들로 구성되며, 연결 리스트의 구조는 데이터가 저장되는 공간과 다음 노드의 주소가 저장되는 공간으로 구성된다.

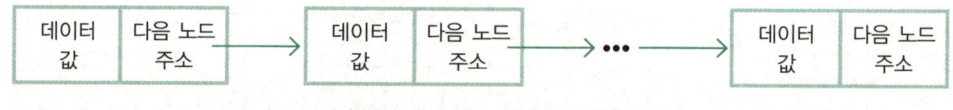

그림 11 연결 리스트의 구조

5.2 연결 리스트의 시작은 어떻게 확인하는가?

[그림 11]과 같은 연결 리스트를 가정해 보자! 컴퓨터 SW 입장에서는 어떤 정보가 꼭 필요한가? 다른 각도에서 또는 다른 관점에서 질문해 보자! 어떤 노드가 가장 중요한가? 아마도 연결 리스트의 '첫 번째' 노드일 것이다. 왜냐하면 '첫 번째' 노드를 알아야 연결 리스트의 필요한 데이터 값을 찾을 수 있기 때문이다. 그렇다면 컴퓨터 입장에서 가장 중요한 첫 번째 노드는 어떻게 확인할 수 있는가? 첫 번째 노드의 '시작' 주소가 필요하다는 것을 알 수 있다.

그림 12 첫 번째 노드의 '시작' 주소가 포함된 연결 리스트 구조 예

5.3 연결 리스트의 마지막도 확인할 필요가 있나?

경우에 따라서는 '마지막' 노드의 주소를 별도로 보관할 수도 있을 것이다. '마지막' 노드의 주소를 유지할 경우 좋은 점은 무엇일까?

새로운 노드가 추가되는 경우를 가정해 보자!

새로운 노드는 연결 리스트의 마지막 노드 뒤에 추가되어야 한다면, 시작 노드부터 마지막 노드까지 연결 리스트를 검색하면서 이동해야 한다. 연결 리스트를 구성하는 노드의 수가 많지 않을 경우에는 큰 문제가 없을 수 있으나, 연결 리스트를 구성하는 노드의 수가 많을 경우에는 불필요한 이동 과정이 많이 필요하다. 낭비인 것이다. 특히 노드 추가에 대한 요구가 빈번히 발생한다면 노드 추가를 위한 오버헤드는 커지게 된다. 이와 같은 경우에 연결 리스트의 '마지막' 노드의 주소를 가지고 있다면 얼마나 편리하겠는가? 그러나 '마지막' 노드의 주소를 유지하는 경우에는 새로운 노드가 추가된 후에는 '마지막' 노드의 주소는 매번 변경되어야 한다.

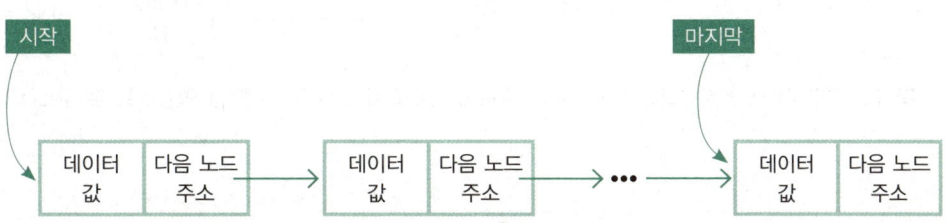

그림 13 '마지막' 노드의 주소가 포함된 연결 리스트 구조 예

5.4 연결 리스트 마지막 노드의 다음 노드 주소 필드에는 어떤 값이 저장되나?

노드의 구성은 '데이터 값'과 '다음 노드의 주소'로 이루어진다. 그렇다면 '마지막' 노드의 '다음 노드 주소' 필드는 어떤 값이 저장되어야 하는가? 아무런 조치를 취하지 않는다면 어떻게 되겠는가?

만약 새로 추가되는 노드가 이전에 다른 용도로 사용된 적이 있는 것이라면, 그곳에는 그때 저장된 어떤 주소값이 있을 것이다. 그렇다면 '마지막' 노드임에도 불구하고 '다음 노드의 주소' 필드에 저장되어 있는 값을 읽고, 다음 노드로 이동할 수도 있을 것이다. 실상은 아무 의미 없는 값임에도 불구하고, '다음 노드의 주소'로 인식하는 오류를 범할 수 있는 것이다.

그렇다면 '0'을 저장하면 어떻게 될까? '0'은 숫자이다. 그렇기 때문에 주소 '0'번지로 인식하여 '다음 노드의 주소'가 '0'이 된다. 이 또한 엉뚱한 결과를 초래하게 된다.

결론은 '마지막'을 나타내는 특수문자를 사용해야 한다는 것이다. 특수문자는 서로 약속하는 것이다. 한글로 '끝'을 사용할 수도 있고, 영어로 'END'를 사용할 수도 있다.

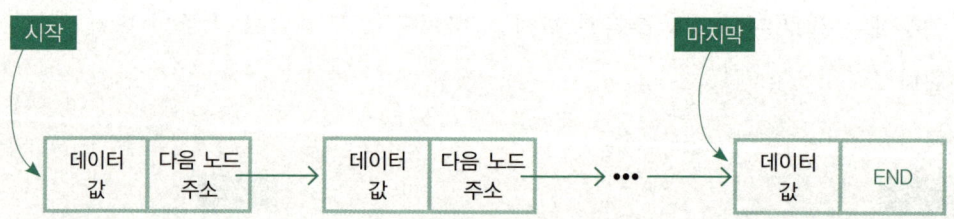

그림 14 '마지막' 노드의 '다음 노드 주소' 필드에 특수문자 'END'가 포함된 연결 리스트 구조 예

생각을 정리해 봅시다!

일상생활 속에서 연결 리스트 구조를 활용할 수 있는 용도는 무엇이 있을까요? 창의적으로 찾아보고, 그 내용을 정리해 봅시다.

Memo.

6 이중 연결 리스트

결 리스트를 확장할 수 있을까? 확장한다면 어떤 방법이 가장 효과적일까? 가장 쉽게 확장할 수 있는 방법은 무엇일까? 이상과 같은 질문에 대한 답변 중 하나가 될 수 있는 것이 연결 리스트를 '한쪽 방향'에서 '양쪽 방향'으로 이동할 수 있도록 확장시키는 것이다.

6.1 연결 리스트의 한계는 무엇인가?

역으로 생각해 보자! 연결 리스트의 한계는 무엇인가? 시작 노드에서 출발하여 마지막 노드까지 탐색 여행을 할 때, 마지막 노드까지 간 후에는 되돌아올 방법이 없다. 이를 개선할 수 있는 것이 '양쪽 방향'으로 여행할 수 있도록 확장하는 것이다.

이와 같이 '양쪽 방향'으로 연결 리스트의 노드를 탐색할 수 있는 자료구조를 이중 연결 리스트doubly linked list라 한다. 연결 리스트가 양쪽 방향, 즉, 좌우 방향으로 연결되는 것이다. 이렇게 하기 위해서는 앞에서 살펴본 연결 리스트의 구조는 어떻게 확장되어야 하는가?

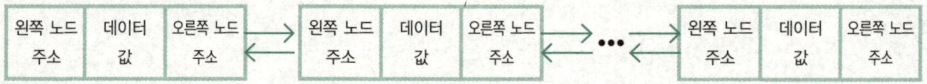

그림 15 이중 연결 리스트의 구조

6.2 이중 연결 리스트의 구조는?

이중 연결 리스트를 구성하는 노드의 '왼쪽' 필드는 '왼쪽 노드의 주소', '가운데' 필드는 '데이터 값', '오른쪽' 필드는 '오른쪽 노드의 주소' 등으로 구성된다.

이중 연결 리스트의 경우에도 연결 리스트와 마찬가지로 이중 연결 리스트의 '시작' 정보가 필요하다. 또한 마지막 노드의 '오른쪽' 필드에 특수 문자 'END'가 포함된다. 그 이유는 연결 리스트의 경우와 같다!

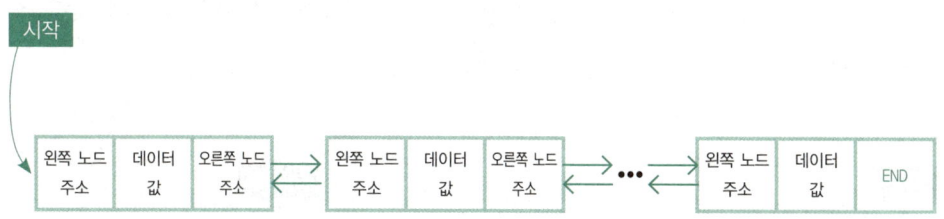

그림 16 첫 번째 노드의 '시작' 주소가 포함된 이중 연결 리스트 구조

6.3 이중 연결 리스트 첫 번째 노드의 왼쪽 노드 주소 필드에는 어떤 값이 저장되나?

여기에서 연결 리스트와 다른 점은 무엇이 있는가? 이중 연결 리스트의 첫 번째 노드의 '왼쪽' 필드의 값은 '왼쪽 노드의 주소'를 가질 수 없다는 것이다. 첫 번째 노드이기 때문에 왼쪽 노드가 없다는 것이다. 그렇다면 어떤 값을 저장해야 하는가? 연결 리스트의 마지막 노드의 경우와 마찬가지로 약속에 의한 첫 번째 노드의 왼쪽 노드라는 의미 값을 저장하면 된다. 한글로 '시작' 또는 영어로 'START'라는 약속을 할 수 있을 것이다.

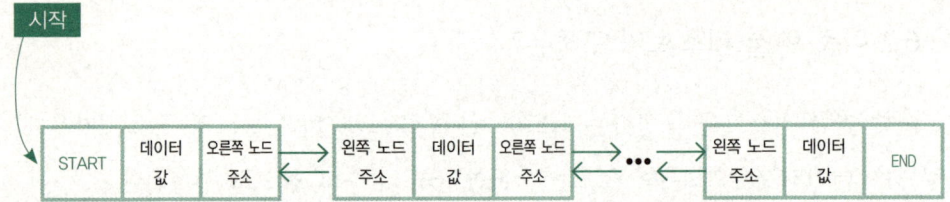

그림 17 첫 번째 노드의 '왼쪽' 필드에 특수문자 'START'가 포함된 이중 연결 리스트 구조

6.4 이중 연결 리스트의 마지막 노드도 확인할 필요가 있나?

이중 연결 리스트도 연결 리스트의 경우와 마찬가지로 '마지막' 노드에 대한 주소를 관리할 경우 편리하게 사용할 수 있다.

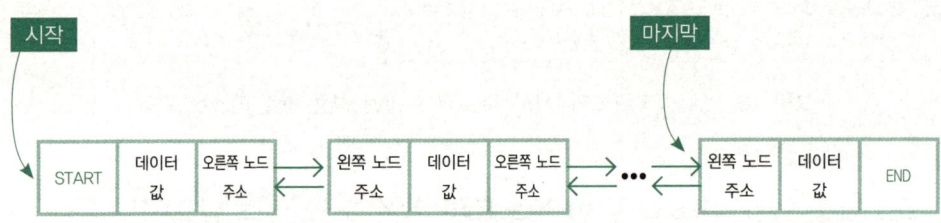

그림 18 '마지막' 노드의 주소가 포함된 이중 연결 리스트 구조 예

생각을 정리해 봅시다!

일상생활 속에서 이중 연결 리스트 구조를 활용할 수 있는 용도는 무엇이 있을까요? 창의적으로 찾아보고, 그 내용을 정리해 봅시다!

Memo.

7 환형 연결 리스트

이중 연결 리스트의 경우 단순한 연결 리스트보다는 활용 가능 영역이 많아진다.

가장 대표적인 활용 사례가 스마트폰의 사진 관리 기능이다.

스마트폰으로 촬영한 사진을 감상할 경우, 앞과 뒤의 사진을 자유자재로 이동하면서 감상할 수 있다.

7.1 연결 리스트를 확장하는 또 다른 방법은 무엇이 있을까?

단순한 연결 리스트의 최대 약점 중 하나가 시작 노드에서 출발하여 마지막 노드까지 찾아가면, 더 이상 갈 곳도 갈 수도 없다는 것이다.

이를 극복하고자 이중 연결 리스트를 구성한 것이다.

또 다른 방법 중 하나는 마지막 노드에서 첫 번째 시작 노드로 갈 수 있게 연결하는 것이다. 결과적으로 환형 또는 원형 연결 리스트 circular linked list가 된다.

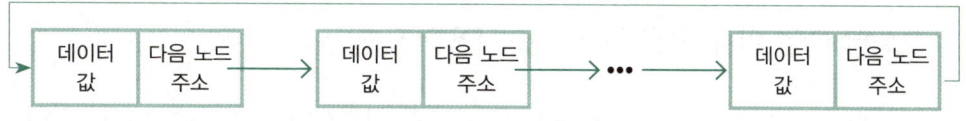

그림 19 환형 연결 리스트 구조 예

7.2 그렇다면 이중 연결 리스트도 환형으로 만들 수 있을까?

이중 연결 리스트의 경우 첫 번째 시작 노드의 왼쪽 공간은 마지막 노드의 주소를 저장하고, 마지막 노드의 오른쪽 공간은 시작 노드의 주소를 저장함으로써 환형 이중 연결 리스트circular doubly linked list가 구성된다.

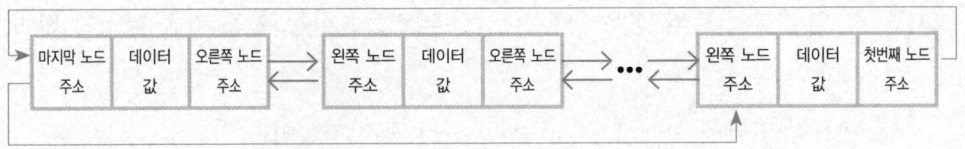

그림 20 환형 이중 연결 리스트 구조 예

7.3 스마트폰 사진 탐색 기능에서는 어떤 연결 리스트 구조를 사용하는가?

스마트폰에 저장된 사진 자료를 감상하다 마지막 사진에 도달하면 어떻게 되는가?

더 이상 저장된 사진 자료가 없기 때문에 제자리에 멈춰서 탐색이 진행되지 않는다. 마지막 사진에서 하나씩 감상하면서 처음 사진으로 되돌아갈 수는 있다. 결론적으로 이중 연결 리스트를 사용하는 것이다.

7.4 왜 환형 이중 연결 리스트를 사용하지 않는가?

이러한 의문점을 해소하기 위하여 이중 연결 리스트와 환형 이중 연결 리스트 상에서 사진이 추가되는 상황을 고려해 보자.

(1) 이중 연결 리스트에 사진이 추가되는 경우

이중 연결 리스트로 구성된 사진 저장 시스템에 새로운 사진이 추가된다면 제일 마지막 노드의 뒤쪽에 추가된다.

이를 위해서는 새로 추가하고자 하는 노드사진와 마지막 노드사진 간에 연결만 하면 된다.

첫째, 기존 마지막 노드의 오른쪽 공간에는 새로 추가될 노드의 주소가 저장된다.

둘째, 새로 추가될 노드의 왼쪽 공간에는 기존 마지막 노드의 주소가 저장된다.

셋째, 기존의 이중 연결 리스트에 연결된 새로운 노드의 오른쪽 공간에는 'END'라는 정보를 저장한다.

이와 같은 과정을 거치면 새로운 노드가 추가된 이중 연결 리스트가 완성된다.

(1) 이중 연결 리스트

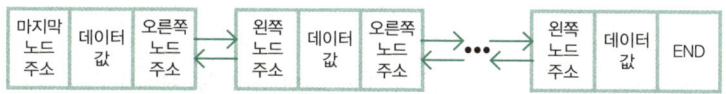

(2) 새로운 노드 추가 준비

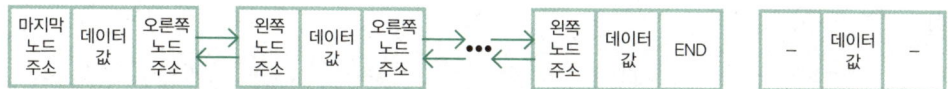

(3) 기존 이중 연결 리스트의 마지막 노드의 오른쪽 필드에 새로운 노드의 주소 입력

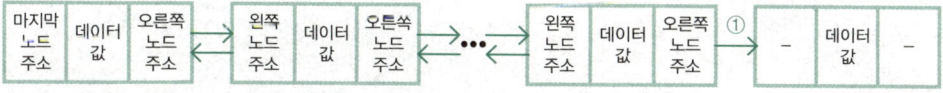

(4) 새로운 노드의 왼쪽 필드에 기존 이중 연결 리스트의 마지막 노드 주소 입력

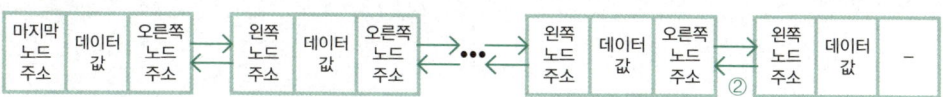

(5) 새로운 노드의 오른쪽 필드에 'END' 입력(새로운 노드 추가 완료)

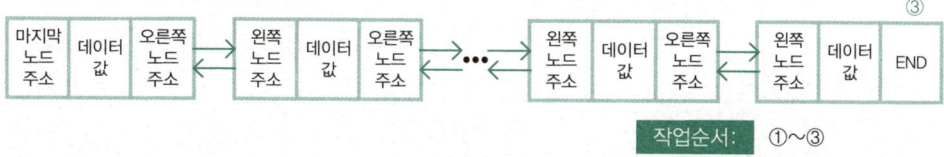

작업순서: ①~③

그림 21 이중 연결 리스트에 새로운 노드를 추가하는 과정

(2) 환형 이중 연결 리스트에 사진이 추가되는 경우

환형 이중 연결 리스트로 구성된 사진 저장 시스템에 새로운 사진이 추가된다면, 이중 연결 리스트의 경우 보다는 복잡한 과정을 거치게 된다.

새로 추가하고자 하는 노드사진와 마지막 노드사진 간의 연결 과정은 다음과 같다.

첫째, 마지막 노드의 오른쪽 공간에 저장되어 있던 첫 번째 노드의 주소를 새로 추가하고자 하는 노드의 오른쪽 공간에 저장한다.

둘째, 마지막 노드의 오른쪽 공간에는 새로 추가하고자 하는 노드의 주소를 저장한다.

셋째, 새로 추가하고자 하는 노드의 왼쪽 공간에는 마지막 노드의 주소를 저장한다.

넷째, 첫 번째 노드의 왼쪽 공간에는 새로 추가된 노드의 주소를 저장한다.

이러한 과정을 거치면 새로운 노드가 추가된 환형 이중 연결 리스트가 완성된다.

> **생각을 정리해 봅시다!**
>
> 환형 이중 연결 리스트에 새로운 노드가 추가되는 과정을 단계별로 그림으로 표현해 봅시다.
>
> *Memo.*

7.5 환형 이중 연결 리스트 구조를 사용하지 않는 이유를 발견하였는가?

새로운 사진 노드는 첫 번째 노드를 가져야 하며, 첫 번째 노드에는 매번 새로 추가된 노드의 주소를 저장해야 한다.

이 경우 새로운 사진 노드가 첫 번째 노드의 주소를 저장하는 것은 큰 문제가 아닐 수 있으나, 첫 번째 노드가 매번 새로운 노드의 주소를 저장하는 것은 번거로운 일이다.

번거롭다는 것은 무엇을 의미하는 것인가?

번거롭다는 것은 몇 단계의 작업을 더 처리해야 한다는 것이다. 그것은 작업 속도가 늦어지는 결과를 초래하며, 잘못할 경우 오류가 발생할 확률도 높아진다.

그러나 사용자의 요구가 강력할 경우에는 고려해 볼 수도 있다. 번거롭기는 하나 더 좋은 서비스의 제공이 가능하기 때문이다.

이중 연결 리스트를 사용할 것인지, 환형 이중 연결 리스트를 사용할 것인지에 대한 결정은 서비스 환경을 철저히 분석한 후 결정해야 한다. 이 때 사용자의 요구도 중요한 고려 대상 중 하나이다.

생각을 정리해 봅시다!

이중 연결 리스트와 환형 이중 연결 리스트를 이용하면 좋은 사례를 각각 찾아보고, 그 내용을 정리해 봅시다.

Memo.

7.6 이중 연결 리스트 구조에 추가할 수 있는 것은 없는가?

이중 연결 리스트 구조 유지 시에 필요한 정보는 무엇이 있는가?

가장 중요한 것은 '시작'과 '끝'을 나타내는 것이다. 기본적인 정보는 '왼쪽' 노드와 '오른쪽' 노드에 대한 주소 정보이다.

이외에도 여러 가지 정보를 추가할 수 있다. 어떤 것을 추가할 수 있는지 지금부터 살펴보자.

첫째, 모든 노드에서 '시작 노드'로 갈 수 있는 '링크 필드'를 추가할 수 있을 것이다. 물론 이러한 '링크 필드'는 모든 노드에서 '시작 노드'로 이동하고자 하는 빈번한 사용자 요구가 있을 때 의미 있게 된다.

> **더 생각해 보기**
>
> '시작 노드'로 이동할 수 있는 '링크 필드'를 추가할 경우 유용하게 활용될 수 있는 사례는 어떠한 것이 있는지 창의적으로 생각해 봅시다.

둘째, 모든 노드에서 '마지막 노드'로 갈 수 있는 '링크 필드'를 추가할 수 있을 것이다. 이러한 '링크 필드' 역시 사용자 요구가 많을 때 빛을 발휘할 것이다. 즉, 활용률이 높아야 본전을 뽑는다.

> **더 생각해 보기**
>
> '마지막 노드'로 이동할 수 있는 '링크 필드'를 추가할 경우 유용하게 활용될 수 있는 사례는 어떠한 것이 있는지 창의적으로 생각해 봅시다.

셋째, 모든 노드에 '순서 필드'를 추가할 수 있을 것이다. 이러한 필드가 추가될 경우 자신이 현재 몇 번째 노드를 방문하고 있는지 알 수 있다.

> **더 생각해 보기**
>
> 모든 노드에 '순서 필드'를 추가할 경우 유용하게 활용될 수 있는 사례는 어떠한 것이 있는지 창의적으로 생각해 봅시다.

넷째, 이중 연결 리스트 구조에 '노드의 개수' 정보를 저장할 수 있을 것이다. 스마트폰의 사진 관리 시스템에서 제공하는 사진의 개수는 이와 같은 구조를 이용하면 손쉽게 제공할 수 있다.

> **더 생각해 보기**
>
> '노드 개수'에 대한 정보를 관리할 경우 유용하게 활용될 수 있는 사례는 어떠한 것이 있는지 창의적으로 생각해 봅시다.

다섯째, 이중 연결 리스트로 구성된 자료들을 검색한 후 종료할 경우, 가장 최근에 검색한 노드의 주소를 유지할 수 있다.

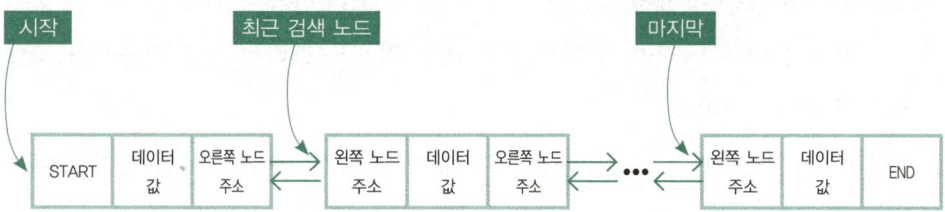

그림 22 이중 연결 리스트에 최근 검색 노드의 주소가 포함된 사례

> **더 생각해 보기**
>
> '가장 최근에 검색한 노드의 주소'에 대한 정보를 관리할 경우 유용하게 활용될 수 있는 사례는 어떠한 것이 있는지 창의적으로 생각해 봅시다.

7.7 순서 필드를 유지하는 데 있어 가장 큰 문제점은 무엇인가?

노드들 간의 '순서'를 유지하는 것이 문제일 것이다.

만약 새로운 노드가 이중 연결 리스트의 중간 위치에 추가된다고 가정하자. 새로 추가된 노드의 이후부터는 '순서값'이 변경되어야 한다. 즉, 하나씩 증가되어야 한다.

반대로 이중 연결 리스트의 중간에 위치한 노드 중 하나가 삭제된다고 가정하자. 삭제된 노드의 이후부터는 '순서값'이 변경되어야 한다. 즉, 하나씩 감소되어야 한다.

이와 같은 '순서값'을 유지하는 것도 번거로운 것이다.

앞에서도 이야기 하였듯이 번거로운 일에는 비용이 발생한다고 하였다.

이상과 같은 번거로움을 최소화할 수 있는 방법은 무엇인가?

첫째, 가장 확실한 방법은 새로운 노드사진의 추가 또는 삭제를 허용하지 않는 것이다. 한 번 구축된 이중 연결 리스트 구조에 변경이 일어나지 않는 것이다. 살아있는 자료 구조가 아니라 죽은 자료 구조가 된다.

둘째, 추가 또는 삭제 연산 중 한 가지를 허용하지 않을 수도 있다.

그러나 이와 같은 방법에는 문제가 있다. 추가 또는 삭제 연산을 지원하지 않는다는 것은 죽은 자료 구조이기 때문이다. 죽은 자료 구조라는 것은 역동적인 자료 구조가 아니라는 것이다.

스마트폰의 사진 관리 프로그램을 상상해 보자. 이미 저장된 사진 이외에 어떤 사진도 추가될 수 없으며, 필요 없는 사진을 삭제할 수도 없다면 어떻겠는가? 누가 사용하겠는가? 스마트폰에서 사용하고 있는 정책은 무엇인가?

새로 추가되는 사진은 첫 번째 노드의 앞쪽에 추가된다. 즉, 중간에 사진이 추가되는 것을 제한하고 있다.

이렇게 함으로써 어떤 효과를 기대할 수 있는가?

새롭게 추가되는 사진이 저장될 위치를 예측할 수 있게 된다. 예측이 가능하다는 것은, SW 제작이 용이하다는 것이다.

생각을 정리해 봅시다!

이중 연결 리스트를 응용하면 실생활에서 활용 가능한 사례가 무궁무진하다는 것을 알 수 있습니다. 이중 연결 리스트를 응용한다는 것은 개념을 확장하는 것으로 인식할 수도 있습니다. 개념을 확장하는 방법 중에는 모든 노드의 필드를 추가하는 것, 특정 노드 하나만을 추가하는 것, 특수한 주소값을 유지하는 것 등으로 생각해 볼 수 있습니다. 이와 같은 방법 이외에 새롭게 적용할 수 있는 방법들은 어떠한 것이 있는지 창의적으로 생각해 보고, 그 내용을 정리해 봅시다.

Memo.

8 네트워크

8.1 네트워크란 무엇인가?

여러분은 네트워크network를 무엇이라 생각하는가? 네트워크하면 무엇이 연상되는가? 아마도 '통신 네트워크communication network'를 생각하는 경우가 대부분일 것이다.

이 경우는 통신과 네트워크가 합성된 것이다. 통신은 '소통'을 의미하는 것으로, 행동 또는 행위 중심의 용어이고, 네트워크는 구조 또는 형태 중심의 용어로서 망網이라고도 한다. 즉, 통신 네트워크는 소통을 위한 네트워크를 통칭하는 것이다.

이와 같은 네트워크 앞에 '~을 위한'을 의미하는 '목적용도'의 단어를 추가하면 특수용도의 네트워크가 된다. 예를 들면, '전기의 수송을 위한 네트워크'는 '전기망'이고, '택배 서비스를 위한 네트워크'는 '택배망'이다.

생각을 정리해 봅시다!

세상에는 어떤 네트워크들이 더 존재할까요? 창의적으로 생각해 보고, 그 내용을 정리해 봅시다.

Memo.

8.2 Network = Nodes + Semantic Links

네트워크를 정의하는 또 다른 방법 중 하나는 네트워크를 노드node와 의미 링크 semantic link의 조합으로 정의하는 것이다.

$$\text{network = nodes + semantic links}$$

'노드'는 점이고, '링크'는 연결선이다. 그렇다면 '의미 링크'는 무엇일까? 링크에 '의미 값semantic value'이 추가된 것을 '의미 링크'라 한다. 몇 가지 예를 들어 보면 다음과 같다.

첫째, '도로망'은 네트워크이다. 이때 '노드'는 '특정 지점'이고, '특정 지점'들을 연결한 것이 '링크'이며, 각 링크에 의미값을 부여하면 도로망이 된다. '특정 지점'을 '도시'라고 가정하면, '도시'와 '도시'를 연결하는 '도로'가 '링크'가 된다. 이와 같이 '도시'와 '도시'를 연결한 '도로'인 '링크'에 '이동 거리', '차선 수', '제한속도' 등의 '의미값'을 추가하면 완벽한 '도로망'이 된다.

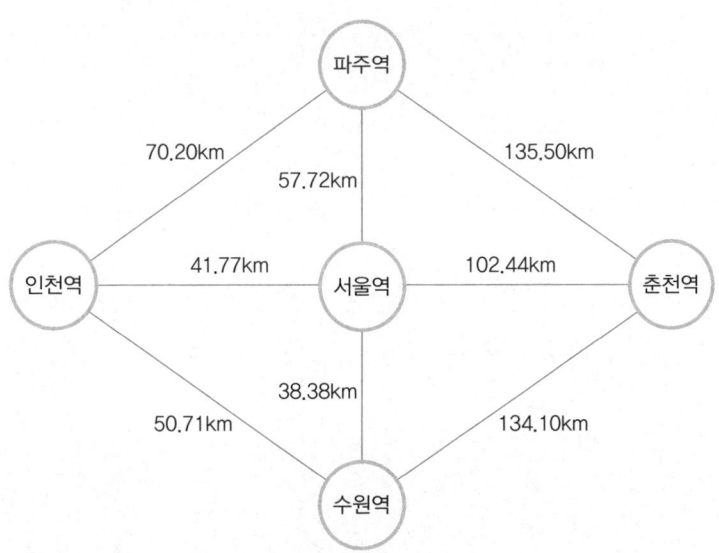

그림 23 도시 간 거리가 의미값으로 표현된 도로 네트워크의 사례

둘째, '통신망'도 네트워크이다. 여기에서 '노드'는 '교환기컴퓨터'이고, '교환기'들을 연결한 것이 '링크'이며, 각 링크에 '의미값'을 부여하면 '통신망'이다. 통신을 위한 특수용도의 컴퓨터인 '교환기'와 '교환기'를 연결한 '링크'인 '통신회선'에 '대역폭 bandwidth', '통신속도' 등과 같은 '의미값'을 추가하면 완벽한 '통신망'이 된다.

> **생각을 정리해 봅시다!**
>
> "network = nodes + semantic links"라는 정의를 이용하여 세상에 존재하는 네트워크들을 창의적으로 찾아보고, 그 내용을 정리해 봅시다.

Memo.

8.3 인간관계망

네트워크에 대한 개념을 교육할 때 훌륭한 주제 중 하나가 '인간관계망human relationship network'이다. 예를 들면, '교우관계망', '가계망家系網', 'TV 프로그램 출연진 관계망' 등 학생들은 다양하고 창의적인 주제로 표현이 가능하다.

학생들이 '교우관계망'을 네트워크 형태로 표현할 경우, '노드'는 '자신'과 '친구'들이 되며, 자신과 친구들의 관계는 '링크'로 표현된다. 이 때, 링크 위에 추가해야 되는 '의미값'은 무엇이 될 수 있는가? 대다수의 학생들은 '친밀도'를 선택하여 표기한다. 적절한 의미값이다.

의미값의 표현

그렇다면 '친밀도'는 어떻게 정의할 수 있는가? 크게 구분하자면 주관적인 방법과 객관적인 방법으로 나누는 것이다.

주관적인 방법이란 학생들이 자신이 생각하기에 친하다고 생각하는 친구와의 링크 위에는 큰 숫자의 의미값을 지정하고, 상대적으로 친하지 않다고 생각하는 친

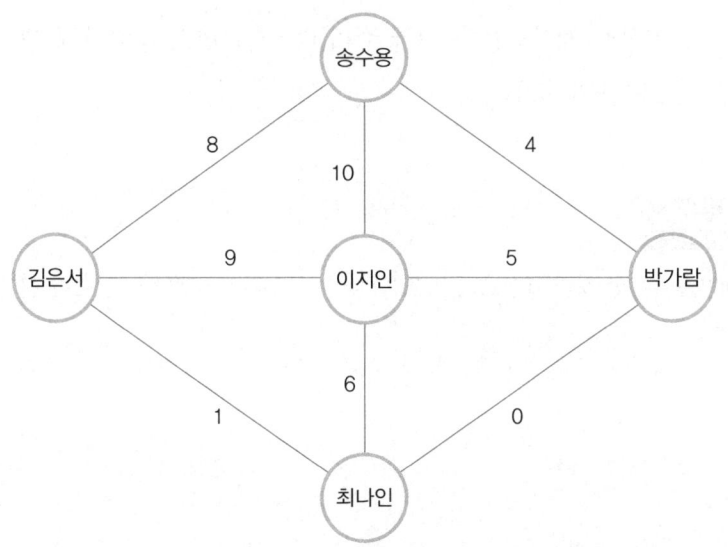

그림 24 친구 간 친밀도 의미값으로 표현된 교우관계 네트워크의 사례

구와의 링크 위에는 작은 숫자의 의미값을 지정한다. 일반적으로는 0부터 9까지의 숫자를 의미값을 지정하여 사용한다. 이 방법은 일반적인 학생들이 사용하기에 적합하다. 자신만의 네트워크라면 큰 문제도 없다. 자기 주관에 따른 의미값을 부여하고, 자기가 느끼면 되기 때문이다. 그러나 논리적이고 과학적이지는 않다.

좀 더 객관적인 관점에서 '친밀도'를 정의해 보자! 크게 두 가지 정도로 구분할 수 있을 것이다.

첫째, '단순 나열식' 또는 '속성 나열식'으로 표현할 수 있다. 예를 들면, 친구와의 친밀도를 나타낼 수 있는 속성들을 나열하는 것이다. 이 때 속성으로 활용될 수 있는 것들로는 '전화통화 횟수', '응답 횟수', 'SNS 횟수', '식사 횟수', '미팅 횟수', 'e-mail 횟수' 등이 될 수 있다.

더 생각해 보기

친구와의 친밀도를 표현할 수 있는 속성은 무엇이 더 있을까요? 창의적으로 생각해 봅시다.

둘째, 친밀도를 나타낼 수 있는 속성들을 이용하여 계산식을 정의하는 것이다. 물론 자신에게 적합한 계산식을 정의할 수 있다. 사람마다 중요하게 생각하는 속성의 비중은 다르기 때문이다.

더 생각해 보기

교유관계망을 구성할 때 '의미값'으로 사용할 수 있는 내용은 무엇이 있을까요? 창의적으로 생각해 봅시다.

8.4 네트워크 표현 확장하기!

네트워크는 '노드'와 '의미 링크'의 조합이라고 하였다. 이와 같은 네트워크 표현을 확장해 보자! 몇 가지 방안을 생각할 수 있다.

첫째, 방향성direction을 추가하는 것이다. '노드'는 정적인 특성을 지니는 것으로 방향성을 추가하기는 어렵다. 그렇다면 '의미 링크'를 '방향성을 갖는 의미 링크 directed semantic link'로 확장할 수 있을 것이다. '의미 링크'에 좀 더 정교한 정보인 방향성을 추가할 수 있는 사례를 찾아보자. 앞서 설명한 교우관계를 네트워크로 표현한 '교우관계망'에서 '노드'인 친구와 친구 간 관계인 '링크'에 의미값으로 지정한 '친밀도'는 두 친구가 느끼는 강도가 다를 수 있다. 예를 들면, 나는 친구를 매우 친밀한 관계로 느끼나, 그 친구는 내가 느끼는 것보다는 덜 친밀한 관계로 느낄 수 있는 것이다. 이 경우 내가 친구에게 느끼는 '친밀도'는 '→'로 표기하고, 친구가 나에게 느끼는 '친밀도'는 '←'로 표현함으로써, '친밀도'의 방향성을 표현할 수 있게 된다.

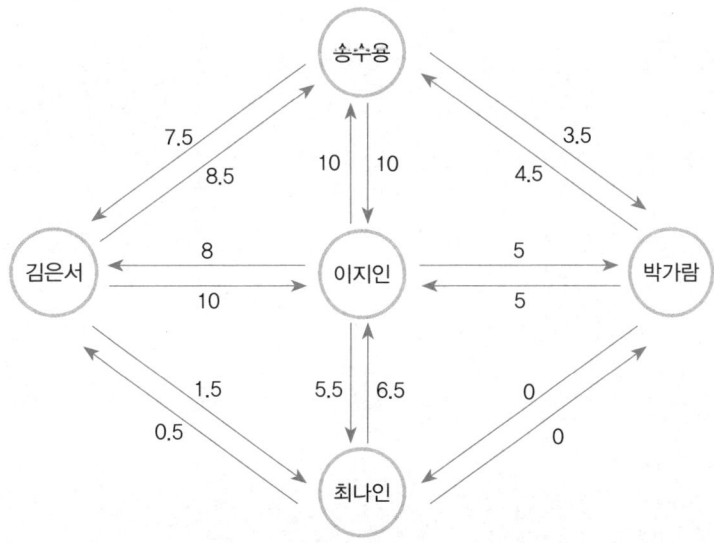

그림 25 친구 간 친밀도 의미값을 방향성 링크로 표현한 교우관계 네트워크의 사례

생각을 정리해 봅시다!

네트워크의 노드들을 연결할 때 '방향성'을 추가할 경우 효과가 있을 것으로 예상되는 실생활의 사례를 창의적으로 찾아보고, 그 내용을 정리해 봅시다.

Memo.

둘째, '의미 링크'의 의미값은 매우 유용한 정보이다. 이와 같은 정보가 '링크'에만 부여된 것이 네트워크의 구조이다. 그렇다면 '노드'에는 의미값을 부여할 수 없을까? 필요하다면 부여할 수도 있을 것이다. 세상에 않되는 것은 없다. 즉, '의미 노드semantic node'를 지정하면 된다. 이 경우 '의미 노드'는 어떻게 활용될 수 있을까? 앞에서도 설명한 '교우관계망'을 예로 들어보자. 나와 친구들을 표현한 노드에는 이름값만을 가지고 있게 되나, '의미 노드'로 정의할 경우 나와 친구의 개인 정보를 추가할 수 있다. 예를 들면, '나이', '혈액형', '전화번호', 'e-mail 주소' 등을 저장함으로써 '교우관계망'은 좀 더 풍부한 정보를 제공할 수 있게 된다.

더 생각해 보기

'교우관계망'의 '의미 노드'에 포함될 수 있는 내용들은 무엇이 더 있을까요? 창의적으로 생각해 봅시다.

생각을 정리해 봅시다!

네트워크 노드를 '의미 노드'로 구성할 경우 효과가 있을 것으로 예상되는 실생활의 사례를 창의적으로 찾아보고, 그 내용을 정리해 봅시다.

Memo.

셋째, 네트워크 구조로 표현할 경우 노드들의 성격은 일정 기준에 따라 그룹화 grouping가 가능한 경우가 있다. '교우관계망'을 예로들 경우, '학교친구', '동네친구', '학원친구', '친척' 등과 같이 교우관계를 그룹화 하는 것이다. 네트워크에 그룹화 또는 집단화 aggregation 개념을 추가할 경우 역시 강력한 정보 표현이 가능할 수 있게 된다.

> **생각을 정리해 봅시다!**
>
> 유사한 내용들의 그룹화 개념을 활용할 경우 강력한 의미 표현이 가능합니다. 일상생활 중에서 그룹화 개념을 적용 할 경우 효과적인 사례들을 창의적으로 찾아보고, 그 내용을 정리해 봅시다.

Memo.

넷째, 노드와 노드를 연결하는 링크의 의미값 중에 특수한 경우의 값을 나타낼 수 있는 방법 중 하나가 '관계relationship'이다. 대표적인 관계는 'IS-A relationship'과 'IS-PART-OF relationship'이다. 물론 이와 같은 익숙한 관계 이외에도 필요에 따라 새로운 관계를 정의할 수 있다. '교우관계망'을 예로 들 경우 '1촌', '2촌', '3촌', '4촌' 등과 같이 의미 링크에 관계를 추가할 수 있다. 이를 '의미 관계 링크semantic relationship link'라 정의할 수 있을 것이다.

생각을 정리해 봅시다!

세상에는 다양한 관계가 존재합니다. 네트워크의 확장을 위하여 사용할 수 있는 관계는 어떤 것이 더 있을까요? 창의적으로 생각해 보고, 그 내용을 정리해 봅시다.

Memo.

8.5 놀이공원 안내지도를 상상해 보자!

지금까지 살펴본 네트워크의 이미지는 어떠한가?

혹시 지도map와 유사하다는 생각을 하지는 않았는가?

지도는 우리가 일상생활 속에서 가장 많이 접하는 구조 중 하나이다. 특히, 요새는 차량을 이동하면서 지도를 이용하는 경우가 빈번하다. 내비게이션 서비스가 활성화된 사례이다. 우리들이 쉽게 접하는 다른 지도의 사례로는 '놀이기구 안내지도', '캠퍼스 안내지도', '빌딩 안내지도', '관광 안내지도' 등이 있다. 이와 같은 지도들은 일반적으로 노드의 기능은 강력하나, 의미 링크의 기능은 약한 것이 일반적이다.

네트워크이건 지도이건 그림으로 표현된다. 그렇다면 그림이 좋은 이유는 무엇인가? 보기 쉽다는 것이다. 다시 이야기 하자면 이해하기 쉽다는 것이다. '한 눈에 보는 개념 지도'인 것이다. '한 눈에 알아볼 수 있는 개념 네트워크'의 제작이 가능한 것이다.

놀이공원 안내지도에는 무엇이 어떻게 표시표현되어 있는가?

입구출입문에서부터 놀이기구가 설치되어 있는 장소로 이동하는 경로가 표시되어 있을 것이다. 즉, 놀이기구는 '노드'이고, 이동경로는 '링크'인 것이다.

일반적으로 놀이기구 안내지도map에는 이동경로에 의미값semantic value이 표현되어 있지 않다. 만약 이동경로에 의미값을 부여 한다면 어떨까? 고객에게 좀 더 강력한풍부, 유용한 정보를 제공할 수 있지 않을까?

어떠한 의미값을 추가할 수 있는지 생각해 보자.

첫째, 이동경로 구간이 오르막길인지 아니면 내리막길인지 또는 평지인지를 표현할 수 있을 것이다.

둘째, 이동경로 구간이 포장길인지 비포장길인지를 표현할 수 있을 것이다. 더 나아가 힐링을 위한 자갈들이 설치된 길 등을 표현할 수도 있을 것이다.

셋째, 다양한 놀이공원 이용고객층별 이동경로를 표현할 수도 잇을 것이다. 예를 들면, 연인들의 이동구간, 가족들의 이동구간, 어린아이들의 이동구간 등으로 표현할 수도 있을 것이다.

> **생각을 정리해 봅시다!**
>
> 지금까지 설명한 네트워크 표현 확장 방안 이외에 어떤 방법이 더 있을까요? 창의적으로 생각해 보고, 그 내용을 정리해 봅시다.

Memo.

참고문헌

강경종, 이남철, 전재식, 윤여인, 김환식(2008). 인적자원정책 혁신기반 연구·사업(2008) -핵심인재 양성 인프라 구축을 중심으로-. 한국직업능력개발원(정책연구 200-8-8).
강성원, 이애정, 이재호(2003). 초등정보과학영재용 프로그래밍 교육(비주얼 베이식을 이용한 접근). **정보교육학회논문지**, 7(3), 363-372.
강지연, 이재호, 진석언(2011). 수·과학 영재학생을 위한 예술교육 프로그램 실시에 관한 인식 조사 연구. **정보교육학회논문지**, 15(3), 469-481.
김광찬, 이애정, 이재호(2005). 초등 정보과학영재교육 활성화를 위한 교사의 전문성에 관한 연구. **정보교육학회논문지**, 9(2), 281-288.
김미숙, 이재호(2005a). 정보과학 영재교육과정. 한국교육개발원(수탁과제 CR 2005-52-1).
김미숙, 이재호(2005b). 정보과학 영재교육 교수학습 자료. 한국교육개발원(수탁과제 CR 2005-52-2).
김상순(2014). ICT의 시대와 법률의 미래. (사)한국창의정보문화학회 학술발표논문집, 1(1), 49-52.
김영정 (2004). 비판적 사고: 비판적 사고와 공학교육. **공학교육**, 11(2), 94-101.
김은(2014). [비즈 칼럼] 세상 바꾸는 SW … 계속 홀대할 텐가. 중앙일보. 2014. 6. 10.
김은환(2012). 핵심인재 확보·양성전략. CEO Information. 제353호. 2012. 6. 19.
김진숙(2014). 스마트교육의 미래. (사)한국창의정보문화학회 학술발표논문집, 1(1), 57-74.
남영수, 이재호(2010). 사진기반 가상현실 콘텐츠의 설계 및 구현. **정보교육학회논문지**, 14(2), 149-156.
류근성, 이애정, 이재호(2004). 초등 정보과학영재들의 정보화 역기능 실태와 개선 방안. **정보교육학회논문지**, 8(2), 241-250.

류근영, 이애정, 이재호(2005). 초등교사를 위한 원격연수의 질적 향상 방안. **정보교육학회논문지**, 9(4), 617-625.

박경빈, 류지영, 박인호, 방승진, 육근철, 윤여홍, 이미순, 이선영, 이재호, 전미란, 전영석, 조석희, 진석언(2014). **한눈에 보는 영재교육**. 학지사.

박주환, 오성균, 이재호(2001). 학생관계관리 모델을 적용한 홈페이지 개발. **정보교육학회논문지**, 5(2), 201-211.

삼성경제연구소(2012). 기업 내의 조직 창의성 모델. 삼성경제연구소.

손정의(2014). M&A는 시장 치고 나갈 기회 … 그걸 잡는 게 기업가. 중앙일보. 2014. 6. 12.

셜리 위-추이(2014). [오피니언] 빅데이터는 21세기 신종 천연자원이다. 중앙일보. 2014. 8. 22.

이태정, 이수정, 이재호(2000). 능동 데이터베이스 기반 교육 정보 질의 처리 시스템의 설계 및 구현. **정보교육학회논문지**, 4(1), 109-119.

이봉규(2014). 이동통신이 가져온 Life Style의 변화. (사)한국창의정보문화학회 학술발표논문집, 1(1), 33-47.

이인순, 이수정, 이재호(2001). 초등학교 컴퓨터 교육을 위한 상황학습과 전통적학습의 비교분석. **정보교육학회논문지**, 5(1), 145-158.

이재호(2001). 초등정보과학영재교육 프로그램의 개발 방향. **한국영재학회 추계학술대회 발표논문집**. 151-172.

이재호(2002). 과학영재를 위한 전자교재 개발현황 및 활용방안. 한국영재학회 추계학술대회 발표논문집. 71-97.

이재호(2004). 정보과학영재를 위한 교육 방법에 관한 연구. **경인교육대학교 과학교육논총 제16집**. 369-384.

이재호(2006). 디지털 시대의 정보교육. **연수정보**(29). 27-30. 경기도율곡교육연수원.

이재호(2009). 정보과학 영재교육 방안. **영재아이**. 6-10. KAGE 교육원.

이재호(2009). 국가과학영재 통합정보시스템 중장기 발전방안. 한국과학창의재단 정책연구보고서.

이재호(2010a). **데이터베이스 시스템 총론(3판)**. 도서출판정일.

이재호(2010b). 잠재적 영재선발의 방법(관찰추천제를 중심으로), 제1회 영재교육 열린포럼 자료집(한국과학창의재단). 23-28.

이재호(2011a). 발명영재 교육 체계화 방안: 발명영재교육의 현 주소 및 발명영재에 대한 다원적 지원 방안. 제1회 지식재산기반 차세대영재기업인 콜로키움. 107-126.

이재호(2011b). 융합형 영재교육기관 설립에 관한 연구. **정보교육학회논문지**, 15(3), 459-467.

이재호(2011c). 이젠 스마트 교육이다. 한국일보 오피니언(기고). 2011. 8. 24.

이재호(2011d). SW교육 청소년부터 강화를. 디지털타임즈 DT광장. 2011. 8. 31.

이재호(2011e). 스마트교육 성공을 위한 조건. 한국교육신문 시론. 2011. 9. 26.

이재호(2012a). 인터넷 게임중독 '재능개발'로 풀자. 한국교육신문 현장칼럼. 2012. 2. 6.

이재호(2012b). 융합형 영재교육기관의 교육과정 개발에 관한 연구. **정보교육학회논문지**, 16(1), 123-130.

이재호(2012c). 융복합 중심의 창조사회에서 발명영재교육의 의미. (사)한국영재학회 추계학술대회 논문집. 29-70.

이재호(2012d). 2013년 발명영재 선발도구 개발 사업. 한국발명진흥회 연구보고서.

이재호(2012e). 차세대 영재교육 및 발명영재교육 체계화 방안. 영재교육의 새로운 패러다임: 초교과형 발명영재육성. 특허청, 한국발명진흥회. 105-121.

이재호(2013a). ICT기반 창의적 인재양성: 사람이 CORE다!. 정보문화포럼 정책세미나. 5-15.2013. 6. 25.

이재호(2013b). 〈월요논단〉ICT기반 창조적 발명인재 양성해야. 한국교육신문. 2013. 7. 22.

이재호(2013c). 창조적 발명인재 판별 전략. 2013 창의발명교육 연합학술대회. 353-364.

이재호(2013d). ICT기반 창의적 인재양성을 위하여… **과학기술출판. 통권40호**. 4-5.

이재호(2013e). ICT기반 창의적 인재양성을 위한 교육 모델: CORE^2. 정보문화포럼 정책세미나. 3-23. 2013. 11. 25.

이재호(2013f). ICT기반사회에서 발명영재교육. (사)한국영재학회 추계학술대회 논문집. 43-55.

이재호(2013g). 2014년 발명영재 선발도구 개발 사업. 한국발명진흥회 연구보고서.

이재호(2013h). 창의적 IT인재 육성방안 연구. 한국정보화진흥원 보고서(NIA V-RER-13068).

이재호(2013i) ICT 기반 창의인재 양성체제 구축 방안. 정보문화 3.0 시대의 이슈와 제언. 52-82. 정보문화포럼, 한국정보화진흥원.

이재호(2014a). ICT 창의성의 핵심역량: ICT. 정보문화포럼 정책세미나. 41-60. 2014. 6. 23.

이재호(2014b). 창의적 발명영재의 특성 및 선발방안. 2014 발명교육 컨퍼런스. 161-175.

이재호(2014c). 농산어촌 학교의 ICT 교육 패러다임. 17-24. 농산어촌 학교 ICT 활용 가이

드북. 교육부.

이재호(2014d). 과학영재를 위한 발명특허교육 방안과 과제. 2014 창의발명교육 연합학술대회, 53-64.

이재호, 김종훈(1998). 원격 교육 시스템의 화이트보드 구현 시 고려사항. **정보교육학회논문지**, 2(2), 209-214.

이재호, 남길현(2009). 초등정보과학영재를 위한 로봇 교육과정의 설계 및 검증. **영재교육연구**, 19(3), 669-695.

이재호, 류지영, 진석언(2011). 미래사회 영재 판별 방법에 관한 연구. **정보교육학회논문지**, 15(2), 307-317.

이재호, 박경빈, 진석언, 류지영, 이상철, 안성훈, 진병욱(2012). 발명영재상 수립을 위한 발명영재의 특성 이해. **영재교육연구**, 22(3), 551-573.

이재호, 박경빈, 진석언, 류지영, 안성훈, 진병욱(2013). 3대 핵심역량을 중심으로 한 미래지향적 발명영재상 정립에 대한 연구. **영재교육연구**, 23(3), 435-452.

이재호, 박경빈, 진석언, 전미란, 류지영, 이행은, 이윤조, 이경표(2014). 발명영재교육의 정체성 및 필요성에 대한 교사들의 인식. **영재교육연구**, 24(4), 597-612.

이재호, 배기택(2010). 초등정보과학영재를 위한 리더십 교육내용의 설계 및 검증. **영재교육연구**, 20(1), 79-106.

이재호, 오현종(2009). 초등정보과학영재를 위한 알고리즘 교육내용의 개발 및 검증. **영재교육연구**, 19(2), 353-380.

이재호, 이재수(2006). 초등정보과학영재 선발을 위한 평가 문항의 개발에 관한 연구. **영재교육연구**, 16(1), 81-100.

이재호, 이호(2009). 동영상 UCC의 교육적 효과 분석. **정보교육학회논문지**, 13(2), 247-254.

이재호, 진석언, 류지영(2010). 창의·인성을 갖춘 미래사회 영재 판별 방법 연구. 한국과학창의재단 정책연구보고서.

이재호, 최승희(2014). 초등정보과학영재와 일반학생의 진로발달 및 직업관 인식에 대한 조사 연구. **영재교육연구**, 24(4), 613-628.

이재호, 한광희(2010). 정보과학영재와 일반아동 집단에서 인터넷 중독에 영향을 미치는 위험요인과 보호요인의 차이점 분석. **영재교육연구**, 20(3), 1005-1026.

이재호, 홍창의(2009). 사이버영재교육을 위한 교수-학습 모형의 개발 및 검증. **영재교육연구**, 19(1), 116-137.

엄정화, 이재호(2003). 웹기반 과정 중심 독서 교육 시스템의 설계 및 구현. **정보교육학회**

논문지, 12(4), 57-68.

장준형, 이재호(2008). ICT 학습부진아를 위한 교수-학습 시스템의 설계 및 구현. **정보교육학회논문지**, 7(1), 427-436.

정보통신산업진흥원(2010). 미국 정보통신 시장 분석. 정보통신산업진흥원.

정보통신산업진흥원(2013). ICT 통계월보. 정보통신산업진흥원.

정범모(2012). 창의의 풍토. 제1회 학제간 학술포럼 창의성과 사회발전. 3-17. 한국행동과학연구소.

최경호, 이수정, 이재호(2001). Web기반 원격교육에서 학습자 분석 시스템의 설계 및 구현. **정보교육학회논문지**, 5(1), 17-31.

최영섭(2013). 창의성의 사회적 차원: 창의인재 논의의 정책 지평 확대를 위한 이론적 검토. The HRD Review. 8-33.

최진탁(2014). 융·복합 지식사회의 미래. (사)한국창의정보문화학회 학술발표논문집, 1(1), 13-32.

최상덕 외(2011). 21세기 창의적 인재 양성을 위한 교육의 미래전략 연구. 연구보고 RR 2011-01. 한국교육개발원.

최훈 (2010). 김영정 교수의 비판적 사고론. **논리연구**, 13(2), 1-26.

한국교육개발원(2013). 2012 영재교육 통계 연보. 한국교육개발원.

한국교육학술정보원(2012). 2012 교육정보화 백서. 한국교육학술정보원.

한국인터넷진흥원(2011). 2011년 인터넷이용실태조사. 한국인터넷진흥원.

한국인터넷진흥원(2013). 창조경제패러다임과 ICT 정책 방향. 한국인터넷진흥원.

한국전자정보통신산업진흥회(2013). 2012년 정보통신부문 인력동향보고서. 한국전자정보통신산업진흥회.

허자경(2014). 로봇記者가 기사·편집 척척... 날씨·주식·부음 등 단순 기사엔 꽤 쓸만하구먼. 조선일보. 2014. 8. 23-24.

Amabile, T. M. (1983). *The Social Psychology of Creativity*. New York: Springer-Verlag.

Amabile, T. M. (1988). A model of creativity and innovation in organization. *Research in Organizational Behavior*. 10. 123-167.

Csikszentmihalyi, M. (1997). *Finding flow: The psychology of engagement with everyday life*. Basic Books.

Craft, A. (2001). *'Little c Creativity' in Craft*. Jeffrey and Leibling (eds).

Denning, P. J. (2009). The profession of IT Beyond computational thinking. Communications of the ACM, 52(6), 28-30. doi: 10.1145/1516046.1516054.

Denning, P. J. (2010a). The great principles of computing. American Scientist, 98(5), 369-372. Retrieved from http://www.americanscientist.org/libraries/documents/20108101750328103-2010-09Denning-ComputingScience.pdf.

Denning, P. J. (2010b). Ubiquity symposium 'What is computation?': Opening statement. Ubiquity, 2010(November), 1. doi: 10.1145/1880066.1880067.

Ellis Horowitz(1984). *Fundamentals of Programming Languages*. Computer Science Press.

Gardner, H.(2008). *5 Minds for the Future*. Harvard Business School Publishing, Cambridge, MA.

Jaeho Lee, Sukun Jin, Kyungbin Park, Jiyoung Ryu, Miran Chun(2012). An International Comparison of the Lifestyle and IT Usage of Gifted Students. Giftedness 2012. Asia Pacific Conference on Giftedness. Dubai, UAE, 14-18 July, 2012.

Kyungbin Park, Jaeho Lee(2010). Learning Models for Cyber Education in Gifted Education. GIFTED 2010. 11th Asia Pacific Conference on Giftedness. Sydney, Australia, 29 July-1 August, 2010.

Kyungbin Park, Jaeho Lee(2011). Explorative Study on the Effects of STEAM Education. 2011 TERA International Conference on Education, Kaohsiung. Taiwan, 15-18 December, 2011.

Kyungbin Park, Jaeho Lee, Sukun Jin(2012). The History and Future of Gifted Education in Korea. Giftedness 2012. 12th Asia Pacific Conference on Giftedness. Dubai, UAE, 14-18 July, 2012.

Kyungbin Park, Jaeho Lee, Sukun Jin(2013). Exploring Effective Gifted Education Models through Analyzing Significant Experiences of Eminent People in Korea. ICTDE 2013. 3rd International Conference on Talent Development & Excellence. Antalya, Turkey, 25-28 September, 2013.

Lubart, T. I. (1994). Creativity. In E. C. Carterette & M. P. Friedman (series Eds.) & R. J. Sternberg (Vol. Ed.), *The handbook of perception and cognition: Vol. 12. Thinking and problem solving*. New York: Academic Press.

Marc Andreessen(2011). Why Software Is Eating The World. The Wall Street Journal. 2011. 8. 20.

Mayer, R. E (1999). Fifty years of creativity research. In R. J. Sternbery (ED.), *Handbook of creativity* (PP. 449-460). New York: Cambridge University Press.

Mumford, M. D., Hester, K. S., and Robledo, I. C. (2012). Creativity in Organizations:

Importance and Approaches. in Mumford (ed).

National Research Council (NRC) (2010). Report of a workshop on the scope and nature of computational thinking. Washington, DC: The National Academies Press. Retrieved from http://www.nap.edu/catalog.php?record_id=12840.

National Research Council (NRC) (2011). Report of a workshop on the pedagogical aspects of computational thinking. Washington, DC: The National Academies Press. Retrieved from http://www.nap.edu/catalog.php?record_id=13170.

Niklaus Wirth(1976). *Algorithms + Data Structures = Programs*. Prentice-Hall.

Sternberg, R. J.(2003). *Wisdom, intelligence, and creativity synthesized*. Cambridge University Press.

Sternberg, R. J., Kaufman, . C., & Pretz, J. E. (2002). The propulsion model of creative contributions applied to the arts and letters. Journal of Creative Behavior, 35(2), 75-101.

Seokhee Cho, Jaeho Lee, Dong Jou Hwang (2006). Goodness of IT Creative Problem Solving Test for Identification of the Gifted in IT. I Simposio Internacional Atlas Capacidades Intelectuales, November 2-4, 2006.

Trilling, B. & Fadel, C.(2009). *21st Century Skills*. Jossy-Bass.

Wing, J. M. (2006). Computational thinking. Communications of the ACM, 49(3). 33-35. doi: 10.1145/1118178.1118215.

Wing, J. M. (2008). Computational thinking and thinking about computing. Philosophical Transactions of the Royal Society A: Mathematical, Physical and Engineering Sciences, 366(1881). 3717-3725. doi: 10.1098/rsta.2008.0118.

서울 선진 교통시스템, 콜롬비아 보고타시 수출. http://www.seoulcity.co.kr/news/
영국 교육부. http://www.education.gov.uk
창의력이 곧 경쟁력, 잠자는 창의성을 깨워라!
　　http://inside.chosun.com/site/data/html_dir/2014/02/11/2014021103317.html
핀란드, 초등학교 SW코딩 교육 도입…왜? 2013.11.18. http://www.zdnet.co.kr/news/
한국정보화진흥원 IT역사자료관
HR 아이디어 노트. http://hrkid.tistory.com/11
LG CNS, 말레이시아 우정공사 우편물류 솔루션 수출. http://www.etnews.com/news/
http://csedweek.org/resource_kit/posters
http://ko.wikipedia.org/wiki/

http://online.wsj.com/news/articles/
http://statsheet.com/statblogs_mlb/
http://web.cfe.org/databank/
http://www.bmw-carit.com/
http://www.cctoday.co.kr/news/

저자소개

이재호교수는 1996년부터 국립 경인교육대학교 컴퓨터교육과에 재직 중이다. 이후 국내 컴퓨터교육과 영재교육 분야에서 왕성한 활동을 하면서 데이터베이스 시스템 총론 등 50여 권의 서적을 저술하였으며, 컴퓨터교육, 정보과학영재교육, 발명영재교육, 융합영재교육 등의 분야에서 200여 편의 학술논문을 발표하였다. 2004년 국내 최초로 현직교사 및 예비교사를 대상으로 하는 전국 교육대학 원격교육연수지원센터의 설립을 주도한 후 초대 센터장을 역임하였으며, 2011년에는 경인교육대학교 부설 융합영재교육연구소(Academy for Convergence Education : ACE)를 설립한 후 소장으로 활동 중이고, 2014년에는 창의적인 정보문화 환경을 조성하기 위하여 사단법인 한국창의정보문화학회를 창립한 후 학회장으로 활동 중이다. 현재는 ICT 기반의 융합형 교육 프로그램, 실생활과 연계된 SW 코딩 교육 프로그램, 발명특허 교육 프로그램 등에 대한 연구와 콘텐츠를 개발 중이다.

생활속 ICT의 발견

발행일 / 1판1쇄 2014년 10월 15일
         1판2쇄 2015년 9월 15일
저　자 / 이 재 호
발행인 / 이 병 덕
발행처 / 도서출판 정 일
인　쇄 / 남양문화
등록날짜 / 1989년 12월 18일
등록번호 / 제 3-261호
주소 / 경기도 고양시 일산서구 강선로 49
　　　　일산비스타 913호
전화 / 031) 908-9152
팩스 / 031) 908-9153

isbn / 978-89-5666-199-5(13500)
잘못된 책은 구입하신 서점이나 본사에서 교환해 드립니다.

> 이 도서의 국립중앙도서관 출판시도서목록(CIP)은 서지정보유통지원시스템 홈페이(http://seoji.nl.go.kr)와 국가자료공동목록시스템(http://www.nl.go.kr/kolisnet)에서 이용하실수 있습니다.
> (CIP제어번호 : CIP201426939)